普通高等教育汽车类专业精品系列教材

纯电动汽车使用与维护

主　编　毛彩云　周锡恩　徐冰洁
副主编　陈胜斌　柯志鹏　龙纪文　邓晓燕
主　审　王海林

北京理工大学出版社
BEIJING INSTITUTE OF TECHNOLOGY PRESS

内 容 简 介

纯电动汽车在结构上和内燃机汽车有所不同，因此其使用方法和内燃机汽车也有所区别。正确地使用与维护纯电动汽车是发挥汽车效率、减少行车事故、节约维修费用、降低能耗及延长汽车使用寿命的重要环节，是每个驾驶员的必修课。为保证纯电动汽车的正常行驶，必须对其进行日常维护；而正确认识和使用纯电动汽车则是维护、保养纯电动汽车的前提。本书以纯电动汽车的使用与维护为主线，以部分市场占有率较高的纯电动汽车为载体，介绍纯电动汽车的总体认识、工作原理及关键技术、使用方法、维护保养等知识，对各类知识均介绍了相应的细节，使读者能够对纯电动汽车有进一步的认识。本书可以作为本科院校车辆工程、汽车服务工程、新能源汽车工程等相关专业的教材，也可供高职院校相关专业教学参考使用，对相关工程技术人员、普通车主亦有一定的指导作用。

版权专有　侵权必究

图书在版编目(CIP)数据

纯电动汽车使用与维护／毛彩云，周锡恩，徐冰洁主编．--北京：北京理工大学出版社，2021.8（2021.10 重印）
ISBN 978-7-5763-0202-8

Ⅰ．①纯… Ⅱ．①毛… ②周… ③徐… Ⅲ．①电动汽车-使用方法 ②电动汽车-车辆修理 Ⅳ．①U469．72

中国版本图书馆 CIP 数据核字（2021）第 166176 号

出版发行 /	北京理工大学出版社有限责任公司
社　　址 /	北京市海淀区中关村南大街 5 号
邮　　编 /	100081
电　　话 /	（010）68914775（总编室）
	（010）82562903（教材售后服务热线）
	（010）68944723（其他图书服务热线）
网　　址 /	http：//www.bitpress.com.cn
经　　销 /	全国各地新华书店
印　　刷 /	三河市天利华印刷装订有限公司
开　　本 /	787 毫米×1092 毫米　1/16
印　　张 /	15
字　　数 /	341 千字
版　　次 /	2021 年 8 月第 1 版　2021 年 10 月第 2 次印刷
定　　价 /	46.00 元

责任编辑／陆世立
责任校对／刘亚男
责任印制／李志强

图书出现印装质量问题，请拨打售后服务热线，本社负责调换

前言

全球汽车保有量的不断增加在一定程度上引发或加剧了能源短缺、全球变暖、空气质量水平下降等环境问题。为解决这些环境问题，车企及从业人员不断推动汽车技术发展、努力研究降低油耗的方法、寻求各种代用燃料及开发不用或少用汽油的新型车辆；越来越多的人认识到各种类型的电动汽车和燃料电池汽车是实现汽车能源清洁化的解决方案，全世界汽车业正在为此努力并投入巨大的资金和人力资源。纯电动汽车的最大特点是在行驶过程中很少甚至没有排放污染、热辐射低、噪声低且环境友好。纯电动汽车不消耗汽油或柴油，能够解决汽车的能源需求问题。毫无疑问，纯电动汽车是一种节能、环保、可持续发展的新型交通工具，具有广阔的发展前景。

我国汽车工业的发展也面临着来自能源安全、环境保护和气候变化等可持续发展要求的多重挑战。随着近几年国内汽车保有量的快速增加，我国汽车能源消耗呈现加速增长趋势，进一步加剧了我国石油供需矛盾。在当前石油资源日益紧张、价格不断攀升的国际形势下，发展纯电动汽车是缓解我国石油资源短缺现状的有效途径，也是增强我国汽车工业核心争力的重大战略举措。随着政策支持和市场需求的发展，我国纯电动汽车产业的发展越来越迅速。

由于驱动方式的不同，纯电动汽车在结构、使用、维护保养等方面均有别于内燃机汽车，正确地使用与维护纯电动汽车是发挥汽车效率、减少行车事故、节约维修费用、降低能耗及延长汽车使用寿命的重要环节。

基于以上背景，通过校企合作，本书编写组在调研、整理、总结行业及教学资料的基础上，详细介绍了纯电动汽车的使用和定期维护保养的相关知识，以便相关专业学生和其他读者能够更好地对纯电动汽车进行维护和保养。

本书共分为4章：第1章"纯电动汽车的总体认识"，对纯电动汽车的整体外观、内部结构和基本组成进行了详细的介绍，使读者建立起对纯电动汽车的整体认识；第2章"纯电动汽车的工作原理及关键技术概述"，主要对纯电动汽车各系统的工作原理进行介绍，并对纯电动汽车关键技术（如电池管理系统、制动能量回收系统等）进行介绍，使读者对纯电动汽车技术有较为全面的了解；第3章"纯电动汽车的使用方法"，详细介绍了纯电动汽车的使用方法和技巧以及使用过程中的注意事项和一些故障应急处理方法；第4章"纯电动汽车的维护"，详细介绍了汽车处于不同工位时应着重检查维护的部件及其维护方法。

本书具有以下特色：

（1）本书在编写过程中将技能性、应用性与创新性相结合，并注重实用性和可操作性，在介绍理论知识的基础上，详细介绍纯电动汽车的使用及维护方法并配有维护实例和保养单,使读者即学即用,快速提升相关技能。

(2)本书内容丰富、简明扼要、图文并茂、文字叙述深入浅出、通俗易懂。

(3)本书附有思考题和参考答案,有的题目旨在帮助读者在学习后能够及时回顾、工具相关知识,有的题目则是为了引导读者拓展知识面。

本书由华南农业大学一线教师毛彩云、周锡恩及徐冰洁主编,广东物通凯骏汽车有限公司陈胜斌、广州城市理工学院柯志鹏、华南理工大学邓晓燕、欧纬德智能科技(广州)有限公司龙纪文为副主编,华南农业大学王海林教授主审。其中毛彩云主持编写,负责全书的整体设计、内容选定以及第1章的编写;周锡恩负责全书统稿以及第2章的编写;徐冰洁负责第3章的编写;柯志鹏负责第4章1、2、3节的编写;陈胜斌负责第4章4、5节的编写;龙纪文负责第4章6、7、8节的编写;邓晓燕负责第4章9节的编写及资料收集、整理及附录的编写。

在本书的编写过程中,学生李铭政、李通、李展通、骆永彪等做了大量的资料收集和整理工作,在此致以衷心的感谢!此外,本书参考并引用了一些书籍、论文和网站资料,在此也向原作者表示感谢!

本书可作为本科院校车辆工程、汽车服务工程、新能源汽车工程等相关专业的教材,也可供高职院校相关专业教学参考使用,对相关工程技术人员、普通车主亦有一定的指导作用。

限于编者的经历和水平,书中难免存在疏漏,敬请广大读者批评指正。

2021 年 1 月

目 录

第1章　纯电动汽车的总体认识 ·· (1)
　　1.1　概述 ·· (1)
　　1.2　纯电动汽车的外观结构 ·· (3)
　　1.3　纯电动汽车的驾驶室 ·· (11)
　　1.4　纯电动汽车的基本组成 ·· (34)
第2章　纯电动汽车的工作原理及关键技术概述 ·· (40)
　　2.1　纯电动汽车的工作原理 ·· (40)
　　2.2　纯电动汽车的关键技术 ·· (45)
第3章　纯电动汽车的使用方法 ·· (51)
　　3.1　纯电动汽车驾驶操纵装置的使用 ··· (51)
　　3.2　汽车运行操纵方法和技巧 ··· (58)
　　3.3　充电装置的使用方法 ·· (73)
　　3.4　纯电动汽车使用注意事项 ··· (81)
　　3.5　纯电动汽车的故障应急处理 ··· (86)
第4章　纯电动汽车的维护 ·· (92)
　　4.1　概述 ··· (92)
　　4.2　高压电系统的检查维护 ·· (95)
　　4.3　汽车处于位置1的维护 ·· (99)
　　4.4　汽车处于位置2的维护 ··· (137)
　　4.5　汽车处于位置3的维护 ··· (171)
　　4.6　汽车处于位置4的维护 ··· (180)
　　4.7　汽车处于位置5的维护 ··· (195)
　　4.8　汽车处于位置6的维护 ··· (200)
　　4.9　纯电动汽车维护的实例 ··· (211)
附录1　北汽EX360预防性保养单 ··· (214)
附录2　思考练习答案 ·· (216)
参考文献 ·· (230)

第1章 纯电动汽车的总体认识

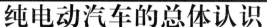

1.1 概 述

电动汽车并非新鲜事物,历史上公认的第一台内燃机汽车由德国工程师卡尔·本茨于1885年发明,而苏格兰人罗伯特·安德森早在19世纪30年代就发明了使用一次性电池的汽车;1880年,爱迪生也制造出了第一辆时速20英里(1英里≈1.609 km)的电动汽车。

20世纪10年代,一辆电动汽车的售价约1 750美元,而内燃机汽车只需要650美元,但当时汽油相当昂贵,两者的总体拥有成本相差不大。因此尽管电动汽车价格较贵,电动汽车的销量还是超过了内燃机汽车。1912年,美国和欧洲的电动汽车保有量大约为50 000辆,占整个汽车市场的40%,内燃机汽车只占22%,其余为蒸汽驱动的汽车。20世纪20年代,随着遍布全球的石油大发现,汽油价格很快降到大众可以负担得起的水平,道路和加油站等基础设施的逐步完善,也使得燃油汽车的性价比越来越高;而这期间,电动汽车在电池技术和续驶里程方面长期未能取得突破,慢慢地失去了优势,逐步被内燃机驱动的内燃机汽车所取代。到20世纪30年代,电动汽车已经基本消失。

20世纪70年代以来,石油危机的爆发及人类社会对自然环境的日益关注,使得电动汽车再度成为技术发展的热点,车企和公众开始将目光重新聚焦向以纯电动汽车为主的新能源汽车。

几十年来,发达国家为电动汽车的开发投入了大量的人力和财力,电动汽车的各项相关技术也取得了重大的进展。从1976年美国制定电动汽车辆研究计划以来,通用公司和福特公司都投入大量资金进行电动汽车的研发,但是由于纯电动汽车的价格太高且续驶里程未能满足使用者的需求,因此EV-1、Chrysler EPIC等纯电动汽车相继停产。然而,美国国家实验室仍继续进行纯电动汽车的先进驱动系统、先进电池及其管理系统等的深入研究;欧洲各国成立了欧洲电动汽车协会,并得到欧洲经济委员会的支持和资助;日本政府也一直很重视电动汽车的发展,很早就制定了电动汽车发展计划。

2010年,在全球石油价格持续走高、保护环境的呼声日益强烈、消费者对低碳生活的积极需求等诸多因素的影响下,电动汽车的发展再度被各国政府和各大车企提上日程。实际上，2010年也是电动汽车市场开始爆发的关键一年。

以能源供给方式为分类标准，新能源汽车主要分为纯电动汽车、混合动力电动汽车以及燃料电池电动汽车。在电动化、智能化、共享化和网联化以及环保要求愈发严格的趋势下，电动化已成为汽车未来发展的方向。近两年，随着技术进步以及禁售内燃机汽车等相关政策的推动，纯电动汽车更是成为各大车企研发的重点。

由于对环境的影响相对内燃机小，纯电动汽车的发展前景被广泛看好，但其技术尚不成熟。作为纯电动汽车重要部件的蓄电池，无论什么类型，普遍存在价格高、寿命短、外形尺寸和质量大、充电时间长等缺点。但是，相对于高度成熟的内燃机汽车行业，纯电动汽车将是中国自主品牌"弯道超车"的较好机会。

政策方面，我国各级政府接连推出一系列利好纯电动汽车的政策，并且开始逐渐推行公共交通电动化。例如：2016年年底，太原市就完成了全市8 292辆出租汽车的纯电动化工作；截至2017年年底，深圳市的公共汽车已经全面纯电动化，纯电动出租车的比例高达99.06%。政府的大力扶持，使我国的电动汽车行业得到了绝佳的发展机会，而随着补贴的退坡，"骗补"车型逐渐退市，国产纯电动汽车的续驶里程基本上达到了400 km。

纯电动汽车和内燃机汽车的最大区别在于动力系统和能源供应系统：纯电动汽车以车载电源为动力，用电机驱动车轮行驶，没有排气管。内燃机汽车以石油产品作为能源，燃油在内燃机中燃烧释放出能量而产生动力，再由变速器实现驱动控制；电动汽车采用蓄电池作为能源，由电动机来驱动并配以调速器进行速度控制。最主要的结构改动是：将内燃机汽车中的内燃机和油箱改为纯电动汽车中的蓄电池、电动机、调速器及相关设备。

纯电动汽车和低速电动车的区别也比较多，尤其在性能、政策、价格方面。市面上的低速电动车普遍采用铅酸电池，这种电池价格低廉，但其能量密度也相对较低，满充满放寿命大多低于500次。在行驶速度和续驶能力方面，低速电动车的行驶速度基本上都低于70 km/h，并且只能支持不到100 km的续驶里程，其实际的驾驶体验更为接近旅游景区中常见的观光车，而且在冬季低温时期其续驶里程仅有原续驶里程的40%左右。低速电动车之所以能够在广大三四线城市以及农村市场大行其道，与其低廉的价格有着很大的关系。国内低速电动车的售价基本上在3万元左右，这样的价格确实能够打动很大一部分消费者。但值得一提的是，低速电动车虽然价格低廉，但在后续服务上劣势明显，一般只有12~15个月的质保，需定期更换电池，每次费用约6 000元，长期来看，成本也并不低廉。此外，低速电动车大多是无国家标准、自由生产的，所以购买时享受不到国家的任何税费减免和补贴，上路时还受严格管制，不但不允许在机动车道行驶，更无法上高速，而且无法购买交强险，一旦出现事故没有任何保障。

纯电动汽车的虽然价格更高一些，但由于拥有国家和地方政府的各种补助，实际购买价格并不高，其售后服务优势更大。纯电动汽车的行驶速度、续驶里程、安全性能等均优于低速电动车。

本章主要分为纯电动汽车（大部分以北汽EX360和特斯拉等其他纯电动汽车为例，北汽EX360的NEDC工况续驶里程大于318 km，60 km/h匀速续驶里程达390 km）的外观结构、汽车驾驶室的认识、纯电动汽车的基本组成三大部分，系统讲解纯电动汽车相关知识，介绍汽车的部分历史背景和发展前景。

纯电动汽车外观结构包括汽车充电接口、汽车外部照明、刮水器、风窗玻璃、车外后视镜、车门、保险杠、尾翼。

汽车驾驶室包括仪表盘、转向盘及其附件、变速杆、汽车踏板、驻车制动操纵手柄、安全装置、内部照明、其他附属装置。

纯电动汽车的基本组成包括电动机、发电机、冷却系统、传动系统、驾驶系统、转向系统、制动系统、电气设备、能量回收装置、散热系统、车身。

1.2 纯电动汽车的外观结构

内燃机汽车主要由发动机、底盘、车身和电气设备四大部分组成,燃料在汽缸内燃烧,所产生的高温高压气体在汽缸内膨胀,推动活塞往复运动,连杆带动曲轴旋转对外做功,燃料的热能转化为机械能。内燃机产生的动力传输给传动装置,通过对内燃机、传动装置的控制和调节,将适应汽车运行工况的输出转速和转矩送到每个车轴齿轮箱的驱动轮,动轮产生的轮周牵引力传递到车架,由车架端部的车钩变为挽钩牵引力来拖动或推送车辆。与内燃机汽车相比,纯电动汽车取消了发动机,改用电源系统来供给能量给电机从而驱动汽车行驶,底盘上的传动机构也相应地发生了变化。但从外观上看,纯电动汽车与内燃机汽车基本一致,主要区别在于:纯电动汽车取消了内燃机汽车所需的油箱口,增加了给汽车电池充电的充电接口,如图1-1和图1-2所示。除此之外,纯电动汽车的其他外观机构与内燃机汽车相差不大,如图1-3所示。

图1-1 纯电动汽车充电接口

图1-2 内燃机汽车油箱

图1-3 纯电动汽车外观

1.2.1 充电接口

纯电动汽车的充电接口主要有直流电快充接口和交流电慢充接口两种，一般将交流电慢充接口设置在车后部传统加油口处，而在车前部设置一直流电快充接口，如图1-4和图1-5所示。电动汽车主要有常规充电、快速充电和更换电池组三种充电方式。

常规充电即交流慢充，使用交流220 V单相民用电，通过整流变换，将交流电变换为高压直流电给动力电池进行供电，一般充电时间为5~8 h。在25 ℃下，EX360的电池容量约为137 Ah，慢充最大充电电流为0.33 C，二次降电流后的充电电流约为0.1 C，综合充电时间在5~8 h。

快速充电即直流快充，快充系统一般使用工业380 V三相电，通过功率变换后，直接将高压大电流通过母线直接给动力电池进行充电。一般采用150~400 A的直流电流进行恒流充电，在20~30 min内就能使蓄电池电量达到80%~90%。在25 ℃下，EX360的电池容量约为137 Ah，快充最大允许持续充电电流约为1.00 C，二次降电流后的充电电流约为0.1 C。

图1-4 车后部的交流电慢充接口　　图1-5 车前部的直流电快充接口

1.2.2 汽车外部照明

汽车行驶时，照明灯具是不可缺少的装置。汽车灯具主要有两点功能：一是为汽车内部、外部提供照明，即照亮道路、交通标志、行人、其他车辆、识别标志和障碍物，还给车内阅读、娱乐等活动提供照明；二是作为信号，给驾驶人或行人提供显示车辆存在和传达车辆行驶状态的信号以预警。汽车照明装置是汽车电器的组成部分，它不仅直接影响整车性能和行车安全，而且在提高运输效率、节约能源、贯彻交通法规等方面都有重要意义。现代汽车照明涉及计算机科学、软件工程学、电子信息学、电工学、机械学、化学工程学、光度/色度学、生理学、心理学、工效学和美学等。它是多种学科相互渗透、交叉之后形成的跨界学科。它有自己独特的功能要求、测试技术和计算技术，自成体系。

汽车照明灯具主要有前照灯、后照灯、前侧灯、雾灯、牌照灯、小灯等。图1-6和图1-7所示为北汽EX360的外部灯具及其具体位置，基本与内燃机汽车相同。汽车上的信号灯主要有前照灯、雾灯、牌照灯、转向灯、危急报警信号灯、尾灯、制动灯、示廓灯、倒车灯等。

图 1-6 纯电动汽车前部灯具

图 1-7 纯电动汽车后部灯具

1.2.3 刮水器

刮水器又称为雨刷、水拨、雨刮器或挡风玻璃雨刷。因为法律要求，几乎所有地方的汽车都带有刮水器。除了汽车外，如火车、电车、机车、飞机及船只等其他运输工具也设置了刮水器；部分工程用机具，如挖土机、起重机等亦装有刮水器。

刮水器通常带有一刮水臂，在一定点上转动，以一条长橡胶叶片跟另外一边连接在一起。刮水臂多数由电动机提供动力，少数由空气动力推动。其叶片会在玻璃上来回摇摆，将水或灰尘推离玻璃表面。雨刷的速度通常可以自行调整，以不同的速度连续转动或是间歇式转动。另有喷水器将水喷到挡风玻璃上以湿润玻璃表面并除去脏污；不可在无水湿润的挡风玻璃下使用雨刷，否则易使雨刷及挡风玻璃受损。

部分车辆装有雨滴感应式雨刷，根据位于挡风玻璃上方，其能感应区域内的雨水滴大小与雨量，自动调整雨刷速度，雨量大则雨刷速度快。

刮水器的作用为清扫风窗玻璃上的雨水、雪或尘土，保证汽车在雨天或雪天时，驾驶员有良好的视线，确保行驶安全。刮水器普遍具有高速、低速及间歇 3 个工作挡位，除变速外还有自动回位功能，汽车刮水器如图 1-8 所示。

刮水器由刮水片、刮水臂、摇臂、电动机、拉杆、摆杆等组成，如图 1-9 所示。

图 1-8 汽车刮水器

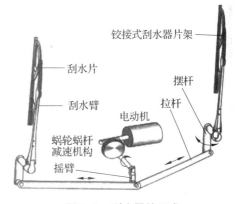

图 1-9 刮水器的组成

纯电动汽车和内燃机汽车的刮水器差异不大，主要都是为驾驶员提供良好的行车视线。

1.2.4 挡风玻璃

1919年，"不用马拉的客车"——汽车数量很少，其行驶速度也相当慢。汽车刚面世时，还没有安装挡风玻璃。为了防御恶劣的天气、昆虫以及其他路上的碎片，司机和乘客一般都使用护目镜。随着汽车更加普及、行驶速度提高，风和小碎片常会对驾驶者的脸造成干扰或伤害，造成了严重的安全问题。

为了解决上述问题，汽车制造商在车上加装了一块玻璃，称为挡风玻璃。新的挡风玻璃使司机更加舒适，但仍不足以抵御飞来的小碎片。这些最初的挡风玻璃由平板玻璃手工切割而成，当玻璃破碎的时候，会碎成大片的危险的尖锐碎片，其安全性较差，并不能令人满意。

大约在20世纪20年代中期，亨利·福特因为一块破碎后的挡风玻璃碎片受了轻伤，这促使福特产生了发明更安全的挡风玻璃的想法。得益于逐步发展的塑料工业，福特突然有个想法：将两块玻璃夹在一起，中间用一层PVC塑料隔开，做成一种形状上类似三明治的玻璃。这个想法非常契合挡风玻璃的功能，因为塑料夹层既可防止玻璃破碎后像阵雨一样落在车内人员的身上，又可使挡风玻璃具有吸收能量和减振的性能，而这种性能有助于在事故发生时保护车内人员。夹层玻璃后来成为一种主要的挡风玻璃。

钢化玻璃是另外一种安全玻璃，广泛用作现代汽车的侧窗和后窗玻璃。与夹层玻璃相比，钢化玻璃通过受热和加压增加了强度，受到破坏时会粉碎成像面包屑一样的圆滑小颗粒，从而减少了玻璃碎片伤人的可能性。但是，钢化玻璃不适于修理和复位，因此仅适用于侧窗和后窗玻璃。

汽车的挡风玻璃如果竖直放置，就会像一面大的平面镜，将车内人员成像在车的前方，妨碍司机看清路上的行人，容易造成错觉、影响驾驶。当汽车的挡风玻璃倾斜放置时，车内乘客经过前挡风玻璃的反射成像在车的前上方，而路上的行人是在车的前方，司机就能轻易将车内的乘客和路上的行人区分开来了。

1. 前窗玻璃

如图1-10所示的汽车前窗玻璃，一般是减速玻璃。减速玻璃其实就是夹层汽车前挡风玻璃，一些钢化前窗玻璃的光学性能差、过渡不平滑，长时间行车易使驾驶人员眼疲劳、头晕；而夹层玻璃的光学性能好，没有光畸变，从车里向外看视觉很清楚，还引入了使光线变得很柔和的新技术，从而能给人一种减速的感觉。

2. 后窗玻璃

后窗玻璃上横向间隔布置有黑色的电阻丝，用以除霜。当后窗玻璃上有霜覆盖时，会挡住视线，影响行车安全，此时电阻丝通电发热，起到除霜作用。图1-11所示为汽车后窗玻璃。

图1-10 汽车前窗玻璃　　　　　　图1-11 汽车后窗玻璃

1.2.5 车外后视镜

作为汽车上历史最为悠久的零部件之一,汽车后视镜诞生已经超过百年。后视镜也不是自汽车诞生起便与生俱来的,如果把卡尔·本茨在1886年制造出的"奔驰一号"定义为"第一辆现代汽车"的话,那么后视镜的第一次出现比汽车晚了大概20年。据说,这和一位美女赛车手有关。

多萝西·莱维(Dorothy Levitt),英国传奇女赛车手,在1905年时,23岁的她驾驶德迪翁赛车创造了当时女性车手的最高连续里程纪录,随后又在1906年打破了女性最高车速纪录,当时被誉为"世界上最快的女子"。

由于赛车手的工作,多萝西常与汽车打交道,而敏感细腻的她察觉到身处汽车中就无法目测四周情况,这样会使行人和车手都很危险。于是她在1906年出版的手册The woman and the car中提出了使用镜子观察车后情况的想法,这就是汽车后视镜的雏形。虽然有了这样的想法,但可惜的是这位女赛车手也只是说说而已,并没有将这个伟大的想法付诸实际。

在1911年的第一届印地500车赛上,美国Marmon公司的工程师兼赛车手瑞·哈罗恩在自己的赛车上安装了一个用镜子做成的简易后视装置,并夺得了冠军。之后很多车手都开始效仿这一行为,但总体来说,在赛场之外,后视镜仍然没有得到广泛使用。

直到1921年,一位名叫Elmer Berger的发明家获得了汽车后视镜的专利,将之命名为"COP-SPOTTER",并在自己的公司开始进行批量生产,后视镜才正式诞生。

最早期的后视镜采用的都是圆形平面镜,跟普通的镜子并无不同。而且非常奇怪的是,当时后视镜只存在于驾驶人员一侧,不仅观察后方的面积有限,另外非对称的外观也不符合大众的审美。

此后,还出现过左右大小不一的后视镜,且多见于德国车,比如:第四代大众高尔夫副驾驶一侧的后视镜明显比主驾驶一侧的小一号。大小和镜面曲率有关,即左侧镜面大、曲率小,右侧镜面小、曲率大,为的是让驾驶人的左右视野保持一致。

到最后,左右大小一致并且面积更大的方形后视镜(见图1-12)成为趋势,直到现在,大部分汽车的后视镜都还在采用这样的设计。

不过,一些概念车或者设计理念领先的车型已经开始使用摄像头代替原有的外露后视镜，好处显而易见，那就是原来风阻系数较高的方正造型被取代，外观造型更加美观流畅，且盲区面积越来越少。但碍于技术和一些法律法规的要求，用摄像头取代后视镜还未被真正普及。不过，可以预见的是，这将是以后的汽车造型趋势。

图1-12 汽车后视镜

汽车后视镜反映着汽车后方、侧方和下方的情况，使驾驶者可以间接看清楚这些位置的情况，它起着"第三只眼睛"的作用，扩大了驾驶者的视野范围。汽车后视镜属于重要安全件，它的镜面、外形和操纵都颇讲究。通过后视镜镜面能够观察到的范围称为视界。业界有视界三要素的说法，即驾驶者眼睛与后视镜的距离、后视镜的尺寸大小和后视镜的曲率半径。这三要素之间具有一定的关系：当驾驶者眼睛与后视镜的距离和后视镜的尺寸不变时，镜面的曲率半径越小，其视界越大；当镜面的曲率半径、驾驶者眼睛与后视镜的距离不变时，后视镜的尺寸越大，其视界越大。然而，事物总有两面性，虽然镜面的曲率半径越小时视野范围越大，但同时镜面反映的物体的变形程度也越大，映像失真就越严重，这有点像哈哈镜，往往会造成驾驶者的错觉。从行车安全的角度出发，行业标准规定：平面镜的失真率不得大于3%，凸面镜的失真率不得大于7%，要求不能反映有歪曲变形的实物图像。

1.2.6 车门

汽车发展历史中有各种各样的车门出现，比如"剪刀门""蝴蝶门""鸥翼门"等。

最早使用剪刀门的是阿尔法·罗密欧。其在1968年推出的Carabo概念车上配备了这种车门。剪刀门通过A柱铰链的上、下运动垂直向上开启和向下关闭，其优点是可以在狭窄的位置进行操作（对地下车位高度有要求），在开启时不会对向前运动的后方车辆和行人造成伤害。剪刀门的铰链安装位置与传统车门一样，因此不受车身型式的影响，敞篷车也可以采用。

1967年9月，阿尔法·罗密欧33 Stradale成为首款采用蝴蝶门的量产车型，法拉利和迈凯轮是蝴蝶门的拥护者。蝴蝶门的结构与剪刀门类似，但其铰链位置更高，一般固定在A柱上或A柱的车顶前缘。其独特的铰链位置使得车门打开后像是蝴蝶张开翅膀，因此得名。

世界上第一辆汽车的生产商——奔驰，它在1954年推出的奔驰Gulling车型上第一次使用了鸥翼门的设计。然而这种酷炫的开门方式，最初却完全是出于安全的考虑。因为对于采用罐状车架的奔驰300SL来说，为了保证车身刚度，就在车辆底盘的左、右两侧安装了两根粗壮的平行梁，这样一来传统的车门就无法正常安装，而鸥翼门就成了唯一的选择。特斯拉X、宝马E25 Turbo等车型也都采用了鸥翼门的设计。

车门为驾驶员和乘客提供出入车辆的通道，并可隔绝车外干扰，在一定程度上减轻侧面撞击，保护乘员。纯电动汽车的车门与内燃机汽车的车门并没有差别。车门的好坏，主要体现在车门的防撞性能、密封性能、开合便利性等几方面，当然还有其他使用功能的指标。防撞性能尤为重要，因为车辆发生侧碰时，缓冲距离很短，很容易就伤到车内人员。

车门按开启方式可分为顺开式车门、逆开式车门、水平移动式车门、上掀式车门、折叠式车门、整体式车门和分体式车门。没有关闭车门的情况下，顺开式车门在汽车行驶时仍可借气流的压力关上，比较安全，而且便于驾驶员在倒车时观察后方，故被广泛采用。图1-13所示为顺开式车门。

图1-13 顺开式车门

1.2.7 保险杠

据资料显示，汽车前后保险杠过去是用钢板冲压成槽钢，与车架纵梁铆接或焊接在一起的，与车身有一段较大的间隙，看上去十分不美观。随着汽车工业的发展和工程塑料在汽车工业的大量应用，汽车保险杠作为一种重要的安全装置也走向了革新的道路。

今天的轿车前、后保险杠除了保持原有的保护功能外，还要追求与车体造型的和谐与统一，追求本身的轻量化。目前轿车的前后保险杠都是工程塑料制成的，称为塑料保险杠。塑料保险杠具有较好的强度、刚性和装饰性。从功能上看，汽车发生碰撞事故时，保险杠能起到缓冲作用，保护前后车体；从外观上看，保险杠可以很自然地与车体结合在一块，浑然成一体，具有很好的装饰性，成为装饰轿车外形的重要部件。

另外，为了减少轿车在发生侧撞事故时对乘员的伤害，在轿车上通常安装有车门保险杠，以增强车门的防撞冲击力。这种方法实用、简单，对车身结构的改动不大，已经普遍推广使用。

安装车门保险杠就是在每扇车门的门板内横置或斜置数条高强度的钢梁，起到车前车后保险杠的作用，做到整部轿车前后左右都有保险杠"护驾"，形成一个"铜墙铁壁"，使得轿车乘员有一个最大限度的安全区域。当然，安装这种车门保险杠对于汽车制造商来讲，无疑会增加一些成本，但对于轿车的乘员来讲，安全性和安全感都会增加了许多。

一般汽车的塑料保险杠是由外板、缓冲材料和横梁三部分组成。其中外板和缓冲材料用塑料制成，横梁用冷轧薄板冲压而成U形槽；外板和缓冲材料附着在横梁上，横梁与车架纵梁连接，可以随时拆卸下来，这种塑料保险杠大多采用注射成型法制成。国外还有塑料渗进合金成分，采用合金注射成型的方法，加工出来的保险杠不但具有较高的强度和刚性，还具有可以焊接的优点，而且涂装性能好，现在在轿车上的使用越来越广泛。图1-14为部分汽车保险杠外观图。

图 1-14 汽车保险杠外观

1.2.8 尾翼

当今，越来越多的轿车除车身采用美观的流线型外，在尾部行李厢盖外端还装有一块尾翼，使原本就拥有不错外观的轿车变得更漂亮。许多人以为这新颖美丽的汽车尾翼是厂家为了美观才给轿车安装的装饰件，其实，它的主要作用是有效减少轿车在高速行驶时的空气阻力和节省燃料。

我国的一些用户常将"汽车尾翼"称为"汽车导流板"，这种叫法是错误的。"汽车导流板"在轿车上确有其物，但是指轿车前部保险杠下方的抛物型风罩，而"汽车尾翼"则应是安装在轿车后厢盖上。国外一些人根据它的形状，形象地称其为"雪橇板"，国内也有人称其为"鸭尾"。比较科学的叫法应是"汽车扰流器"或"汽车扰流翼"或"汽车定风翼"。

汽车尾翼最早出现在 F1 赛车上，而且在车身前、后都有这种装置。尾翼并不是简单地起装饰作用，而是利用空气动力学原理使汽车在高速驰骋时增加抓地力和稳定性，使汽车在弯道不易侧翻，并且可以节省燃油。

图 1-15 所示为尾翼，它属于汽车空气动力套件中的一部分。

图 1-15 汽车尾翼

当前，世界各国汽车制造厂商相继致力于研究开发汽车风阻的新技术，一个更趋合理、完美、科学的尾翼时代已经到来。过去，我国汽车制造厂商在轿车上比较忽视尾翼的安装，这是由于当时车速不高，尾翼减阻、省油的作用不十分明显。随着我国大批高速公路和许多大、中型城市高架路、高等级道路的建设及投入使用，车速有了较大的提高，汽车尾翼的作用显得越来越重要。以排气量为 1.8 L 的一般轿车为例，如果装上尾翼，空气阻力系数将降低近 20%，在一般道路上行驶，耗油量减少或许不明显，如果在高速公路上，以 120 km/h 的速度行驶，则能省油 14%，此时汽车尾翼的作用就很明显了。一个根据车身的宽度，经过精确计算制作而成的尾翼，不但能使车辆在高速行驶时能更加稳定和安全可靠，而且能减少内燃机汽车和纯电动汽车在行驶中的空气阻力、提高车速、节省油耗和电耗。在油价高涨、能源短缺的当前，这对节能、环保来讲都具有一定的积极意义。

加装或改装尾翼也成为风尚，很多有车族都热衷于此，但并不是所有车型都适合安装尾翼，因为尾翼的作用在于增加车身的稳定性，对大排量的车来说比较关键，对于小排量车型，安装尾翼则会对车速产生一定影响。尾翼属于扰流部件，需要经过仔细的调校，才能在汽车高速行驶的情况下提高下压力和车身动态平衡的特性。盲目加装尾翼，可能在汽车高速行驶时起到反作用，比如导致汽车的单向平衡出现问题，影响用车安全。

思考练习

1. 纯电动汽车与内燃机汽车的主要外观差别在哪里？
2. 汽车外部照明灯有哪些，分别起什么作用？
3. 尾翼是如何利用空气动力学原理使汽车的稳定性得到提高的？

1.3 纯电动汽车的驾驶室

一百多年前，汽车刚被发明的时候，其设计多参考马车，所以驾驶室放在汽车的中央位置，并没有左右之分。在汽车发展一段时间后，汽车设计师遵循人们的使用习惯，将汽车的驾驶室设在了右手边，而靠右行驶是人们在马车时代就形成的习惯，所以早期的汽车是右侧驾驶、靠右行驶。这其中有一个例外：因为英国的骑士是靠左走，所以英国人习惯右侧驾驶、靠左行驶。

随后人们发现右侧驾驶、靠右行驶很容易因为视野的问题引发交通事故，就开始将车设计成左侧驾驶、靠右行驶，这就是当前主流的汽车驾驶方式。但是英国人当时并没有改变他们的设计，依旧是右侧驾驶、左侧行驶。

随着汽车工业的发展，两种驾驶理念均被广泛推广，世界上左行、右行的国家（地区）都有，大部分国家（地区）都实行右行制。不管左行、右行，都不影响驾驶，驾驶人员按照当地规定驾驶即可。

驾驶室不仅是驾驶员的工作场所，也是整车的重要组成部分。驾驶室一般包括车窗、车门、驾驶舱等。驾驶室的造型有高顶、矮顶、尖头等几种。驾驶室是汽车最重要的部分之一，其设计质量好坏将直接影响到汽车的性能和安全性。

汽车驾驶室应为驾驶员提供便利的工作条件，为乘员提供舒适的乘坐条件，保护他们免受汽车行驶时的振动、噪声、废气的侵袭以及外界恶劣气候的影响。汽车驾驶室中的一些结构和设备还有助于安全行车和减轻事故的后果。

驾驶室应保证汽车具有合理的外部形状，在汽车行驶时能有效地引导周围的气流，以减少空气阻力和燃料消耗。此外，驾驶室还应有助于提高汽车行驶稳定性和改善发动机的冷却条件，并保证车身内部良好的通风。

汽车驾驶室还是一件精致的综合艺术品，应以其明晰的雕塑形体、优雅的装饰件和内部覆饰材料以及悦目的色彩使人获得良好的感受。人们对汽车的要求越来越高，对于纯电动汽车驾驶舒适性的研究势在必行。

1. 纯电动汽车驾驶室的噪声源和传播途径

1）噪声的产生

（1）电机导致的振动。电动汽车的驱动完全依赖电机，在行驶中，电机与其连接的部件会发生振动，形成噪声，这种噪声频率一般较高，人耳对其比较敏感，乘车的舒适性和安全性受到很大的影响。

（2）动力传动过程产生的噪声。动力传动系统中的电机、传动轴及惯性力引起的振动，能够传到整个车身，然后从车身过渡到驾驶室内部，从而产生噪声，对驾驶员和乘客产生影响。

（3）外部条件引起的噪声。在行驶中，产生的振动噪声经过固体传播进入驾驶室，影响驾乘人员的感觉。研究发现，中、低频车内噪声通过车内固体传播，而高频车内噪声则通过空气传播，所以可以通过已经有的知识有针对性地解决问题。

2）噪声的传播

在生产制造纯电动汽车的过程当中，由于成本以及纯电动汽车本身的结构特点的限制，最终的产品生成时没有建立完整的隔音方案，将纯电动汽车外部的噪声进行有效过滤。纯电动汽车驾驶室内、外部的噪声会被驾驶室过滤掉大部分，但是由于纯电动汽车的结构特点以及一些基本的功能保证，驾驶室毕竟存在一定的缝隙，外部的噪声会通过这些缝隙进入室内，影响驾驶员的舒适性。

2. 阻尼材料的选择

1）宽温域高性能阻尼材料

宽温域高性能阻尼材料能够将外部作用的能量转换成热能的形式进行消耗。分子间运动会产生内摩擦，能够抵消声振动以及机械振动产生的能量，进而能够达到降低噪声、减小振动的目的。

2）高阻尼涂料

高阻尼涂料可以在空间内进行涂装，具有随意性。在纯电动汽车驾驶室中涂抹高阻尼涂料能够切实降低驾驶室的振动以及噪声的影响，并可以结合汽车内饰的设计进行一定的组合，使汽车更美观。高阻尼涂料在实际的汽车生产中已经得到了广泛的应用。

3）黏弹性阻尼材料

橡胶和沥青是主要的黏弹性阻尼材料。纯电动汽车的各个部件的连接处或者需要密封减振的环节都会用到橡胶材料。沥青的经济性很好，在大面积噪声源及驾驶室壁板振动上应用很多。沥青材料表面隔离和防腐蚀的特点，使其在汽车领域的应用十分广泛。

3. 纯电动汽车驾驶室的减振降噪技术

1）阻尼材料科学分布

纯电动汽车的噪声和振动控制可以从两个方面着手，即内部改造和降低外部噪声源。首先需要处理的就是产生噪声的振动部件，可利用合适的阻尼材料减少驾驶室的噪声和振动。阻尼材料的选择和布置需要基于纯电动汽车动力位置、传动形式等的结构特点进行充分的考虑。

2）密封性能的保证

驾驶室整体的密封性能对于噪声振动的传递有很大的影响,要对驾驶室内部进行全方位的密封,采用钢板、麻毡、内涂层等材料将地板密封好。驾驶室的车门、车窗和壁板都5A用橡胶进行密封,控制外部噪声源对驾驶室的影响效果。在顶盖使用乙烯、人造革等材料减少噪声进入和振动。

3）减振系统的合理应用

悬架设计的合理与否是对汽车减振效果的最主要的影响因素。近年来,主动悬架的研究已经取得进步,在纯电动汽车领域,应该从两个方面进行跟进:在适合自身的经济基础上,优化被动悬架和半主动悬架;也要研究发展主动悬架。

纯电动汽车和内燃机汽车的驾驶室设计大同小异,也多采用坐车驾驶设计。汽车的驾驶室主要由仪表盘、转向盘及其附件和变速杆等组成,如图1-16所示。

图1-16　汽车驾驶室

1.3.1　仪表盘

随着汽车行业的高速发展,汽车仪表经历了几次变革,不管是形态还是功能都发生了巨大的变化。它已不再仅仅是一个提供转速、车速的简单元件,而是能展示更多重要的汽车信息,甚至发出警告。集成和数字控制技术的普及,让汽车仪表的功能前所未有的丰富,并且视觉效果也更好。仪表盘不但体现出工程师设计的技术实力,更能够展示设计师的审美,可以为汽车OEM厂商提供更高的电子产品附加价值,与车型进行更完美的个性匹配,为消费者提供更加多样性的选择和更个性化的驾驶体验。

早期常规仪表包含了车速里程表、转速表、机油压力表、水温表、燃油表、充电表等,之后汽车仪表中还装置有稳压器,专门用来稳定仪表电源的电压、抑制波动幅度,以保证汽车仪表的精确性。以指示灯为例,梅赛德斯-奔驰E级车有多达41个,而沃尔沃S40只有21个,这是数字上的差异,也代表了不同品牌对于车辆安全理解的不同,道理很简单:更多的指示灯确实可以更精准地提示信息。

仪表盘增加了不少功能。其中，汽车信息反馈显示技术不断迭代，从真空荧光显示屏（VFD），发展到采用液晶显示器（LCD）。最新的小尺寸薄膜晶体管显示器（TFT）可以实现 CAN 总线信号输入，驱动仪表显示信息，因此显示屏显示的信息越来越清晰、快捷。

从市场的保有量来看，比较合理的方案是机械仪表结合数字仪表，例如车速、转速信息采用指针，指示灯信息采用 LED 灯点亮形式，而其他信息则采用 TFT 屏。因为车内面临的环境非常恶劣，例如，夏季受到太阳直射时温度可能达到 70 ℃，而一旦开启空调会迅速降至 20~30 ℃，冬天也会有剧烈的温度变化，温差会导致元器件膨胀/收缩，发生损坏。由于成本影响及市场对新科技稳定性的担忧，电气式仪表在市场上应用较广泛。

全数字汽车仪表是一种网络化、智能化的仪表，其功能更加强大，显示内容更加丰富，线束连接更加简单，更全面、更人性化地满足了驾驶需求。虚拟汽车仪表用屏幕取代了指针、数字等现有仪表盘上最具代表性的部分，其优点是可以由用户自己定义仪表系统，以满足不同的要求，功能更加强大、灵活，更容易同网络、外设及其他应用相连接。虚拟汽车仪表得益于更强大的图形处理技术和显示效果，更多的指示灯采用拟物化设计，从而有效降低用户的接受难度；多媒体娱乐信息和车辆基本信息也可以更符合逻辑地显示出来，集中显示有助于提升驾驶安全性，驾驶员的视线也不必在多个位置频繁切换；另外，简化的设计，也可以将更多空间留给乘坐区域或者是储物等。

抬头显示技术最早出于飞机上，利用光学反射的原理，将重要的飞行相关资讯投射在一片玻璃上面。这片玻璃位于座舱前端，高度大致与飞行员的眼睛成水平，投射的文字和影像调整在焦距无限远的距离上面，飞行员透过平视仪（HUD）往前方看的时候，能够轻易地将外界的景象与 HUD 显示的资料融合在一起。借助 HUD 投射原理，汽车装配 HUD 后可以使驾驶员不必低头就看到信息，从而避免分散对前方道路的注意力；其次，驾驶员不必在观察远方的道路和近处的仪表之间调节视线，能够有效地避免眼疲劳。

HUD 系统成像的关键是一种透明的高折射率镀膜，其对光学和材料学的要求较高。这种膜并非单独存在，而是特殊前挡风玻璃的表层功能部分，这种汽车挡风玻璃的生产主要采用浸渍法、网印法等。由于它含有氧化的 Ti 和 Si，所以它的折射率介于 1.8 和 2.2 之间，大于普通前挡风玻璃 1.52 的折射率，所以表面的反射率就可以增大，再经过多次光干涉就可在远处成像。

从行业趋势看，高清、集成、智能是汽车仪表及显示技术的三大发展方向。基于供应商的集成能力和未来科技的发展，仪表盘将能够显示更多的安全和娱乐信息，汽车仪表也会集成更多的主动安全、ADAS 信息，与网络的互动也会变得更频繁，系统会变得越来越开放。和中控娱乐信息系统一体化融合，集成手势控制、语音控制等操作功能。优化 HUD 平视显示技术，将安全信息与娱乐导航等信息更直观安全传递给驾驶员，这将是下一代智能数字座舱的发展趋势。

纯电动汽车的仪表板从外观上看与内燃机汽车的仪表板没有太大差异，但仔细观察可以发现纯电动汽车的仪表板上删去了与内燃机相关的指示灯，如燃油灯和机油灯等；增加了与电源系统和电机系统相关的指示灯，提示电量、电压值、电流值和电机转速等信息。纯电动汽车仪表盘如图 1-17~图 1-19 所示。

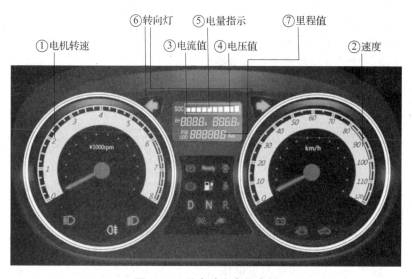

图1-17 纯电动汽车仪表板

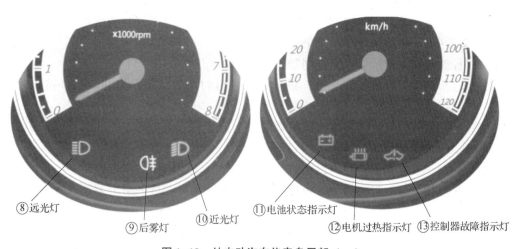

图1-18 纯电动汽车仪表盘局部（一）

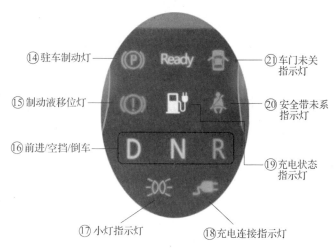

图1-19 纯电动汽车仪表盘局部（二）

(1) 电机转速：显示汽车行驶时的电机工作转速。

(2) 速度：显示汽车行驶时的速度。

(3) 电流值：显示电动汽车蓄电池的输出电流。

(4) 电压值：显示电动汽车蓄电池的输出电压，即供给直流电机的电压，满电时一般为 50 V 左右。

(5) 电量指示：显示电动汽车蓄电池的所剩电量。

(6) 转向灯：显示汽车转向灯的开/闭情况。

(7) 里程值：显示汽车所行驶的里程。

(8) 远光灯：显示大灯是否处于远光状态，通常情况下该指示灯为熄灭状态，在远光灯接通和使用远光灯瞬间点亮功能时亮起。

(9) 后雾灯：显示后雾灯的工作状况，后雾灯接通时，灯亮。

(10) 近光灯：显示近光灯的开/关状态，近光灯接通时，灯亮。

(11) 电池状态指示灯：当电池组电压过低时，指示灯就会立即点亮，说明此时电量不多了，一般低于30%。

(12) 电机过热指示灯：指示灯亮时，代表电机散热条件不好、持续过载运行或内部电路有接触不良的地方等多种可能情况，应注意及时排查问题或尽早修理。

(13) 控制器故障指示灯：当控制器故障，车辆无法行驶时，灯亮。

(14) 驻车制动灯：显示车辆驻车的状态，平时为熄灭状态。当驻车拉杆被拉起后，该指示灯自动点亮。

(15) 制动液移位灯：当制动液储液罐的液面低于规定液面时，指示灯将点亮，此时应立即按规定加注制动液。

(16) 前进/空挡/倒车：显示汽车所挂挡位情况。

(17) 小灯指示灯：当前组合灯小灯、组合仪表背光灯和牌照灯开启时，指示灯就会点亮。

(18) 充电连接指示灯：只要充电器和车的充电口连接上，指示灯就会亮。

(19) 充电状态指示灯：当充电器正常工作后，指示灯将红灯、绿灯间歇闪烁或绿灯常亮。

(20) 安全带未系指示灯：点火开关接通后，若安全带未扣入安全带固定座，则灯亮。

(21) 车门未关指示灯：当左前、右前、左后或右后任意一门没关好时，指示灯就会亮。

1.3.2 转向盘及其附件

纯电动汽车的转向盘及其附件基本与内燃机汽车的一致。

1. 转向盘

1) 人性化

转向盘用于在汽车行驶过程当中转向，操作对象是驾乘人员，因此，转向盘的人性化设计尤为重要。在人性化设计中，不仅要考虑转向盘的大小、造型、舒适程度，其材质、按键分布、转动方式等也均属于考虑范围。

2) 功能与智能化

现阶段，出于方便操作的考虑，汽车中控的部分功能按键移动到了转向盘上，转向盘除负责带动转向机构外，还将负责汽车的功能控制，因此，要实现什么功能、如何控制功能也成为影响转向盘发展的重要因素。

3) 与环境相适应

转向盘是内饰的一部分，应与内饰的造型、颜色协调一致。内饰可根据车型分出运动风格、经典风格、高雅风格等，这就要求转向盘做出对应的设计。同时色彩要与周围的内饰色彩相一致，内饰色彩不宜过多，2~3 种色彩就足够了，色彩过多会让整个环境过于杂乱，转向盘的色彩也不适合超过 3 种。

转向盘的材质选择也应与环境相适应，不同的驾驶室环境，配备不同材质的转向盘。一般可分为塑料、纯皮或仿皮质、木皮相配、真皮翻毛以及碳纤维等几种材质。

塑料转向盘的优点是：手感清晰、不易变形开裂、易维护、成本低；缺点是：手感粗糙、冬天易冰手、不够美观。皮质转向盘的优点是：握感比较舒适，不太容易打滑；缺点是：因为是生物制品，经常接触人手的汗液，时间久了难免会出现油光现象，导致摩擦力下降。较差的皮质材料，还可能会开裂老化。木皮相配转向盘的优点是：混搭外形看上去很别致，看着很有档次感；但有一个"天然"缺陷：木质饰条一般为深色且经过抛光处理，在阳光下暴晒后，就像捧着一个"暖宝宝"，时间久了，也会增加变形褪色的风险。真皮翻毛转向盘的优点是：附着力最好，握感更清晰，适合激烈驾驶与精准操控；缺点是：成本比较高。碳纤维转向盘的优点是：视觉效果比较酷炫，而且手感特别好；缺点是在炎炎夏日，当驾驶者手心出汗时，容易打滑。转向盘如图 1-20 所示。

转向盘后方一般有 2 根控制杆，位于驾驶员左手边的是转向杆，位于驾驶员右手边的是刮水器控制杆。

2. 刮水器控制杆

刮水器控制杆有 4 个挡位：OFF 为停止挡，AUTO 间歇挡，LO 为慢速挡，HI 为快速挡。刮水器控制杆还有一个功能：向转向盘方向扳动开关，此时位于挡风玻璃下方的喷水口会向挡风玻璃进行喷水，当杆回复原位时，停止喷水。

图 1-20 转向盘

(1) 特斯拉 Model 3。如图 1-21 所示，特斯拉 Model 3 采用传统的三辐式设计转向盘，握柄的尺寸很粗，表面采用皮革包裹，手感比较舒适，两侧的轨迹球拨杆设计很简约。造型和该品牌其他车型略有区别，不过整体风格是一样的，此外，非行驶相关的功能都是通过滚轮来调节的。

转向盘左侧的轨迹球是自定义的按键，根据不同功能执行不同的操作，除了能够控制多媒体系统，还能够进行转向盘和后视镜调节。

转向盘的右侧拨杆为经典的怀挡设计，能够开启和关闭定速巡航系统，操作简单方便。

图 1-21　特斯拉 Model 3 转向盘

（2）比亚迪汉 EV 的转向盘采用平底式的设计，它在底部的位置嵌入了一块液晶显示屏，能够表现车辆的少许行驶信息，如图 1-22 所示。

图 1-22　比亚迪汉 EV 转向盘

3. 转向杆

图 1-23 所示为转向杆，转向杆是驾驶员控制前照灯（远光灯和近光灯）、雾灯、转向灯、示廓灯等灯具的控制杆。

图 1-23　转向杆

1.3.3 变速杆

变速杆可以改变变速器中齿轮的啮合比，使车辆的行驶速度发生变化，驱动力随之变化，它是使运动部件从某一速度变换至另一速度的工具。

1889 年，法国人发明了世界上第一台变速器，它的结构非常简单，仅由齿轮和轴组成，通过纯机械的方式选择不同传动比的齿轮，小齿轮和大齿轮啮合，从而改变传动比和扭矩，用来改变传动比的拨杆就是最早的换挡杆。

在最早出现的手动挡车型上，仅有两个挡位。并且在同步器出现之前，手动挡车型均以"踩、摘、轰、踩、换"的方式进行换挡。在齿轮式变速箱内，通常有多组用来调节发动机输出转速的齿轮，这些齿轮的齿轮比各不相同，当这些齿轮以不同组合啮合时，发动机就会输出不同的转速，从而使得发动机输出功率的范围得以细分，以适应不同的路况。这里的齿轮比就可以理解为"挡位"，换挡实质上是通过换挡杆的拨动来使拨叉改变挡位齿轮的咬合来改变传动比和扭矩的。

随着技术的革新，出现了常见的自动挡/CVT/手自一体换挡杆。所谓自动挡，就是驾驶者不用手动换挡，车辆会根据行驶的速度和交通情况自动选择合适的挡位行驶。

下面介绍几种变速杆：

（1）直排换挡杆及蛇形换挡杆：自动挡车型搭载的自动变速器，利用行星齿轮机构进行变速，能根据加速踏板下压程度和车速变化，自动地进行变速，驾驶者只需操纵加速踏板控制车速即可。

（2）无级变速器换挡杆：无级变速器是由两组变速轮盘和一条传动带组成的，属于自动变速器的一种。它能克服普通自动变速器"突然换挡"、油门反应慢、油耗高等缺点，比传统自动变速器结构简单，体积更小，可以自由改变传动比，从而实现全程无级变速，使汽车车速变化平稳，没有传统变速器换挡时那种"顿"的感觉。

换挡杆发展至今，出现过一些相争，为变速杆的发展增添了一笔色彩。

（1）旋钮之争：准确地讲，旋钮式换挡杆也算是电子换挡杆，只不过外在形式有所不同。在启动车辆后，变速箱换挡旋钮会缓缓升起，驾驶者采用旋转方式在各挡位之间切换。

换挡旋钮同样有让人担心的地方：和电子式换挡杆一样，在断电或者电路故障时，旋钮会锁死在当前挡位，无法对挡位进行释放。从可靠性上讲，远远不如机械式的换挡机构踏实。

（2）按键之争：按键式换挡杆是现今汽车中最炫、最有科技感的换挡机构。林肯旗下的全系车型都采用了按键式换挡杆。

换挡按键和换挡旋钮都是为了节省空间而设计的，而且按键比旋钮更直观，响应速度更快，也能避免误操作；另外，按键更加时尚美观、更节省空间。

总的来说，通过操纵变速杆可以改变不同比例的变速器齿轮的合/分，汽车可以实现加速、减速或者倒车。

手动挡汽车相对复杂一些，车型不同，变速器的挡位也不同。纯电动车基本上配备的都是两挡自动变速器，由图 1-24 可知，纯电动汽车的变速杆挡位分别为 P、R、N 和 D 挡。不过，不同纯电动汽车的 D 挡可能会有区别。由于每款车在 D 挡模式下设置的有所不同，所以驾驶起来也存有区别，有些汽车在 D 挡下是不会前行的，必须踩加速踏板，车才会向前行驶。部分纯电动车在 D 挡模式下与内燃机汽车的操作模式相同。

P——驻车挡：驻车时或启动发动机时应在这个挡位。R——倒车挡：倒车时使用这个挡位。N——空挡：不传动挡。D——驱动挡：一般行驶使用这个挡位。

变速杆错误操作：

（1）换挡时低头下看。
（2）变速杆握法不正确。
（3）强拉硬推变速杆。
（4）在空挡上乱晃变速杆。
（5）对各挡位位置不清楚，挂错挡。
（6）车未停稳，挂倒挡。
（7）换挡时手腕僵硬。
（8）右手换挡时，左手拉方向。

图 1-24　旋钮式换挡杆

1.3.4　汽车踏板

纯电动汽车相对于传统汽车来说去掉了离合器踏板，跟自动挡汽车一样只有 2 个踏板，分别为设置在左边的制动踏板和设置在右边的加速踏板，如图 1-25 所示。纯电动汽车的加速踏板控制电机工作的快慢，驾驶员能通过加速踏板来实现汽车加速。驾驶员能通过踩下制动器踏板来实现汽车的减速、停车，制动踏板是汽车驾驶五大操作件之一，使用频次非常高，驾驶人对制动踏板的掌控程度直接影响着汽车驾驶安全。

还有部分纯电动汽车采用单踏板，即驾驶员踩下加速踏板时，车辆加速行驶；松开加速踏板时，车辆减速。通常驾驶员松开踏板时电机回收能量较多，车辆减速较快，认为车辆具有单踏板功能。在城市工况中，单踏板功能大大减少了加速踏板和制动踏板的来回切换，简化驾驶操作，驾驶员仅通过加速踏板操作就可以实现车辆的加速、减速和停车，使驾驶变得更简单。单踏板功能对车辆减速的贡献程度与电池、电机有一定关系。如果车辆电池容量较大、电机回收能力较强，单踏板功能就能够完全覆盖日常驾驶过程中的加、减速需求；相反，如果车辆配备的电池容量较小，则电机回收能力较弱，日常工况中就需要更多使用制动踏板辅助制动。

宝马 i3 是第一款具有单踏板功能的量产车型，在行驶时可以通过再生制动减速，且能够实现车辆平稳停车。另外，受到单踏板功能植入的影响，宝马 i3 完全取消了传统车辆无加速踏板和制动踏板输入的蠕行状态，驾驶员在操作车辆过程中不再需要使用制动踏板使车辆停车。在收踏板过程中，车辆识别驾驶员为减速意图，同时制动灯亮起。值得一提的是，该车也可以通过单踏板实现上坡驻车。

图 1-25　汽车踏板

雪佛兰 Bolt 继承了宝马 i3 对于单踏板的理解，设置了单踏板功能，在 L 挡驱动时，车辆具有很强的再生制动能力，可以使车辆完全具备通过单踏板操作实现车辆停车和大坡道驻车的能力。另外,雪佛兰 Bolt 在转向盘的左后侧上设置了再生制动增强挡杆,可进一步加强再生制动对车辆减速的参与程度。

1.3.5 驻车制动器

驻车制动器又称手刹,式样有多种,但是其结构组成大致相同。它主要用于汽车长时间停车或短时间停车,或在行车制动失灵时辅助降速。在坡道停车/起步时,驻车制动器起着至关重要的作用。驻车制动器大致有 3 种类型。

(1) 手柄式:制动时,四指并拢握住制动手柄,拇指虚按按钮,将手柄向后拉紧;放松时,先将手柄稍向后拉,然后按下按钮,向前推送到底。

(2) 拉杆式:制动时,用左手的力量将拉杆向外拉出即可。解除制动时,将拉杆顺时针转动 90°,推送到底,然后再回转 90°。

(3) 踏板式:制动时,踩下踏板即可;解除制动时,轻踩踏板,同时将踏板上方的手柄向上扳动,然后放松踏板,驻车制动即可解除。

驻车制动的操作方法:进行驻车制动时,向下踩住制动器踏板,调整驻车制动器至驻车制动状态。欲解除驻车制动,向下踩住制动器踏板,进行相应操作将驻车制动器退回到原始的位置。

对装备有自动变速器的汽车而言,一定要先施加驻车制动,再将变速杆移动到 P(停车)挡。在倾斜地面停车时,如果先换挡到 P 挡,然后才进行驻车制动,车身的重量将使驾驶人在准备开动汽车时难以从 P 挡换出来。在准备开动汽车时,应在松开驻车制动之前先将变速杆从 P 挡换出来。

不得在开动汽车时拉紧驻车制动器,否则会因过热使后轮制动作用下降、制动器寿命缩短或产生永久性损坏。

内燃机汽车的 P 挡与变速箱是相关联的,而新能源汽车的 P 挡需要与传动轴相关联。无论是上坡路还是下坡路,P 挡都是车辆停靠的保证,纯电动汽车 P 挡和内燃机汽车的 P 挡都是通过机械锁止来保证车辆驻停的可靠性。

电子手刹是用电子控制的方式实现停车制动的技术,通过刹车盘与刹车片产生的摩擦力来停车制动,在某种意义上起到了 P 挡的作用。但是,它依然无法完全代替 P 挡。

北汽新能源旗下的车型多选择保留 P 挡设计,如图 1-26 所示,北汽新能源项目总监表示:"P 挡按下时,刹车盘会夹紧,同时传动轴的锁止机构也会锁止;P 挡和电子驻车双重保险,是一种保证安全的冗余设计"。

图 1-26 北汽新能源汽车 P 挡

蔚来 ES8 采用了将驻车制动器和 P 挡合二为一的设计，如图 1-27 所示，驾驶员下达驻车指令后，刹车盘会夹紧，同时减速箱内的机械锁也会起作用。

图 1-27　蔚来 ES8 汽车 P 挡

长远来看独立的 P 挡或会逐步取消，但是 P 挡的功能不会取消。无论是内燃机汽车还是新能源汽车，P 挡的作用都是一致的，即在车辆驻停后保持车辆驻停的稳定性，它的功能是不可取代的。一些新能源车型虽然取消了 P 挡操作，但是 P 挡的构造还是存在的，只是人为设计了驻车后对电机或者传动装置自动锁止，减少了用户的一个操作步骤而已。

1.3.6　安全装置

汽车汽车的主动安全装置，指一切能够使汽车主动采取措施，避免事故发生的安全装置。被动安全装置，指在交通事故发生后能尽量减轻人身损伤的安全装置。主动安全装置更多的是同行车电脑搭配使用的辅助提示软件系统，被动安全装置则多数都是物理性实体装置。两者除了介入时间以及形态不同之外，还有最大的一点区别：主动安全配置都比较贵。低配汽车可能没有主动安全配置，但一定都有被动安全配置。

汽车主动安全技术主要包括：ABS（防抱死制动系统）、EBD（电子制动力分配系统）、ESP（电子稳定系统）、TCS（牵引力控制系统）、LDWS（车道偏离预警系统）、全景环视系统、BSW（盲点警示系统）、并道辅助系统、TPMS（胎压侦测系统）等。

常见的被动安全配置有：安全气囊、安全带、防撞钢梁、头颈保护装置等。区别于主动安全装置，被动安全装置不能防止或避免事故的发生，但是，它们可以在事故发生时，最大限度地减轻人身伤害。

安全配置的作用仅仅是降低车祸发生的概率或者说降低车祸后的损伤。行车安全主要还得看用户行车安全习惯和安全意识，任何一种安全配置都只起辅助作用。

对于电动汽车安全而言，其与内燃机汽车最大的不同在于电池的使用安全。

碰撞发生后，驾驶员最害怕发生的事情莫过于车辆着火自燃，对于电动汽车来说，还害怕在充电过程中发生自燃。

内燃机汽车上有很多方法来避免碰撞自燃。比如碰撞断油，在碰撞发生后马上切断燃油的供应，防止撞后燃油持续不断的供应到引擎舱而发生着火事故。同时使用塑料材质的燃油箱，进一步避免了因热积累而爆炸的风险。

电动汽车上使用的电池大多为锂离子电池，锂元素化学性质活泼，用作锂离子电池时，能量密度高，一旦失效，释放的热量也高；锂电池中还会使用可燃的电解质，一旦接触空气会产生更多热量。

大部分情况下，锂电池如果失效，还是很温和的，仅仅是失去充/放电的能力；但是极端情况下，锂电池会发生"Thermal Runaway"，即热失控。这种情况比较少见，但是一旦发生就会引起着火事故。当充满电的锂电池内部温度暴露在60℃下的环境超过一定时间时，电芯内部慢慢地就会有放热反应的发生，引起电芯内部温度升高；电芯温度的升高又会导致更多的放热反应发生，这是一个连锁反应，最终导致热失控。一旦发生热失控，后果就是电动汽车起火剧烈燃烧，驾驶员只能迅速逃生。

为了避免发生热失控，需要众多的测试来保证每一辆上市的电动汽车都是安全的，这一点跟内燃机汽车不一样。我国有专门的国标来要求测试合法合规，即《GB/T 31467.3—2015 电动汽车用锂离子动力蓄电池包和系统 第3部分：安全性要求与测试方法》。

在这个国标里，要求车用锂电池经过火烧、海水浸泡、跌落、挤压实验。

以奥迪Q2L e-tron为例，这款车的电池包经过167项安全实验，包括需要同一电池包连续通过的冲击、振动、浸水等序列实验，以及火烧、针刺等严苛实验，模拟了所有用车过程中的极端情况。

针刺实验：模拟车辆遭遇碰撞事故，电池包被刺穿、变形的情况，用金属导体插入电池体，确保车辆（电池包）在突然遭受物体穿透式外击时的没有起火、爆炸等危害人身安全的隐患。

机械冲击实验：验证强加速度对电池冲击的影响。奥迪Q2L e-tron用最严苛的速度和强度条件，实验加速度达到国际加速度要求的1.2倍，冲击次数为国标的2倍。

振动实验：测试电池包长期使用中的综合稳定性，用来模拟日常使用时电池包可能出现的受力及负载情况，采用随机振动、温度高/低转换的方式。奥迪Q2L e-tron 的振动实验时间超过国标4倍，温度环境、充放电次数均高倍严苛于国际。

海水浸泡实验：奥迪Q2L e-tron的做法是将电池包浸入水下1 m，浸泡2 h，看是否浸入液体。另将模组浸入水下约25%进行实验，测试前后模组温度，是否有过热等现象产生，评估浸水前后电压差。

另外，奥迪Q2L e-tron还经过了电池包过充、短路试验、静态挤压试验、火烧试验等多项严苛测试。这些测试都是每一辆电动汽车上市之前都需要做的，这里就不赘述了。

主动安全与智能驾驶，汽车的主动安全侧重于预防事故的发生。如果说被动安全是基本功，主动安全则是锦上添花。就主动安全而言，内燃机汽车和电动汽车并没有本质区别。但是电动汽车往往更容易与智能系统联系在一起，也就是说，先进的主动安全系统在电动汽车上更加常见。

首先从结构上来说，由于电动汽车前舱没有了发动机，电池一般都集中于底盘上，重心较低，没有复杂的传动系和尾气后处理设备占用汽车后部空间。整车结构的简单化，为众多辅助驾驶传感器、摄像头、雷达的安装提供了灵活空间。没有发动机后，汽车的传感器数量减少一半，为ECU腾出了大量的内存用来支持主动安全系统的众多传感器和控制器的运行。

其次，汽车行业新"四化"发展浪潮下，汽车电动化与智能化作为同时期发展起来的产物，往往都是相辅相成，更容易联系在一起。

所以，电动汽车普遍比同级别的传统内燃机汽车"更智能，更安全"，如小鹏G3，配备了并线辅助、车道偏离预警、车道保持、主动刹车、疲劳提示等主动安全系统；而相近价位的内燃机汽车，比如凌度，全系只有最高配才有主动刹车系统，其他的主动安全配置一律没有。

就被动安全来说，内燃机汽车和电动汽车虽然内容不同，但是安全目标和法规都是一样的，可以说是两者都达到同样的安全水准。但是在主动安全系统上，电动汽车普遍支持更多的主动安全配置，开起来显然要比内燃机汽车省心。

1. 安全气囊

安全气囊（见图1-28）是一种车辆乘员约束系统，它由气囊垫、柔性织物袋、充气模块和冲击传感器组成，设计为在碰撞过程中快速充气然后快速放气。安全气囊的作用是在碰撞事件中为乘员提供柔软的缓冲和约束，可以减少乘客和车内人员之间的伤害。

安全气囊在车辆乘员和转向盘、仪表板以及车身支柱、顶篷衬里和挡风玻璃之间提供能量吸收表面。在碰撞过程中，车辆的碰撞传感器向安全气囊ECU提供关键信息，包括碰撞类型、角度和碰撞严重程度。利用该信息，安全气囊ECU的碰撞算法确定碰撞事件是否满足展开条件，并触发各种点火电路以在车辆内展开一个或多个安全气囊模块。

现代车辆可能包含多种配置的安全气囊模块，包括正面气囊、侧气囊、侧躯干安全气囊、侧管状或帘式气囊、膝盖气囊、后帘式安全气囊、坐垫安全气囊、中央气囊、安全带气囊、行人气囊等。

侧气囊包括侧面躯干安全气囊和气帘安全气囊。侧面躯干安全气囊是一类通常位于座椅上的安全气囊或者门板，并且在座椅乘员和车门之间膨胀，旨在降低乘员骨盆和小腹受伤的风险。

膝部气囊的设计是为了减少乘员腿部受伤。膝盖安全气囊从2000年开始变得越来越普遍。

后帘式安全气囊的作用是在发生追尾碰撞时保护后排乘客的头部。坐垫安全气囊是为了防止骨盆在正面碰撞或下潜时低于腰带。

中央气囊旨在降低侧面碰撞中后排乘客二次受伤的严重程度。

安全带安全气囊旨在通过增加安全带面积来更好地分配撞车时被扣住的人所受的力。这样做是为了减少对安全带佩戴者胸腔或胸部的可能伤害。

安装在车辆外部的安全气囊，称为行人安全气囊，旨在减少车辆与行人碰撞时的伤害。当检测到碰撞时，气囊将展开并覆盖坚硬区域，如A柱和发动机舱盖边缘，以免被行人撞到。

图1-28 安全气囊

特斯拉 Model X 共配备 8 个安全气囊，如图 1-29 所示。

图 1-29　特斯拉 Model X 气囊

2．安全带

安全带在汽车发明以前就已经存在了。1885 年，欧洲普遍使用马车，那时的安全带只是简单地防止乘客从马车上摔下来的装置。到了 1910 年，飞机上开始出现安全带。1922 年，赛车场上的跑车开始使用安全带。1955 年，美国福特轿车开始装用安全带。总体来说，这个阶段的安全带以两点式安全带为主。

1955 年，飞机设计师尼尔斯到沃尔沃汽车公司工作以后发明了三点式安全带。1963 年，沃尔沃汽车公司把尼尔斯的三点式汽车安全带注册，并在自产的汽车上装配。1968 年，美国规定轿车面向前方的座位均要安装安全带，欧洲和日本等发达国家也相继制定了汽车乘员必须佩戴安全带的规定。我国于 1992 年 11 月 15 日颁布了通告，规定自 1993 年 7 月 1 日起，所有小客车（包括轿车、吉普车、面包车、微型车）驾驶人和前排座乘车人必须使用安全带。《道路交通安全法》第五十一条规定：机动车行驶时，驾驶人、乘坐人员应当按规定使用安全带。目前使用最广泛的是三点式安全带。

安全带是汽车发生碰撞时保护驾乘人员的基本防护装置。理想的安全带作用过程是：首先，及时收紧，在事故发生的第一时刻毫不犹豫地把人"按"在座椅上；然后，适度放松，待冲击力峰值过去，或人已能受到气囊的保护时，即适当放松安全带，避免因拉力过大而使人肋骨受伤。纯电动汽车和内燃机汽车的安全带发挥同样的作用，因此在设计发展上都大同小异。

预紧式安全带如图 1-30 所示，其特点是：当汽车发生碰撞事故的一瞬间，乘员尚未向前移动时它会首先拉紧织带，立即将乘员紧紧地绑在座椅上，然后锁止织带防止乘员身体前倾，有效保护乘员的安全。

三点式安全带如图 1-31 所示，其特点是：将斜挂带的扣接点置于座后，安全带与一个放在腹部上的扣环相连，也叫作组合式肩-腰安全带。

截至 2015 年，我国汽车安全带 CCC 认证企业共 123 家，其中 CCAP 认证企业 96 家（含境外 41 家+境内 55 家），2015 年新增企业 3 家，其中两家为已获得认证企业新增设的装配工程。总体上，我国 2011—2015 年间汽车安全带制造企业数量在不断增长，从 2011 年的 104 家增长至 2015 年的 123 家，但从增长率来看，增长率逐年下降，行业企业间兼并重组加剧。截至 2016 年年底，我国汽车安全带 CCC 认证企业达到 127 家。

数据显示，截至 2016 年年底，中国汽车安全带行业资产规模达到 2 478.51 亿元，同比 2015 年增长 4.69%。从增长率来看，受到汽车零部件整体格局影响，汽车安全带行业投资热度下降，加之国家资质认证的管理力度增强，行业资产规模相对平稳增长。

随着汽车安全带需求的逐渐旺盛，本土企业的规模也在不断扩大，但是与此同时，国外集团也加大了抢占中国汽车安全带市场的力度，投资逐渐朝着独资化发展。数据显示，2016 年中国汽车安全带行业共计完成销售收入 446.21 亿元，同比 2015 年增长 7.42%。

产品方面，装备在中高档车型上的预紧限力式安全带的核心技术被外资企业掌握，本土企业主要集中于生产和销售普通安全带。配套方面，外资企业除了已经实现对国内合资政策企业的配套之外，还加入本土整车企业（如长城汽车、吉利汽车）的配套体系；而本土安全带生产企业的配套仅限于国内有限的几家政策企业，且主要供给中低档车型。

图 1-30　预紧式安全带

图 1-31　三点式安全带

3. 主动安全装置

防抱死制动系统（ABS）是汽车上最早出现的主动安全装备。ABS 会检测车轮的运动状态，及时调节刹车不让车轮抱死，又不失去制动力，避免因车轮过度侧滑而发生危险。

车身稳定控制系统（ESP/ESC/DSC）是车身稳定性控制的综合系统，它包含 ABS 和驱动轮防滑系统（ASR）。ABS 的功能不再赘述。车辆行驶在湿滑或者冰雪路段车轮发生打滑时，ASR 传感器及时反馈信号给电子控制单元（ECU），然后 ECU 发出指令限制打滑轮胎的动力输出，同时命令发动机限制动力输出，不让动力白白浪费，而具有抓地力的轮胎依然会有动力供应，并不断调节输出保证车轮不打滑。

制动力分配系统（EBD/CBC）是对 ABS 的补充，紧急制动时，EBD/CBC 在 ABS 产生作用以前，可以根据车身重量和路况，判断各个车轮是否有滑动的趋势，然后将刹车的制动力更适当、更合理地分配到各个车轮，这样就使得车辆在制动的时候，能时刻保持平稳，提高行车安全性。

刹车辅助系统（EBA/BAS/BA）是在紧急情况下，驾驶员需要紧急刹车但反应太晚来不及"地板刹车"时，此系统感应到制动踏板的制动压力"恐慌性"增加，会在几毫秒之内起动全部制动力，这个反应速度要比驾驶员脚踩刹车的速度快很多，能有效缩短刹车距离，防止追尾或其他安全事故发生。

ASR/TCS/TRC 牵引力控制系统，又叫作驱动轮防滑系统，其作用是防止驱动轮打滑。车辆在起步或者加速的时候（尤其是大马力车）会发生驱动轮打滑现象，而此系统就是避免这种问题。在雨、雪、湿滑等特殊路面，ASR 会避免汽车在加速时发生车轮打滑或侧移，使行驶更加稳定。

前几年，ABS 才慢慢得到普及，一时间成为一个卖点。随着汽车技术飞速发展，短短几年时间，ABS 已经不能满足人们对于驾驶安全的需求，ESP、ASR、EBA、EBD 等车辆安全辅助系统已经成为市面上主流车型的标配。

近两年，智能驾驶系统又开始兴起，很多车辆已经达到了 L2 级及以上的自动驾驶级别，并线辅助系统、车道偏离预警系统、车道保持辅助系统、主动刹车/主动安全系统、疲劳驾驶提示系统也逐渐成为中高配车型的必备技术，可以帮助用户既轻松又安全地驾驭爱车。

1.3.7 内部照明

内部照明可以定制，不同的颜色分配给不同的驾驶模式。在 2017 年国际消费电子展上，丰田发布了其 Concept-Ⅰ 车型，该车型配备了一名名为 Yui 的 AI 助手，它使用灯光和声音与驾驶员进行通信。例如，彩色照明照亮脚部空间以指示车辆是处于手动还是自动驾驶模式。汽车外部还使用灯光与驾驶员和周围环境进行通信。

此后，其他汽车制造商也纷纷效仿，并将注意力转向室内照明概念的发展，以此作为品牌差异化的手段。随着汽车制造商提供节能、低排放发动机的压力越来越大，汽车的速度和性能变得越来越差异化，因此许多人认为环境照明是下一个"战场"。

此外，随着 ADAS 等技术的进步，自动驾驶汽车的潜力逐渐展现，从情绪和娱乐角度来看，室内照明设计将变得越来越重要。

使用照明除了更好地传达信息外，研究表明，环境照明还可以影响情绪，改善眼睛疲劳和集中驾驶员的注意力。

1995 年时，普通汽车只有 4 个室内灯，都是白炽灯。今天，这个数字接近 20，通常混合了白炽灯和 LED。简而言之，环境照明会影响驾驶体验。

内部照明装置包括顶灯、仪表灯、工作灯、指示灯、车厢灯、车门灯等。常见的汽车内部照明灯具及其位置如图 1-32 所示。内部照明的灯具及其作用如表 1-1 所示。

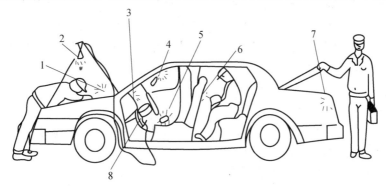

1—发动机罩下灯；2—工作灯；3—仪表照明灯、报警指示灯；4—顶灯；
5—门灯；6—阅读灯；7—行李厢灯；8—开关照明灯。

图 1-32 汽车内部照明灯具及其位置

表 1-1 内部照明灯具及其作用

照明灯类型	作用
顶灯	安装在驾驶室或车内顶部,供驾驶室内照明的灯具。顶灯灯光为白色,灯罩大多采用透明塑料制成,灯泡功率一般为 5~8 W
踏步灯	用来照明车门踏步处,方便乘客上下车的灯具。灯光为白色,灯泡功率一般为 5~8 W
行李厢灯	轿车内行李厢内的灯具,灯光为白色,功率为 5~8 W
工具灯	修理汽车时使用的,在汽车上装设工作灯插座,配带有导线的移动式灯具,灯光为白色,灯泡功率一般在 8~20 W
仪表灯	装于汽车仪表板上,用于仪表照明的灯具,便于驾驶员获取行车信息和进行正确操作,其数量根据仪表设计布置而定

汽车制造商意识到驾驶员更喜欢通过手势调节照明水平,而不是手动调节,于是开发了手势识别环境和照明系统。

1.3.8 其他附属装置

1. 汽车玻璃升降器

玻璃升降器是汽车门窗玻璃的升降装置,主要分电动玻璃升降器与手动玻璃升降器两大类。纯电动汽车门窗玻璃的升降一般都采用按钮式的电动升降方式,使用电动玻璃升降器。

轿车用的电动玻璃升降器多由电动机、减速器、导绳、导向板、玻璃安装托架等组成。驾驶员可通过总开关控制全部门窗玻璃的开、闭,而乘员可通过各车门内把手上的分开关分别控制各个门窗玻璃的开、闭,操作十分便利。

电动玻璃升降器一般由以下几部分组成:操纵机构(摇臂或电动控制系统)、传动机构(齿轮、齿板或齿条、齿轮软轴啮合机构)、玻璃升降机构(升降臂、运动托架)、玻璃支承机构(玻璃托架)及止动弹簧、平衡弹簧。玻璃升降器的基本工作路线为操纵机构→传动机构→升降机构→玻璃支承机构。其中,平衡弹簧用以平衡玻璃的重力,以减轻操纵力;装在小齿轮与支承座间的止动弹簧用以定住玻璃(止动),保证其停留在要求位置。

玻璃升降器有以下功能:

(1) 调整汽车门窗开度的大小,故玻璃升降器又称为门窗调整器或摇窗机构;

(2) 保证车门玻璃升降平稳,使门窗能随时顺利开启和关闭;

(3) 当升降器不工作时,玻璃能停留在任意位置上。

在汽车的历史发展过程中,出现了许多种类的玻璃升降器。从结构上划分,玻璃升降器总体可分为臂式玻璃升降器和柔式玻璃升降器。其中,臂式玻璃升降器包括单臂式玻璃升降器和双臂式玻璃升降器;柔式玻璃升降器包括绳轮式玻璃升降器、带式玻璃升降器和软轴式玻璃升降器。

1) 臂式玻璃升降器

臂式玻璃升降器采用悬臂式支承结构及齿轮-齿板机构,工作阻力较大,其传动形式为齿轮-齿板啮合传动。除齿轮外,其主要构件均为板式结构,加工方便、成本低,在低端车辆上使用较为普遍。

（1）单臂式玻璃升降器。这类升降器的结构特点是只有一个升降臂，结构最简单，但由于升降臂支承点与玻璃质心之间的相对位置经常变化，玻璃升降时会产生倾斜、卡滞，只适用于玻璃两侧为平行直边的情况。

（2）双臂式玻璃升降器。这类升降器的结构特点是具有两个升降臂，根据两臂的布置方式不同，又分为平行臂式升降器和交叉臂式升降器。与单臂式玻璃升降器相比，双臂式玻璃升降器本身可保证玻璃平行升降，提升力也比较大。其中，交叉臂式玻璃升降器的支承宽度较大，运动比较平稳，故被普遍采用；平行臂式玻璃升降器的结构相对比较简单、紧凑，但支承宽度较小，工作载荷变化较大，因而运动平稳性不如前者。

2）柔式玻璃升降器

柔式玻璃升降器的传动形式为齿轮-软轴啮合传动，具有"柔式"的特点，其设置、安装都比较灵活方便，结构设计也比较简捷，且自身结构紧凑，总体质量轻。

（1）绳轮式玻璃升降器。这类升降器由小齿轮、扇形齿轮、钢丝绳、运动托架、滑轮、带轮、座板齿轮等零件组成。驱动固联于扇形齿轮的带轮，从而带动钢丝绳，钢丝绳的松紧度可利用张紧轮进行调节。这类升降器所用零件少，自身质量轻，便于加工，所占空间小，常用于小型轿车。

（2）带式玻璃升降器。这类升降器的运动软轴采用塑料穿孔带，其他零件亦多采用塑料制品，从而大大减轻了升降器总成的自身质量。其传动机构中均涂以润滑脂，使用过程中无须维护保养，运动平稳。摇把手柄的位置可自由布置、设计、安装和调整。

（3）软轴式玻璃升降器。这类升降器主要由摇窗电机、软轴、成形轴套、滑动支座、支架机构以及护套等组成。当电机旋转时，输出端上的链轮与软轴外轮廓啮合，带动软轴在成形轴套内移动，从而使与门窗玻璃相连接的滑动支座沿着支架机构中导轨上下运动，达到升降玻璃的目的。

我国汽车行业标准 QC/T 636—2000《汽车电动玻璃升降器》规定了汽车电动玻璃升降器的技术要求、试验方法及检验规则等，发行于 2000 年 7 月 1 日。标准中规定了耐温度试验、耐振性试验、耐盐雾腐蚀试验、防水性试验等环境试验。

我国汽车玻璃升降器产品的主要发展方向为：

（1）提高产品制造质量，提高使用性能；

（2）提高零件通用性；

（3）减轻零件质量，使结构更加紧凑；

（4）提高软轴式玻璃升降器生产水平。

2. 汽车空调

制冷的原理早在一万年前就为人所知。当时，中国的先民们就知道在冬天凿取池塘和湖泊中的冻冰，放入柴堆中储藏，以备夏日之用；古埃及人利用沙漠地区昼夜温差大的特点，数千人在夜里将宫墙的石头拆下后，运至沙漠中散热，破晓之前，又将石块运回原处并砌成墙，通过这种方法，使法老在高温达 54.4 ℃ 的炎炎夏日中能够享受到宫内 26 ℃ 左右的宜人温度。上述制冷又称天然制冷。现代制冷又称人工制冷。人工制冷不再需要耗费如此巨量的人力与时间，而是利用制冷系统消耗电能制冷。

汽车空调技术的发展经历了由低级到高级，由单一功能到多功能的 5 个阶段。

（1）第一阶段：单一供暖，即利用房间供暖的方法。1925年，在美国首先出现利用汽车冷却水通过加热器供暖的方法。到1927年，发展到具有加热器、鼓风机和空气滤清器的、比较完整的供暖系统。这种供暖系统直到1948年才在欧洲出现，在日本出现的时间是1954年。如今，在北欧、亚洲北部仍有单一供暖的汽车空调。

（2）第二阶段：单一制冷。1939年，美国通用汽车公司首先在轿车上安装机械制冷降温的空调器，成为汽车空调的先驱。由于第二次世界大战阻碍了汽车空调的发展，欧洲、日本到1957年才出现这种单一制冷的轿车。如今，热带、亚热带地区仍然使用单一制冷的汽车空调。

（3）第三阶段：冷暖一体化。1954年，美国通用汽车公司首先在纳什牌轿车上安装了冷暖一体化的空调，汽车空调才基本上具有调节控制车内温度、湿度的功能。随着汽车空调技术的不断完善，汽车冷暖一体化空调现在基本上具有降温、除湿、通风、过滤、除霜等功能。目前，冷暖一体化空调仍然在经济型汽车上大量使用。

（4）第四阶段：自动控制的汽车空调。冷暖一体化空调需要人工操作，这显然增加了驾驶员的工作量，同时控制质量也不是很好。1964年，美国通用汽车公司首先在凯迪拉克轿车上安装了自动控制的汽车空调。欧洲、日本直到1972年才在高级轿车上安装。这种自动控制的汽车空调使用了电子控制的方法，只要预先设定好温度，就能自动地在设定的温度范围内工作。

（5）第五阶段：微型计算机控制的汽车空调。1973年，美国通用汽车公司与日本五十铃汽车公司一起联合研制微型计算机控制的汽车空调，1977年，两家公司同时将这种空调安装在各自生产的汽车上，将汽车空调的技术推到一个新的高度。随着微型计算机技术的发展，微型计算机控制的汽车空调功能不断增加和完善，实现了控制显示数字化、冷暖通风一体化、故障诊断智能化等功能。目前，高档轿车的全自动空调与其他电控系统组成局域网，根据车内外的环境情况自动控制汽车空调系统的工作，既提高了调节效果，又节约了燃料。

汽车空调系统是对车厢内空气进行制冷、加热、换气和空气净化的装置。它可以为乘车人员提供舒适的乘车环境，降低驾驶员的疲劳强度，提高行车安全。图1-33所示为汽车空调系统，图1-34所示为汽车空调系统开关。

图1-33 汽车空调系统

图1-34 汽车空调系统开关

针对纯电动汽车的动力转换、行驶里程焦虑、电池安全等一系列技术问题，电动汽车空调行业主要在电动化、高效化、智能化、环保化和舒适化等5个方向进行技术演进。

电动化主要包括制冷/制热循环驱动电动压缩机、电子水泵、电子加热器、电子膨胀阀的技术开发。

高效化的重点是从能量全效率角度出发进行余热回收和再利用、热泵空调制冷制热循环设计、热量储存和释放等方面技术的开发。

智能化是指针对温湿度精确控制、自动化控制程度、智能识别和响应热负荷需求变化以及物理操作器的人机界面（包括语音识别、手势识别等）等方面进行技术开发。

环保化主要是从再循环材料、低GWP制冷剂的使用和替代（如欧盟对汽车空调用制冷剂有GWP<150的法规要求）等方面进行技术开发。

舒适化主要是从解决乘员舱的空气VOC、空气PM2.5值降低、快速降温、快速制热、模式切换、降低气动噪声和机械振动等方面进行技术开发。

在纯电动汽车发展起步阶段，主要采用PTC加热器替代传统空调箱中的水暖加热器解决乘员舱制热问题，但这种加热方式对续驶里程有很大影响，因此需要寻找加热效率更高的替代技术，以减少对续驶里程的影响。行业内空调供应商主要从两个方向来进行替代技术的研究和开发。一是开发热泵空调：尤其是在冬季工况下，通过制冷剂流动方向的改变，使得冷凝器在车室内放热，从而提高系统能效，降低电量消耗，增加汽车行驶里程。二是电机电控余热回收与再利用：针对电池冷却，早期采用自然空气冷却技术，其优势是成本低但电池温度不能精确受控，使得电池安全性受到挑战。针对上述问题进一步引入被动式冷却技术，包括空气强制冷却、冷却液强制冷却等，但入口空气或冷却液温度仍不受控，电池温度不受控范围依然较大。2018年，随着电池热失控管理要求的不断提高，电动汽车空调主动冷却技术进一步发展，包括空气强制冷却、冷却液强制冷却、制冷剂强制冷却等，冷却介质入口温度按照电池发热量的变化受到更严格控制，极大地降低了电池热失控的风险，同时也使得电池工作在最合适的温度范围内。商用车和乘用车对于电池冷却方式的技术路径选择，也使得电池热管理从独立式向集成式发展。集成式电池热管理系统是将电池冷却加热和乘员舱的冷却及加热集成在一个系统回路中，一方面可以大大降低系统成本，另一方面使电池及乘员舱温、湿度控制和集成能力进一步提高。

2018年，电动汽车空调技术的最大突破来自热泵空调的进一步普及和推广。两换热器回路架构、三换热器回路架构、带中间换热器的补气增焓回路架构的热泵空调都有空调供应商在进行开发，部分厂家已经通过台架测试并且装车，实现了部分量产。例如，上汽乘用车ei5、Marvel X，一汽轿车的X80，比亚迪的宋和唐，蔚来汽车的ES8等车型。主动冷却的冷却液电池热管理已经成为电池包冷却的主流技术选择，并且在大部分的新能源汽车上进行批量应用。

电动汽车空调技术发展总体趋势仍是前述的"五化"，同时考虑到电池热管理的需求，技术可靠性将会进一步突出，包括对空调失效、机械振动、化学、电气等方面的更高要求。未来几年，空调企业的技术研发重点仍集中在热泵空调、全能量效率优化的技术开发。热泵空调技术的发展重点在制冷制热回路架构开发和高效制冷剂的选择，包括从两换热器回路到三换热器回路、带中间换热器的补气增焓回路、双级压缩回路等系统设计。全能量效率优化以电池能量利用率作为全效率计算和优化的基准目标，技术开发主要包括电机电控余热回收再利用的水回路架构、制冷剂回路的电子化精确控制回路、水回路和制冷剂回路的热交换器应用、转向盘和座椅的局部加热、分区冷热量分配和分区温度控制、热量储存和释放等。

3. AVN 导航系统

AVN，俗称"DVD 导航主机"，是 Audio（音频）、Video（视频）、Navigation（导航）集成一体化的车载主机。作为"CD 主机"的替代品，"DVD 导航主机"在音频播放的基础上，为汽车影音系统进一步增加了视频播放和行车导航等功能，由于其使用了显示屏以及 WinCE/安卓等智能化操作系统，也为更多功能的加入预留了充分的扩展空间。

汽车导航系统可分为无引导功能导航系统、自主导航系统和 GPS 导航系统。

EX360 车型采用了比普通 GPS 导航方式更可信赖的 GPS 导航和自主导航混搭模式，通过卫星定位，实现更准确的定位，确保驾驶员能立刻了解自己当前的所在地及行驶方向，以及引导汽车在繁忙交通状态和复杂道路网络中选择最佳路径，使其在最短时间或路程内到达目的地，引导驾驶员安心、舒适地驾驶。

现代汽车导航系统如图 1-35 所示，已经从最早的单一的"示向"系统，发展成为具有汽车导航、防盗、调度、工况检测和报警功能的综合系统，民用导航系统的精度已经达到米级。此外还带有真人语音提示功能，设置完成后，导航系统会通过清晰的语音提示来指引方向，导航功能还可与娱乐功能同时使用。

AVN 导航系统的 GPS 定位会受天气及使用地点（高楼/隧道/地下道/树林）的影响，且大部分 GPS 无法于室内及地下室定位，GPS 的信号也无法穿透高层建筑物及含金属成分的汽车隔热膜或类似产品。

图 1-35 现代汽车导航系统

4. 倒车雷达

倒车雷达，即"倒车防撞雷达"，也叫"泊车辅助装置"，主要由超声波传感器、控制器和显示器（或蜂鸣器）等部分组成。其是汽车驻车或者倒车时的安全辅助装置，能以声音或者更为直观的显示方式告知驾驶员周围障碍物的情况，解除了驾驶员驻车、倒车和起动车辆时前后左右探视所引起的困扰，并帮助驾驶员扫除了视野死角和视线模糊的缺陷。

（1）超声波传感器：主要功能是发出和接收超声波信号，然后将信号输入主机里面，通过显示设备显示出来。

（2）控制器：对信号进行处理，计算出车体与障碍物之间的距离及方位。

（3）显示器或蜂鸣器：当传感器探知汽车距离障碍物的距离达到危险距离时，系统会通过显示器和蜂鸣器发出警报，提醒驾驶员。

工作原理：倒车雷达在倒车时，利用超声波原理，由装置在车尾保险杠上的探头发送超声波撞击障碍物后反射此声波，计算出车体与障碍物间的实际距离，然后提示给司机，使停车或倒车更容易、更安全。如图1-36所示，以北汽EX360为例：显示器上面有3条线，如果线表示的位置有障碍物，则线会消失；与障碍物越近，警报声越急促。

倒车雷达的主要功能：

（1）准确地测出车尾与障碍物间的距离；

（2）倒车至极限距离时，能发出急促的警告声提醒驾驶员注意制动；

（3）能重复发出语音警告声，提醒行人注意。

图1-36　EX360汽车倒车雷达影像

在数年的时间里，随着技术发展和用户需求的变化，倒车雷达经过了大致六代的发展。

第一代：倒车时通过喇叭提醒。"倒车请注意"！想必不少人还记得这种声音，这就是倒车雷达的第一代产品，目前只有少部分商用车还在使用。只要司机挂上倒挡，它就会响起，提醒周围的人注意。从某种意义上说，它对司机并没有直接的帮助，不是真正的倒车雷达。价格便宜，基本属于淘汰产品。

第二代：采用蜂鸣器的不同声音提示驾驶员。这是倒车雷达系统的真正开始。倒车时，如果车后1.5~1.8 m处有障碍物，蜂鸣器就会开始工作。蜂鸣声越急，表示车辆离障碍物越近，但没有语音提示，也没有距离显示，虽然司机知道有障碍物，但不能确定障碍物离车有多远，对驾驶员帮助不大。

第三代：数码波段显示具体距离或者距离范围。这代产品比第二代进步很多，可以显示车后障碍物离车体的距离。如果是物体，从1.8 m开始显示；如果是人，从0.9 m左右的距离开始显示。这一代产品有两种显示方式，数码显示产品显示距离数字，而波段显示产品用三种颜色来区别：绿色代表安全距离；黄色代表警告距离；红色代表危险距离，必须停止倒车。第三代产品把数码和波段组合在一起，比较实用，但安装在车内不太美观。

第四代：液晶荧屏动态显示。这一代产品有了一个质的飞跃，特别是开始出现动态显示系统。不用挂倒挡，只要发动汽车，显示器上就会出现汽车图案以及车辆周围障碍物的距离，色彩清晰漂亮，外表美观，可以直接粘贴在仪表盘上，安装很方便。不过液晶显示器外观虽精巧，但灵敏度较高，抗干扰能力不强，所以误报也较多。

第五代：魔幻镜倒车雷达。这一代产品结合了前几代产品的优点，采用了仿生超声雷达技术，配以高速电脑控制，可全天候准确地测知 2 m 以内的障碍物，并以不同等级的声音提示和直观的显示方式提醒驾驶员。魔幻镜倒车雷达可以把后视镜、倒车雷达、免提电话、温度显示和车内空气污染显示等多项功能整合在一起，并设计了语音功能。因为其外形就是一块倒车镜，所以可以不占用车内空间，直接安装在车内后视镜的位置。而且颜色款式多样，可以按照个人需求和车内装饰风格选配。

第六代：整合影音系统。它在第五代产品的基础上新增了很多功能，属于第六代产品，是专门为高档轿车生产的。从外观上来看，这套系统比第五代产品更为精致典雅；从功能上来看，它除了具备第五代产品的所有功能之外，还整合了高档轿车具备的影音系统，可以在显示器上观看 DVD 影像。

思考练习

1. 纯电动汽车的仪表盘与内燃机汽车的仪表盘有什么不同？
2. 为什么同级别的纯电动汽车普遍比内燃机汽车安全配置丰富？
3. 目前来说，汽车的导航系统存在哪些不足？

1.4 纯电动汽车的基本组成

纯电动汽车由电池组管理系统、驱动电机、充电电源系统、整车控制系统等主要部分组成，其结构如图 1-37 所示。

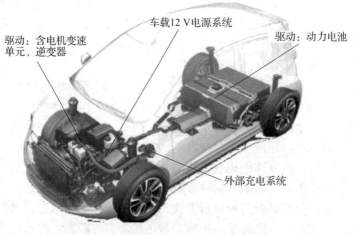

图 1-37 纯电动汽车的主要组成

1.4.1 纯电动汽车驱动电机介绍

纯电动汽车与内燃机汽车技术的主要区别所在就是"三电"技术——电池技术、电机技术、电控技术，其中，驱动电机是纯电动汽车的核心零部件。由于工作环境及应用要求差异巨大，纯电动汽车对驱动电机的要求远高于工业电机。纯电动汽车对驱动电机在封装尺寸、工作环境、可靠性、冷却方式、控制系统、功率密度以及性价方面都有较高的要求。

驱动电机在纯电动汽车底盘的位置如图1-38所示。驱动电机必须达到如下技术条件：

（1）低速大扭矩、高速宽调速。满足纯电动汽车加速和爬坡性能，要求电机在低速时输出大扭矩，高速巡航时具有恒功率输出和较小的转矩，因而电机需要具有宽调速范围。

（2）高密度、轻量化。安装空间和整车重量受限制。

（3）高效率。根据节能与新能源汽车产业发展规划要求，纯电动汽车电机效率至少应该达到"电驱动系统功率密度达到2.5 kW/kg以上"这一标准。

（4）能实现能量回馈。车辆减速或制动时将车辆的能量部分回收，再生制动回收的能量一般可达总能量的10%~15%。

（5）控制精度高，动态响应快。适应路面快速变化的工况。

（6）可靠性与安全性。各种动力电池组和电动机的工作电压可达300 V以上，电气系统安全性和控制系统的安全性都必须符合相关车辆电气控制的安全性能标准和规定。

（7）高电压，低成本。在允许的范围内尽可能采用高电压，可以减小电动机尺寸和导线等装备的尺寸，特别是可以降低逆变器的成本。

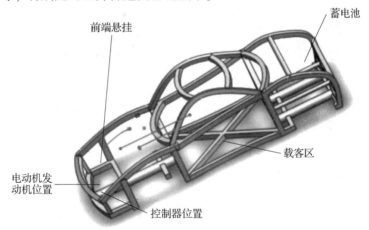

图1-38 驱动电机在纯电动汽车底盘的位置

纯电动汽车驱动电机经历了一个较长的发展过程，从最初的直流电机，到后来的交流异步电机、永磁同步电机，最新的开关磁阻电机也在快速发展，而直流电机已经逐渐被淘汰。纯电动汽车驱动电机主要采用交流异步电机和永磁同步电机。欧美车企使用异步电机较多，永磁同步电机受日系车青睐。稀土永磁电机成为国内发展电动汽车的首选，由于中国稀土储量极丰富，预计永磁电机将在较长时间内占据纯电动汽车的较多电机市场。但是，当中国大力发展稀土永磁电机时，欧美国家的一些电动汽车电机却走上了另一条异步感应电机的技术路线，因此，国内对于异步感应电机的研究也一直在推进。

驱动电机（见图1-39）系统是纯电动汽车三大核心部件之一，是车辆行驶的主要执行机构，其特性决定了车辆的主要性能指标，直接影响车辆动力性、经济性和用户驾乘感受。

驱动电机是纯电动汽车的动力装置，它依据电磁感应原理实现电能转换，在电路图中用字母M表示。它的主要作用为产生旋转运动，作为用电设备或各种机械的动力源。电机的作用是将电源的电能转化为机械能，通过传动装置或直接驱动车轮的工作装置。但直流电机由于存在换向火花，功率小、效率低，维护保养工作量大；随着电机控制技术的发展，势必逐渐被直流无刷电机（BLDCM）、开关磁阻电机（SRM）和交流异步电机所取代，如无外壳盘式轴向磁场直流串励电机。

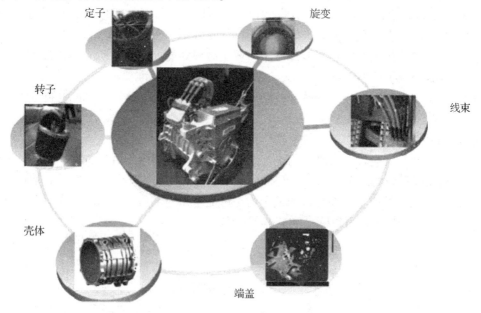

图1-39 驱动电机

1. 永磁开关磁阻电机

特斯拉Model 3采用的驱动电机是永磁开关磁阻电机，其有前后电机配置，前电机是交流感应电机，后电机是永磁辅助的开关磁阻电机。后电机的功率略小，Model 3后电机的额定功率是195 kW，峰值功率是300 kW，最大转矩估计是400 N·m。

这台电机仍然采用三合一的动力总成结构，单速比减速箱。相比于前一代产品，从蓄电池到轮子的驱动系统效率提高了6%，达到了89%，蓄电池电压400 V，短时最大放电电流1 000 A。效率的提升，主要归功于电机的升级。值得一提的是，其转子采用了永磁同步电机常用的V字斜极结构。

天下没有新鲜事，Model 3这种电机其实也不是新物种，而是在1955年就已发明的一种电机，英文叫Flux-Switching Permanent Magnet Machine（FSPM）。自发明以来，这种电机一直是不温不火，游走在大众视野边缘。但近十年来，情况发生了变化，无论国内还是国外，学术界都在讨论、研究这种电机在电动汽车领域内的应用。

为什么有了永磁同步电机还要研究这种新电机呢？因为这种电机具备一系列永磁同步电机不具备的优点：无论结构还是电磁特性，这类电机都特别适合高速运行，尤其是高速弱磁场合运行，刚好这符合乘用车电机系统发展的趋势。

2. 永磁开关磁阻电机的突出优点

FSPM 的一大优点在于它改装后的能力。FSPM 面向车用驱动的应用改装，其中一个方向就是在定子上再加装一套励磁绕组，构成混合励磁结构。

装了励磁绕组是有用处的，励磁绕组里只需要通入直流电就可以调节磁场了，当需要增强磁场时通入正电流；当需要弱磁时，通入负电流，励磁磁场就和永磁磁场相互抵消，如此构成了一个磁通可调的机构。低速爬坡时，磁场增强，转矩上升爬坡能力马上提高。高速时，磁场减弱，高速范围大幅度扩大。

永磁同步电机的弱磁困难问题，是影响其高速效率的主要原因。永磁同步电机为什么弱磁困难？这和它的磁极结构有关。为了抑制反电动势随转速的过快增长，永磁同步电机的弱磁场需要抵消部分永磁体磁场，因此弱磁场是和永磁体磁场方向相反的。以 V 字结构磁极为例，主要的磁路是穿过永磁体，而永磁体不导磁就会导致磁路磁阻很大，需要注入较多的去磁电流。虽然也有一路辅助漏磁路，能绕开永磁体，使磁路更流畅（这也是 IPM 比 SPM 更适合弱磁的原因）。但漏磁路的磁桥也很容易饱和，其漏磁量不能占到大多数。总的来说，弱磁磁路磁阻较大引起了永磁同步电机的弱磁困难。而 FSPM 就没有这种苦恼，它的弱磁磁路刚好和永磁同步电机相反，主磁路不经过永磁体，辅助磁路经过永磁体。

有人提出永磁同步电机也可以加装励磁绕组。确实也可以，但因为永磁体在转子侧，对等的励磁绕组也要装在转子侧，这就要解决励磁绕组旋转换向的问题，需要电刷滑环，可靠性无法接受。如果装在定子侧，就不能加直流电了，而要加入交流矢量电流，形成旋转磁场，这又需要复杂的磁场定向控制技术，相对于 FSPM 的直流标量控制来说太复杂。

从结构角度来讲，永磁开关磁阻电机转子结构更简单，无应力集中区域，更容易做成高速转子。这就是永磁开关磁阻电机在车用驱动领域受人关注的主要原因。

蔚来 ES6 车型的首发纪念款和性能版上采用了全新的前置永磁同步电机，而特斯拉 Model 3 把永磁同步电机后置了。蔚来的这种做法也是为了保证车辆能获得更大的后驱输出动力。

蔚来的 240 kW 高性能电机，与传统的内燃机相比，电机由于没有怠速，不会产生任何车辆静止时的额外能耗，并且拥有十分线性的动力输出曲线：在 0～5 500 r/min 范围内，均可输出 420 N·m 最大扭矩，并且在 5 000～6 000 r/min 间，整个电机的功率和扭矩输出几乎都能够达到峰值，这意味着在对应的 60～80 km/h 时速下，只要驾驶者需要，车辆就能够带来远超内燃机汽车的加速表现。

这样的表现离不开蔚来的 240 kW 电机选用的铜转子技术，铜转子的导热性相比铝转子高出了 40%，有效提升了转子效率并减少损耗；同时，在 EDS 车间内，铜转子装配、激光熔焊、车削及动平衡、绕嵌线一体化、定子电加热浸漆、涂胶以及在线动态性能测试等均采用全自动化生产，配合精准可视化的监控，确保产品品质且全程可追溯。

此外，ES8 所采用的减速箱是国内首个大输入功率减速箱，它拥有 9.6 的传动比和 15 000 r/min 的最高转速，它拥有恒定速比专利，不仅可以降低电机转速，提高扭矩，在制造工艺方面，还做到了齿轮高精度贴合，从而确保了 NVH 特性。与此同时，"三合一"高度集成的电驱动单元（PEU，GB，EM），有效实现了整套动力系统的轻量化，明显减小体积并降低振动。在热管理方面，"三合一"电驱动单元内部的双向流动技术与整车热管理系统连接，确保了双功率模块的有效散热。

1.4.2 冷却系统

内燃机汽车冷却系统发展过程中有液冷、风冷两种方式。

(1) 液冷。液冷汽车的冷却系统通过发动机中的管道和通路进行液体的循环。当液体流经高温发动机时会吸收热量，从而降低发动机的温度。液体流过发动机后，转而流向热交换器（或散热器），液体中的热量通过热交换器散发到空气中。

(2) 风冷。某些早期的汽车采用风冷技术，现代的汽车几乎不使用这种方法了。这种冷却方法不是在发动机中进行液体循环，而是通过发动机缸体表面附着的铝片对汽缸进行散热。一个大功率的风扇向这些铝片吹风，使其向空气中散热，从而达到冷却发动机的目的。

因为大多数汽车采用液冷方式，所以本文将着重对液冷系统进行说明。汽车中的冷却系统中有大量管道。从泵开始逐一考察整个系统，后文将对系统的各个部件进行详细说明。泵将液体输送至发动机缸体后，液体便开始在汽缸周围的发动机通道里流动。接着，液体又通过发动机的汽缸盖返回。恒温器位于液体流出发动机的位置。如果恒温器关闭，则液体将经过恒温器周围的管道直接流回到泵。如果恒温器打开，液体将首先流入散热器，然后再流回泵。加热系统也有一个单独的循环过程。该循环从汽缸盖开始输送液体，使其流经加热器风箱，然后又流回泵。对于配备有自动变速器的汽车，通常会有一个独立的循环过程来冷却内置于散热器的变速器油液。变速器油液由变速器通过散热器内另一个热交换器抽吸得到。汽车可以在远低于 0 ℃ 到远高于 38 ℃ 的宽泛温度范围内工作。冷却的基本原理：冷却液经过水泵加压后，被输送到电机控制器，经过电机控制器后冷却液进入了 PDU 中，经 PDU 后进入驱动电机，最后从驱动电机回到散热器进行散热，经过散热后的冷却液再次进入水泵，并以此方式不断循环带走系统中多余的热量。

因此，不管使用何种液体对发动机进行降温，其必须具有非常低的凝固点、很高的沸点，以及能吸收大量热量。水是吸收热量最有效的液体之一，但水的凝固点太高，不适用于汽车发动机。大多数汽车使用的液体是水和乙二烯乙二醇的混合液（$C_2H_6O_2$），也称为防冻液。通过将乙二烯乙二醇添加到水中，可以显著提高沸点、降低凝固点。

在纯电动汽车的使用过程中，由于各电器系统中功率的损耗会产生大量的热量，为了维持系统的正常工作，需要维持这些温度在一定的范围之内，因此设计了冷却系统来对这些易于发热的系统进行冷却，降低工作温度。在电动汽车系统中，主要发热部件有驱动电机、电机控制器和 PDU，PDU 中的主要发热组件为 OBC 和 DC/DC 直流转化模块。

从市场看，纯电动汽车驱动电机散热都是采用液冷方式，由冷却风扇配水箱散热器和冷却水泵，通过冷却液循环完成电动机散热。其中，不同于内燃机汽车，纯电动汽车在冷却风扇选择上倾向于电子冷却风扇。

根据控制方式不同，纯电动汽车驱动电机的电子冷却风扇有智能温控风扇和非温控风扇之分。非温控风扇通电即工作，转速固定。智能温控风扇以单片机的电子控制技术为核心，可以接受并转换 PWM 信号，并可以实现 CAN 总线控制。

有的智能温控风扇需要外接 ECU，风扇的控制策略程序写在其单片机上，ECU 和风扇对应,不能与市场上其他品牌风扇通用。有的智能温控风扇则把控制程序写在风扇电机上,无须 ECU 控制器,通用性强。当然,这两种风扇都有无刷和有刷的区别。较流行的是选用直流无刷风机、无须 ECU 的电子冷却风扇。

总的来说,电动汽车冷却系统(见图 1-40)有以下的特点。

(1) 较多地从能量角度考虑,通过电机余热利用、电机及电池温度分级控制等方面,尽可能地优化能量利用及系统的热性能。

(2) 由于不仅考虑了冷却系统的功能实现,还兼顾了系统的能耗,使得系统的复杂程度较高,通过较多的四通阀、三通阀来连接,控制上也更为复杂,对系统的要求更高。

国内电动汽车的冷却系统构型相对简单,电力电子装置和电池包的冷却循环独立控制,控制也较简单,在能量优化控制上还有较大的提升空间。

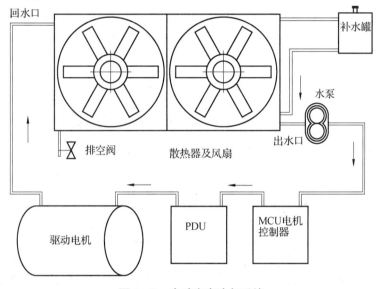

图 1-40 电动汽车冷却系统

思考练习

1. 国际自动机械工程师学会(SAE)把汽车自动驾驶分为几个级别?各个级别有什么不同?
2. 汽车转向系统的发展主要经历了哪几个阶段?
3. 现代汽车空调系统采用的制冷剂是什么?有什么优点?

第 2 章 纯电动汽车的工作原理及关键技术概述

2.1 纯电动汽车的工作原理

2.1.1 电气控制系统的工作原理

与内燃机汽车相比，纯电动汽车的结构特点是灵活，这种灵活性源于纯电动汽车所具有的几个特点。首先，纯电动汽车的能量主要是通过柔性的电线，而不是通过刚性联轴器和转动轴传递的，因此，纯电动汽车各部件的布置具有很大的灵活性。其次，纯电动汽车驱动系统的布置不同（如独立的四轮驱动系统和轮毂电动机驱动系统等）会使系统结构区别很大，采用两种类型的电动机，如直流电动机和交流电动机，会影响纯电动汽车的质量、尺寸和形状；不同类型的储能装置，如蓄电池，也会影响纯电动汽车的质量、尺寸及形状。另外，不同的能源补充装置具有不同的硬件和机构，例如：电池可通过感应式和接触式的充电机充电，或者采用更换电池的方式，将替换下来的蓄电池进行集中充电。

纯电动汽车的电气控制系统通常包含低压电气子系统、高压电气子系统和整车网络化控制子系统三部分。

高压电气子系统主要由动力电池、驱动电机和功率变换器等大功率、高电压的电气设备组成，根据车辆行驶的功率需求完成从动力电池到驱动电机的能量变换与传输过程。低压电气子系统采用直流 12 V 或 24 V 电源，一方面为灯光、刮水器等车辆的常规低压电器供电，另一方面为整车控制器、高压电气设备的控制电路和辅助部件供电。纯电动汽车各种电气设备的工作统一由整车网络化控制子系统协调控制。纯电动汽车电气控制系统的一般结构如图 2-1 所示。

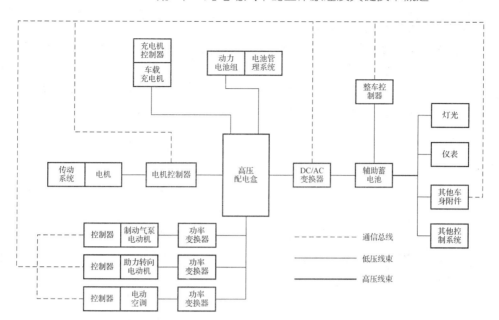

图 2-1　纯电动汽车电气控制系统的一般结构

纯电动汽车的低压电气控制系统主要由 DC/DC 变换器（见图 2-2）、辅助蓄电池和若干低压电器设备组成。低压电器主要包含灯光系统、仪表系统、娱乐系统、电动车窗、刮水器、除霜装置和各种控制器等。燃油汽车与纯电动汽车的低压电气控制系统的主要区别在于：燃油汽车的辅助蓄电池由与发动机相连的发电机来充电，而纯电动汽车的辅助蓄电池由动力电池通过 DC/DC 变换器来充电。在传统的燃油汽车中，电动助力转向系统、制动系统等主要由低压电气子系统供电；而在纯电动汽车中，为了节约能源，功率较大的子系统（如制动气泵电动机和电动空调系统等）一般采用高压供电。

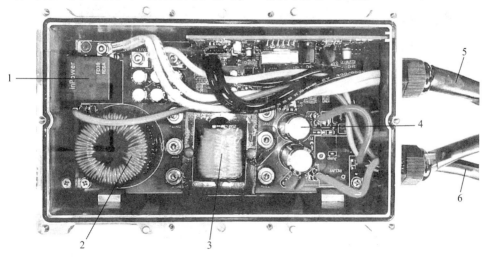

1—继电器；2—电感；3—开关变压器；4—滤波电解电容；5—输出端；6—输入端。

图 2-2　DC/DC 变换器实验室结构图

纯电动汽车是高度集成的电气化系统，包括驱动电机控制系统、电池管理系统、车载充电系统、电动辅助系统、低压电气系统等多个子系统，必须通过一个整车控制系统来进行各子系统的协调控制,从而实现整车的最佳性能。

整车控制系统主要包括整车控制器、电机控制器、电池管理系统、车身控制管理系统、信息显示系统和通信系统等。整车控制器是整车控制系统的核心,承担了数据交换与管理、故障诊断、安全监控、驾驶人意图解析等功能。各子系统之间的信息传递通过网络通信系统实现,常用的通信协议是 CAN 协议,它具有较好的可靠性、实时性和灵活性。信息显示系统可以实现整车工作状态的实时显示,如车速、电池状态、电机状态、故障信息显示等,方便驾驶人了解车辆的实时状态。整车控制系统必须具有较高的可靠性、容错性、电磁兼容性和环境适应性等,以保障纯电动汽车整车安全、可靠地运行。

作为纯电动汽车核心系统之一,高压电气子系统驱动类型有直流电机驱动系统和交流电机驱动系统。两者最大的区别在电驱动系统部分,因为使用的驱动电机不同,而不同驱动电机的工作特性、控制方式、成本是不一样的,所以会导致相应结构和工作原理不同。开发整车时要根据汽车型号的定位不同进行分析和论证,以保证整车良好的性能和节能效果。能量子系统不仅包含提供能量的动力电池组,还包含充电装置和能量转换相关系统。因为动力电池组输出的电流一般为直流,所以需要 DC/DC 或 DC/AC 变换装置完成驱动电机的任务。辅助子系统的主要任务是确保整车在合理的状态中工作,以及确保乘坐的舒适性。

直流电机驱动系统采用直流电机作为驱动电机,其电机控制器一般采用斩波控制器。斩波控制器既可用于控制电机的电枢电压,实现电机恒转矩调速,也可用于控制励磁绕组电压,改变励磁电流,实现恒功率弱磁调速控制。在电机恒转矩特性区,通常保持励磁电流不变,通过控制电枢电压来实现对电机转速的控制;在恒功率区,通常保持电枢电压不变,通过控制励磁电流实现对电机转矩和转速的控制。图 2-3 为直流电机驱动系统工作原理。

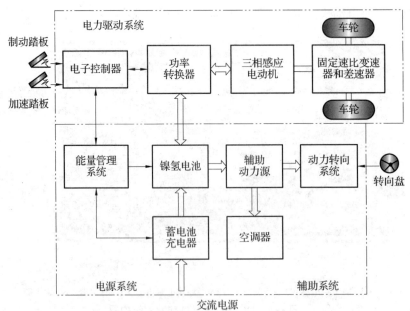

图 2-3 直流电机驱动系统工作原理

直流电机驱动系统的优点在于控制技术简单,动态性能较好。直流电机虽然易于控制,但是由于它采用机械换向结构,维护困难,且电刷与换向器之间很容易产生火花,尤其会对无线电产生干扰,这对未来高度智能化的电动汽车来说是个致命的弱点。此外,直流电机及其驱动系统体积大,密封较困难,制造成本较高,速度范围有限,质量较大,能量密度较低。这些因素都限制和妨碍了直流电机在电动汽车中的进一步应用。

因为纯电动汽车的动力电池组只能输出直流电,所以在对交流感应电机供电之前,首先需要安装逆变器将直流电转换成交流电。这样就不可避免地增加了交流驱动系统的制造成本,另外对交流感应电机的控制技术也相对复杂很多,是当前限制交流驱动系统大规模应用的因素之一。但是随着微电子技术和现代控制技术的不断发展和完善,对交流感应电机的控制方法也获得了较大的发展,常用的控制方法有变频变压控制、磁场定向矢量控制和直接转矩控制。

近年来,越来越多的智能控制技术被应用到电机控制中。例如,模糊控制技术能充分利用其非线性结构自动寻优,由于不需要建立被控对象的精确数学模型,系统的设计也变得较为简便。使用模糊HD算法替代传统的算法,能明显改善系统的稳态和动态性能,有较好的控制效果。

2.1.2 传动系统的结构及工作原理

图 2-4 为纯电动汽车传动系统布置的常规形式。在这种布置形式中,传统内燃机被一组动力电池和一台驱动电机所代替,离合器、变速器和差速器的布置形式与传统内燃机车辆的布置形式一致。其中的离合器和变速器也可被自动变速器所代替,差速器的功能是通过机械传动使车辆曲线行驶时两侧车轮能够在不同速度下行驶。

驱动电机能够在较长的速度范围内提供相对恒定的功率,因此多速变速器可以被一个固定速比减速器所替代,并且离合器也可省去,即无变速器的传动形式,如图 2-5 所示。这种传动系统一方面可以节省机械传动结构的质量和体积,另一方面可以减少由于换挡所带来的控制难度。

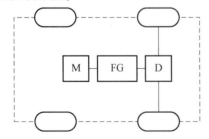

D—差速器;M—电机;FG—固定减速比减速器。

图 2-4 纯电动汽车传动系统布置的常规形式

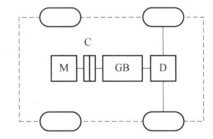

C—离合器;D—差速器;GB—变速器;M—电机。

图 2-5 固定速比减速器传动系统(无离合器)

第三种传动形式与第二种传动形式类似,但是驱动电机、固定速比减速器和差速器被进一步整合为一体,布置在驱动轴上,如图 2-6 所示。整个驱动传动系统被大大简化和集成化。从再生制动的角度出发,这种传动形式可以很容易地实现电能从车轮到电机的回收(驱动轮以外的动能通过制动转化为热能),所以有利于全轮驱动。因为没有传动装置,所以运转更加容易,但是这样的布置形式要求有低速大转矩、速度变化范围大的电机,同时增加了电机和逆变器的容量。

如图 2-7 所示,在第三种传动形式的基础上,差速器被两独立的驱动电机所代替。每个驱动电机单独完成一侧车轮的驱动任务，即无差速器的传动形式。在车辆进行曲线行驶时，两侧的电机就会分别在不同的速度下工作。

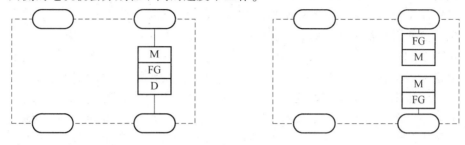

D—差速器；M—电机；FG—固定减速比减速器。
图 2-6 第三种传动方式

FG—固定减速比减速器；M—电机。
图 2-7 双电机-固定速比减速器一体化传动系统

为了进一步简化驱动系统，驱动电机与车轮之间传统的传动轴被取消了，由驱动电机直接驱动车轮前进，如图 2-8 所示。同时一个单排的行星轮用于降低转速和增强转矩，以满足不同工况的功率要求。单排行星轮可以提供良好的减速比和线性的输入输出特性。

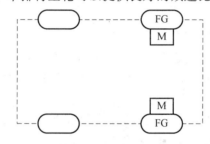

FG—固定减速比减速器；M—电机。
图 2-8 双电机-固定速比减速器一体化轮边驱动传动系统

2.1.3 电源系统的结构及工作原理

作为纯电动汽车的能量来源，动力电池组承担着为驱动电机和汽车辅助系统供能的作用。而作为动力电池组与外界进行接触的媒介，动力电池箱承担了对动力电池的能量传导、安全防护、性能维护的任务，对动力电池组性能的充分发挥起到了越来越重要的作用。

1. 动力电池组的设计及整车集成技术所涵盖的内容

（1）结构：结构设计和优化，以满足图纸化制造的需求。

（2）热管理：提高热管理效率的设计。

（3）电气构成：传感器的选择，安全系统的设计，高/低压电气元器件的选择和设计。

（4）控制系统：SOC 算法的开发，电池管理系统的设计和开发，整车控制策略的开发和优化。

（5）制造：材料的选择和成本的降低。

（6）集成技术：整车集成，冷却开发，车辆性能和燃油经济性的优化调节。

2. 电子产品和电池管理系统设计内容

（1）概念的界定和规范发展。

(2) 电子电路板的设计与开发。
(3) SOC/SOH 算法。
(4) 电池控制功能。
(5) 故障模式影响分析和危险性分析。
(6) 诊断和预测,包括模拟故障响应评估的硬件在环仿真。
(7) 动力电池应用技术随着电动汽车技术的发展,逐步从简单的电池单体串/并联实现高压、大容量电池组,发展到模块化封装、集成化应用阶段。
(8) 电池成组后,作为电动汽车高压电源,必须满足整车的绝缘强度要求。该电池箱通过采用电池单体壳体绝缘、内外箱体间绝缘辊子绝缘、箱体内部防火绝缘漆绝缘、外箱体绝缘于悬浮绝缘、电磁锁绝缘处理等,多层次实现电池与车体间的二次绝缘。

思考练习

1. 纯电动汽车的整车控制系统主要包括哪些系统？整车控制系统在纯电动车中主要发挥哪些作用？
2. 纯电动汽车的动力电池箱有什么作用？
3. 纯电动汽车的高压电气子系统有哪几种驱动类型？

2.2 纯电动汽车的关键技术

2.2.1 电池管理系统（Battery Management System，BMS）

1. 电池管理系统的功能

在使用电动汽车的动力电池时,须使电池工作在合理的电压、电流、温度范围内,所以电动汽车上的动力电池都需要有效管理。对于锂离子电池,有效的管理尤其重要,如果管理不善,不仅可能会显著缩短动力电池的使用寿命,还可能引起火灾等严重安全事故。电动汽车上对电池实施管理的具体设备就是 BMS。BMS 是连接车载动力电池和电动汽车的重要纽带,其主要功能包括:电池物理参数实时监测,电池状态（SOC）估计,在线诊断与预警,充/放电与预充控制,均衡管理和热管理等。BMS 的主要任务是保证电池系统的设计性能:

(1) 安全性,保护电池单体或电池组免受损坏,防止出现安全事故；
(2) 耐久性,使电池工作在可靠的安全区域内,延长电池的使用寿命；
(3) 动力性,维持电池在满足车辆要求的状态下工作。

BMS 是电池组热管理和 SOC 估计等技术的应用平台,它对于电池组的安全、优化使用和整车能量管理策略的执行来说都是必要的。所有的现代电动汽车都安装有 BMS。

电动汽车 BMS 软硬件的基本框架如图 2-9 所示。

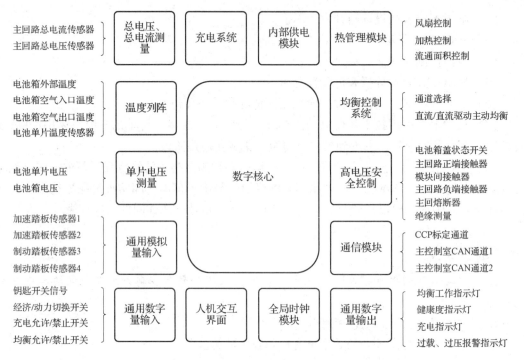

图 2-9　电动汽车 BMS 软硬件的基本框架

BMS 由各类传感器、执行器、控制器及信号线等组成，为满足相关的标准或规范，BMS 应该具有以下功能。

（1）电池参数检测。在 BMS 中，数据采集是对电池做出合理有效管理和控制的基础。鉴于电压、电流、温度的动态变化特征，采样频率通常应不低于 1 次/s。锂离子电池对安全性要求高，监测参数包括总电压、总电流、单体电池电压检测（防止出现过充电、过放电甚至反极现象）、温度检测（最好每组电池、关键电缆接头等均有温度传感器）、烟雾探测（监测电解液是否泄漏）、绝缘检测（监测是否漏电）、碰撞检测等。

（2）电池状态估计，包括荷电状态（SOC）或放电深度（DOD）、健康状态（SOH）、峰值功率状态（SOP）、安全状态（SOS）等。SOC 估计是电池管理系统的重点和难点。SOC 是电池最基础的状态。荷电状态简称 SOC，也叫剩余电量，其数学表达式为

$$\text{SOC} = \frac{Q_t}{Q_0} \times 100\%$$

式中：Q_t——蓄电池在计算时刻的剩余电量；

　　　Q_0——蓄电池的总容量。

准确估计动力电池组的 SOC 值，从而可随时判断电动汽车蓄电池还剩余多少电能，剩余续驶里程多远，保证汽车正常行驶。

（3）在线故障诊断，包括故障检测、故障类型判断、故障定位、故障信息输出等。故障检测是指通过采集到的传感器信号，采用诊断算法诊断故障类型，并进行早期预警。电池故障是指电池组、高压电回路、热管理等各个子系统的传感器故障、执行器故障（如接触器、风扇、泵、加热器等），以及网络故障、各种控制器软硬件故障等。电池组本身故障是指过压（过充电）、欠压（过放电）、过电流、超高温、内短路故障、接头松动、电

解液泄漏、绝缘能力降低等。

（4）电池安全控制与报警，包括热系统控制、高压电安全控制。BMS 诊断到故障后，通过网络通知整车控制器，并要求整车控制器进行有效处理（超过一定阈值时，BMS 也可以切断主回路电源），以防止高温、低温、过充电、过放电、过流、漏电等对电池和人身的损害。

（5）充电控制。BMS 中有一个充电管理模块，它能够根据电池的特性、温度高低以及充电机的功率等级，控制充电机给电池进行安全充电。

（6）电池均衡。不一致性的存在使得电池组的容量小于组中最小单体的容量。电池均衡是指根据单体电池信息，采用主动或被动、耗散或非耗散等均衡方式，尽可能使电池组容量接近于最小单体容量。

（7）热管理。电池在不同的温度下会有不同的工作性能，温度的变化会使电池的 SOC、开路电压、内阻和可用能量发生变化，甚至会影响到电池的使用寿命。温度的差异也是引起电池均衡问题的原因之一。热管理系统的主要任务是使电池工作在适当的温度范围内，降低各个电池模块之间的温度差异。可靠、高效的热管理系统对于新能源汽车的可靠安全应用意义重大。电池组热管理系统有以下 5 项主要功能：

① 电池温度的准确测量和监控；
② 电池组温度过高时的有效散热和通风；
③ 低温条件下的快速加热；
④ 有害气体产生时的有效通风；
⑤ 保证电池组温度场的均匀分布。

按照传热介质的不同，可将电池组热管理系统分为空冷、液冷和相变材料（PCM）冷却。考虑到材料的研发以及制造成本等问题，最有效且最常用的散热系统是采用空气作为散热介质。

（8）网络通信。BMS 需要与整车控制器等网络节点通信；同时，BMS 在车辆上拆卸不方便，需要在不从车上拆下的情况下进行在线标定、监控、升级维护等。一般的车载网络均采用 CAN 总线。

（9）信息存储。用于存储关键数据，如 SOC、SOH、SOP、累积充/放电安时数、故障码和一致性等。

（10）电磁兼容。由于电动车使用环境恶劣，要求 BMS 具有好的抗电磁干扰能力，同时要求 BMS 对外辐射小。

2. 电池管理系统方案

电动汽车优越性能的发挥除了要求车辆采用性能优良的动力电池外，还需要对动力电池进行合理管理。电池组管理对电池组的安全、优化使用和整车能量管理策略的执行都是必要的，从某种意义上讲，电池组管理制约着电池在电动车辆上的成组使用，因此现代电动汽车上都装有电池管理系统。对于动力电池组的管理，传统的设计方案一般是采用集中式管理系统。

（1）集中式管理系统，首先对电池组中每一个电池的端电压、温度、电流进行采集，然后利用微控制器对电池参数进行分析计算，以确定电池的荷电状态，并记录电池的历史数据以备分析。这种架构是将所有采集单体电压和温度的单元全部集中在一块 BMS 板上。

BMS 与电池组之间只有线缆连接。其优点是相对而言结构比较简单，成本较低；缺点是单体采样的线束比较长，导致采样导线的设计较为复杂，长线和短线在均衡的时候导致额外的电压压降；整个包的线束数量很多，排布也比较麻烦，整块 BMS 所能支持的最高通道也是有限的。这种方式看似成本低，但是安装成本高，适用性比较差。如果需要主动均衡，还需要带着额外的开关矩阵。国内的做法是用继电器，虽然成本低，但会带来可靠性和寿命的问题。此外，集中式管理方案的可扩展性和可移植性差，不同的电池组结构、不同的电池数量都会带来管理系统的剧烈变化，这将严重影响它在各种电动车辆上的通用性。比较而言，电池组分布式管理比集中管理更具优势。

(2) 分布式管理系统。这种系统将电池模组的功能独立分离，整个系统分成了 CSC（单体管理单元）、BMU（电池管理控制器）。典型应用如：德系的 I3、I8、E-Golf，日系的 IMI-EV、Outlander，以及 Model S。优点是可以将模组装配过程简化，采样线束固定起来相对容易，线束距离均匀，不存在压降不一的问题。

电池包体积越大，这种模式就越有优势。其缺点是成本较高、设计复杂，需要额外的 MCU、独立的数据总线来支持各个模块将信息发送给 BMU 整合。这种方案系统成本最高，但是移植起来比较方便，适用或大或小的电池包。和集中式架构一样，如果需要主动均衡，还需要额外的开关矩阵和线束。

(3) 积木式管理系统。这种系统由模块（UM）、总线和控制器三部分构成。模块为 4 端口，安装在每个电池上，2 个输入端与电池正负极连接，2 个输出端与总线连接总线是二线制，每套总线最多可以连接 20 个模块。这样，所有的模块都并联在总线上，数据和均衡的能量都通过总线与每串电池传递，主动均衡电流可以达到 10 A；总线与控制器连接，这样就形成了一个系统。像搭积木一样，多个系统可以通过 CAN 总线连接构建成更大规模（百串级别）的电池组能量管理系统。积木式架构由此得名。

这种架构结构简单紧凑，功能强大，解决了 BMS 产品的几大难点：复杂的线束、对应的关系和大电流主动均衡功能。

如表 2-1 所示，比较 3 种架构，不难发现：集中式是最扁平化的管理结构，电池和 BMS 之间只有线束连接，但是也带来了线束复杂的问题，几十根甚至上百根线需要连接，而且线长不一，位置各异。不管电池厂还是整车厂，不管是批量生产还是针对不同车型的少量生产，都需要付出较高的成本。

表 2-1　3 种架构的功能对比

架构	线束	安装	被动均衡	主动均衡	适用电池串数	成本
集中式	多	复杂	小电流	需要额外的线束和电路	低	低
分布式	少	一般	较大电流	需要额外的线束和电路	高	高
积木式	最少	简单	无	有（10 A）	通用	低

分布式和积木式都是二级管理结构，即在每串电池上都有一个 BMS 的"代理人"，负责本串电池信息采集和传递，这样就避开了复杂的线束问题。但是积木式比分布式更胜一筹，它能够把主动均衡功能同时装进总线中，也就是说，总线既可以传递能量，也可以传递数据，而总线只有 2 根。主动均衡功能一直以来是国外产品的关键价值，我国可以商业化的厂家不多，但也比国外产品增加了产品复杂性和成本。相比其他两种架构，积木式架

构的结构简单灵活，功能强大，主动均衡功能和结构能够有效集成。积木式架构的成本仅相当于集中式的水平，即便具有主动均衡功能，实际成本也比同样功能的集中式产品低。

2.2.2 电机系统

电机是将电能转换成机械能或将机械能转换成电能的装置，它具有能做相对运动的部件，即定子和转子，是一种依靠电磁感应而运行的装置。电机的主要性能指标有额定功率、峰值功率、额定转速、最高工作转速、额定转矩、峰值转矩、堵转转矩、额定电压、额定电流、额定频率等。

纯电动汽车的动力源来源于电机，电机是电动汽车的核心部件之一，其性能的好坏直接影响电动汽车驱动系统的性能，特别是电动汽车的最高车速、加速性能及爬坡性能等。电动汽车用电机主要有直流电机、无刷直流电机、交流感应电机机、永磁同步电机、开关磁阻电机等。

作为电动汽车的关键子系统，为了满足汽车的动力性、经济性、排放性，电机驱动系统具有以下特点：

（1）以电磁转矩为控制目标，加速踏板和制动踏板的开度是电磁转矩给定的目标值，要求转矩响应迅速，波动小。

（2）电动汽车要求驱动电机有较宽的调速范围，电机能在四象限内工作。

（3）为保证加速时间，要求电机低速时有大的转矩输出和较大的过载倍数（2~4倍），峰值功率一般为额定功率的1.5倍以上，且峰值转矩和峰值功率的工作时间一般要求在5 min 以上。

（4）为保证汽车能达到最高车速，要求电机高速区处有一定的功率输出。

（5）驱动系统高效，电磁兼容性好，易于维护。

（6）良好的可靠性、耐温、耐潮湿，可以在恶劣的环境条件下长时期运转，结构简单，适合批量生产。

纯电动汽车的电机有以下几种类型。

1）直流电机

直流电机分为绕组励磁式直流电机和和永磁式直流电机。在电动汽车所采用的直流电机中，小功率电机采用的是永磁式直流电机，大功率电机采用的是绕组励磁式直流电机。绕组励磁式直流电机根据励磁方式的不同，可分为他励式、并励式、串励式和复励式4种类型。无刷直流电机用电子换向装置代替了有刷直流电机的机械换向装置，保留了有刷直流电机宽阔而平滑的优良调速性能，克服了有刷直流电机机械换向带来的一系列缺点，体积小、质量轻，可做成各种体积形状、高效率、高转矩、高精度、数字式控制，是最理想的调速电机之一，在电动汽车上有着广泛的应用前景。

2）交流感应电机

交流感应电机是由气隙旋转磁场与转子绕组感应电流相互作用产生电磁转矩，从而实现电能量转换为机械能量的一种交流电机。异步电机的种类很多，最常见的分类方法是按转子结构和定子绕组相数分类。按照转子结构来分，有笼型异步电机和绕线型异步电机；按照定子绕组相数来分，有单相异步电机、两相异步电机和三相异步电机。异步电机是各类电机中应用最广、需求量最大的一种。在电动汽车中，主要使用三相笼型异步电机。

3) 永磁同步电机

永磁同步电机用永磁体取代绕线式同步电机转子中的励磁绕组,从而省去了励磁线圈、集电环和电刷。永磁电机转子分为凸装式、嵌入式和内埋式,前两种又称为外装结构。

永磁同步电机具有高效、高控制精度、高转矩密度、良好的转矩平稳性及低振动噪声的特点,通过合理设计永磁磁路结构能获得较高的弱磁性能,在电动汽车驱动方面具有很高的应用价值,受到国内外电动汽车界的高度重视,是最具竞争力的电动汽车驱动电机系统之一。

4) 开关磁阻电机

开关磁阻电机是继直流电机和交流电机之后,又一种极具发展潜力的新型电机。开关磁阻电机采用定转子凸极且极数相接近的大步距磁阻式步进电机的结构,利用转子位置传感器通过电子功率开关控制各相绕组导通使其运行的电机。

使用交流电机的纯电动车有蔚来 ES8、江铃 E200、特斯拉 Model X 等。

使用永磁同步电机的电动车有比亚迪元 EV、北汽新能源 EU5、小鹏汽车 G3 等。

表 2-2 为 4 种电机的相关数据。

表 2-2 4 种电机的对比

项目	直流电机	交流感应电机	永磁同步电机	开关磁阻电机
功率密度	低	中	高	较高
过载能力/%	200	300~500	300	300~500
峰值效率/%	85~89	94~95	95~97	90
负荷效率/%	80~87	90~92	97~85	78~86
功率因数/%	—	82~85	90~93	60~65
恒功率区	—	1:5	1:2.25	1:3
转速范围/(r·min^{-1})	4 000~6 000	12 000~20 000	4 000~10 000	可以>15 000
可靠性	一般	好	优良	好
结构的坚固性	差	好	一般	优良
电机的外形尺寸	大	中	小	小
电机质量	重	中	轻	轻
控制操作性能	最好	好	好	好
控制器成本	低	高	高	一般

思考练习

1. 请简述纯电动汽车的工作原理。
2. 纯电动汽车的关键技术有哪些?
3. 能量回收有哪些方式?工作原理分别是什么?

第3章 纯电动汽车的使用方法

本章简述了电动汽车基本驾驶要领及注意事项,重点介绍了电动汽车中区别于传统燃油汽车的独特的驾驶操作,其中包括电动乘用车、电动客车、电动专用车,并对电动专用车辆的上装操作进行了阐述。

3.1 纯电动汽车驾驶操纵装置的使用

3.1.1 车辆的检查

1. 出车前检查

(1) 绕车一周明确汽车周围、车底等无人和障碍物,如图3-1所示。

图3-1 绕车检查

(2) 检查轮胎气压是否符合标准,轮胎螺栓是否松动,清除轮胎间杂物。
(3) 检查车下是否有油迹、水迹,管路是否有渗漏的地方。

(4) 检查门锁、后视镜、转向盘是否灵活自如、自由转动惯量是否符合要求。

(5) 检查制动踏板、驻车制动器操作装置是否正常。

(6) 检查电池是否固定牢靠、电动汽车电量是否充足。

(7) 检查机舱盖和行李厢盖是否关紧，随车工具是否齐全，车内行李物品是否安放好。

(8) 检查动力舱高压电器表面是否有积水，用布拭去。

(9) 检查所有的车窗玻璃、车外后视镜、前后灯等是否正常工作。

(10) 检查转向盘、座椅、安全带是否调整好，车门是否关紧。

2. 行车途中检查

(1) 检查制动器踏板自由行程及制动效果。

(2) 检查转向盘是否灵活可靠。

(3) 注意各仪表的显示是否正常。

3. 正确的驾驶姿势

正确的驾驶姿势对安全行车是非常重要的，不但可以消除长时间驾驶的疲劳，保证良好的驾驶视野，而且还可以使驾驶动作更准确、迅速与合理，正确的驾驶姿势如图3-2所示。驾驶姿势主要与转向盘及座椅有关。在坐进驾驶席之后，首先应该深深地坐在座椅后部，使腰部和肩部靠在椅背上。先感受一下座椅的前后距离和靠背角度是否合适，然后把手臂伸向前方，自然握住转向盘的两侧。这时，必须使手腕能自由地弯曲，活动自由。腿部要有一定的活动空间，用脚踩离合器踏板、制动踏板或加速踏板时不费力，而且身体不必前倾，此时的位置就基本合适了。如果不合适，可以前后调整一下座椅的位置，或调整一下椅背倾斜的角度，使之满足上述要求。

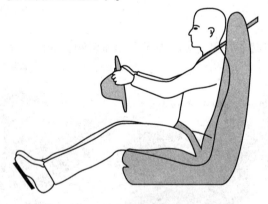

图3-2 正确的驾驶姿势

注意事项：

(1) 身体对正转向盘（这个可以保证驾驶员操作转向盘最为准确便利），上身正直，胸部微挺，头部端正，两眼平视前方。

(2) 两膝盖自然张开，右脚以脚跟为支点，脚跟应靠在驾驶室底板上，脚掌轻踩加速踏板。

(3) 两手分别握在转向盘的左右两侧，两肘保持自然屈曲伸展，切忌完全伸直。

驾驶员坐入座椅后，按照上述要求调整驾驶员座椅的位置。调整后，使身体距离转向盘最下端 25 cm 左右，主观感觉座椅位置调整合适，既不会太远而使驾驶员控制转向盘和脚踏板，同时也不会太近而阻碍了驾驶员的操作。双手握住转向盘时两侧肘部微微弯曲，不完全伸直手臂就可以将手放到转向盘的最上端，且肩部又不离椅背；然后将后背完全靠在座椅靠背上，大腿靠近膝盖的部分不与座椅接触，且膝盖微微弯曲，伸缩、移动双腿和双脚可以轻松地将离合器踏板和制动踏板踩到底，并且腿弯曲时膝盖不会碰到转向盘后面的内饰壳。安全带的高度绝对不能低于肩部，最好高出 5~10 cm，并保证系上安全带后，安全带从右侧锁骨中间穿过。满足上述要求说明位置正好。

如果转向盘的角度和高低位置可以调整，可以根据驾驶员自身的身高和体型进行必要的调整，转向盘的下端与大腿之间要留有约 20 cm 的空隙。头枕高度的调节。为了更好地起到对驾驶人颈部的保护作用，应将汽车座椅头枕调节到合适的位置。汽车座椅头枕有手动调节式和自动调节式两种，手动调节式只能进行高度的单向调节，而自动调节式则可以在二维的方向自动调节。头枕的调整方法并不复杂，将头枕高度调整到与眼眉在一条线上即可，太低则容易造成头颈受伤。后脑与头枕之间的距离越近越好，最好不要超过 10 cm。如果是具有锁止功能的可调整头枕，在调整后一定要保证将头枕位置锁止，以免撞击时发生移位。

座椅位置确定后要调整外后视镜和内后视镜。外后视镜有凸面镜、双曲率后视镜，后者视角范围大，但有一定的失真，不能真实反映车后物体的大小及实际距离。调整外后视镜上、下位置时，使远处地平线正好位于后视镜中央；调整外后视镜左、右位置时，要求能看见后侧车门，且车身约占镜面的 1/4。内后视镜在车内，其作用是减少汽车正后方的盲区。调整时，最好情况是驾驶员坐在座位上正好能通过后视镜看到整个后风挡玻璃。

4. 调整驾驶座

调整驾驶座以特斯拉 Model X 为例，如图 3-3 所示。

（1）调整腰部支撑（该按钮还可用于升/降头枕）。当点击此按钮时，触摸屏上将显示一个带有座椅图片的弹出窗口。图片上的腰部区域并未以蓝色标示，轻按图片上的腰部区域，即可表示用户希望调节腰部支撑。用户选择的选项将始终保持，直至手动更改。

（2）调整靠背。

（3）向前/向后移动座椅。

（4）调整座椅高度和倾斜角度。

必须注意：调节前排座椅前，确保座椅周围区域不存在任何障碍物（人员和物体）；驾驶过程中，切勿调整座椅，否则会增加事故风险；行驶中椅背过度倾斜可能在发生碰撞时导致严重伤害，因为此时身体非常容易滑到安全带下面，或被安全带紧紧勒住，确保车辆行驶时座椅靠背倾斜不得超过 30°。

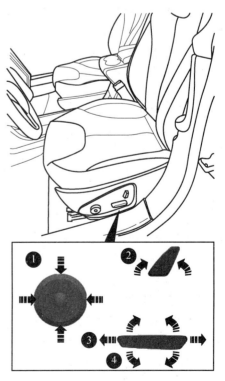

图 3-3 调整驾驶座

5. 转向盘

1)调整转向盘位置(以传祺GE3为例)

驾驶员可根据自身体型调整转向盘的高度和距转向盘的距离,离胸口约25 cm较合适。

(1)上拉锁止手柄,解锁转向盘。

(2)上下移动转向盘,调至合适位置,使转向盘能正对前胸。确保能够看到仪表盘上所有的组合仪表和指示灯,然后保持转向盘在该位置。

(3)向下推锁止手柄,锁定转向盘。

(4)上、下移动转向盘,确保其已牢固锁止。注意:调整转向盘后,必须向下推锁止手柄,锁定转向盘,防止车辆行驶时,转向盘自动移位。

(5)车辆必须处于停止状态时才能调整转向盘,避免发生交通事故。

(6)切勿将转向盘正对脸部。否则,发生事故时驾驶员正面安全气囊将不能提供有效保护。调整后转向盘应正对着驾驶员的胸部。

2)电动助力转向系统

电动助力转向系统只有在车辆起动后才作用,通过电机来进行助力转向,根据车速、转向力矩和转向盘转角自动调整转向助力。电动助力转向系统的优点在于结构简单、节能。与传统液压助力转向系统相比,电动助力转向系统只在实际转向时才需要能量,这种按需用电的工作方式可以降低动力损耗。注意:电动助力转向系统工作时,转向盘长时间位于极限位置会导致转向助力减小,手感变重。

转向助力手感因人而异,不同用户对转向助力手感评价及需求也不一样。考虑到这一点,一些车型会设有转向助力模式设置或是转向手感转切换,用户可以根据自己的实际情况选择适合自己的模式。

3)注意事项

(1)转向盘转动的角度与速度要与转向的角度与速度相适应。

(2)在高低不平的路面行驶时,应握紧转向盘,以免转向盘因颠簸的作用力而猛烈振动或转动,击伤手指或手腕。

(3)转动转向盘不可用力过猛,修正方向用力要轻柔,避免左右晃动。行驶中,除操作需要外,不要长时间单手操作,也别将手长时间搁在排挡上或窗框上。

(4)转动转向盘时,可能会听到电机工作的声音("嗡嗡"声),这并不表示出现了故障。

(5)如果长时间频繁原地转动转向盘,则转向系统的助力效果会降低(以防系统过热),导致在操作转向盘时感到沉重。如果发生这种情况,则应避免频繁转动转向盘或起动车辆,10 min内系统恢复正常。

(6)车辆在行驶中,禁止调节转向盘,否则可能错误操纵车辆,导致意外事故发生。

4)转向盘的故障诊断

以15 km/h的速度在比较开阔的路面上进行行驶,转向盘向左、向右进行转动,检查转向盘是否灵活,有没有无回正力的情况;撒开转向盘车辆是否会存在跑偏的现象。

突发事件,是指转向盘失控或者转向盘不受控制,驾驶员在打转向盘时前轮不动,转向盘无法再起作用。

造成转向失控的原因可能是车辆行驶过快、疲劳、雨雪路滑、车况不佳等；有时转向盘的转向机构中出现零部件脱落、损坏、卡滞时，也会使转向机构突然失控。

对于汽车方向失控正确的处理方法是：

(1) 驾驶员不要慌张，应当立即轻轻地松开油门踏板，使机动车低速行驶，均匀而用力拉紧手制动。

(2) 如果是车速在明显下降，这时要踩下踏板制动，使车辆逐渐停下。如果车辆处于高速行驶中，特别是前后轮不在一条直线上时，要先利用手制动减速，后踩下紧急制动。

(3) 此时还要给其他车辆和行人以紧急情况的信号，如打开紧急闪烁灯、鸣喇叭、打手势等。一定不能即刻使用紧急制动，以免造成翻车。

(4) 也不可低挡滑行或踩下离合器，这样就没法采用发动机牵制动力减速了。

(5) 对装有动力转向系统的车辆，若突然发现转向很困难，或发动机突然熄火，此时驾驶员是还可以实现转向的，只是操作很费力，这时要视情况沉着应对，谨慎驾驶。

5）常见故障

(1) 转向盘锁死：汽车转向盘转不动，钥匙也扭不动，这是怎么回事？其实原因很简单，车辆在熄火后，转向盘会自动锁死，这是一种简单的防盗功能。这种情况并不是每次点火时都会遇到，一般用钥匙发动车辆后，转向盘也就自动解锁了，对此，很多车主不太了解。但是，有时停车时转向盘摆放在某一个角度，而这个角度正好仅扭动钥匙点火而不能解锁，这时，车主应该右手轻扭钥匙，左手轻转转向盘，转向盘就自然解锁了。

(2) 转向盘刮花：操作时首先要清除杂质和锈迹，上漆一定要量小层多，细致薄涂一层，干固后再涂第二层，直至与周边漆面平齐，修补后要等一天后待漆面硬化后才能洗车上蜡。有一个非常简单又立见成效的小窍门来修补细小划痕：用牙膏填补细小划痕。把牙膏轻轻涂在浅度划痕处，用柔软的棉布逆时针抹圆圈。这样做不仅可以减轻划痕印记，还能避免空气对车漆伤处的长期侵蚀。如果车身的划痕较深，面积较大，就必须到专业的店铺处理了。

(3) 转向盘抖动：汽车转向盘抖动，是日常行车过程中最为常见的车辆故障之一，特别是车辆行驶到 50 000 ~ 70 000 km 之间最易出现这种现象。转向盘抖动、车身共振会导致行车不安全。以下是几种致使转向盘抖动的常见案例及处理办法。

①汽车行驶时速在 80 ~ 90 km/h 时，出现转向盘抖动现象，时速超过 90 km/h 则恢复正常。出现这种情况多数是轮胎变形或车辆传动系统引起的，须检查前轮各定位角和前束是否符合要求，如失准应调整；架起前桥试转车轮，检查车轮静平衡情况及轮胎是否变形过大，如变形应更换。

②行驶在平坦路面上车辆正常，但遇到坑洼的路面时，转向盘会出现抖动。这是由于汽车在行驶时，因拉杆球头磨损松动或接头处胶套脱落，还有轮胎因磨损变得不规则，应送专业维修点检查，更换损坏部件。

③车辆时速在 30 ~ 40 km/h 时，车身有晃动感，像坐船的感觉。出现这种情况多数是轮胎在日常使用时由于擦、撞或是老旧等原因引起变形所导致的，更换轮胎即可。

④高速行驶时突然踩刹车出现转向盘抖动。一般情况，刹车用力过猛、过频可能会导致刹车盘、刹车片过热，遇冷变形，引起转向盘抖动。一般在更换刹车盘、刹车片后，故障即可得到解决。

⑤高速行驶中出现车身共振。常见原因是传动轴扭曲变形或传动轴十字连接松动、缺油锈死。由于以上部件都在车身下方，保养时最易忽略，因此，在每一次做保养时，尽量让工作人员在所有可上油的部位打上黄油。

6. 制动踏板

制动踏板顾名思义就是限制动力的踏板，即脚刹（行车制动器）的踏板，制动踏板用于减速停车。它是汽车驾驶五大操纵件之一。使用频次非常高。驾驶人对制动踏板的掌控如何直接影响着汽车驾驶安全。

制动踏板的自由行程为 0 ~ 30 mm。为了增加安全性，液压制动系统通过双管路进行制动。如果一条管路发生故障，另一条管路继续执行制动功能，但是此时制动行程会增加，需要对制动踏板施加更大的压力，并且车辆制动距离也变长。如果发生了仅有一条制动管路进行制动的故障，应当在交通安全许可的情况下尽快停车，切勿继续行驶。

驾驶员侧踏脚垫：踏脚垫应固定在脚部空间内，并不能妨碍踏板运动；必须确保踏脚垫牢固地固定在驾驶员侧脚部空间内；装好的踏脚垫上不得再铺设其他脚垫或覆盖物，使踏板行程缩小，阻碍踏板运动。踏脚垫从车内取出清洗后，安装时必须重新加以固定。

注意事项：

（1）车辆行驶前，必须确保所有踏板随时均能毫无障碍地踩踏到底。

（2）必须确保所有踏板均能毫无障碍地回位。

（3）若制动回路出现故障时，制动踏板需要更大的踏板行程来停止车辆。

（4）驾驶员脚部空间内切勿存放任何物品。否则，物品可能滑入踏板区域，妨碍驾驶员对踏板的操作，紧急制动或遇突发情况时，甚至使驾驶员无法操纵制动踏板，极易引发事故。

（5）在积水的路面或在下大雨时行驶，可能会降低车辆的制动效率。这时应当在确保所驾车辆与其他车辆保持安全距离的情况下，用间歇性轻踩制动踏板的方式使制动盘的表面保持干燥。

（6）驾驶员务必穿合脚并能灵敏感知踏板运动的鞋。

车辆减速滑行时，为了缩短制动时间，可提前将脚放在制动踏板上，准备随时制动。

7. 加速踏板

传统内燃机汽车的加速踏板又称油门踏板，通过油门拉线或者拉杆和节气门相连。主要作用是控制发动机节气门的开度，从而控制发动机的动力输出。而与传统的加速踏板不同，电动汽车上的加速踏板也叫电子油门，其本质是一个传感器，传递的信息是驾驶员的驾驶意图。需要说明的是，为了模仿传统内燃机汽车的感觉，加速踏板的每一次踏压发生的角度变化，都被理解成驾驶员想要从当前的车辆运行速度基础上，还要继续提高的那部分速度，跟油门保持一致。

根据加速踏板传感器工作原理的不同，可划分为电位计式加速踏板、感应式加速踏板和霍尔效应式加速踏板。其中第一种又叫接触式加速踏板，后两种叫作非接触式加速踏板。比较而言，非接触式加速踏板，寿命长、可靠性高、准确性好，是当前应用的主流。

按照加速踏板的行程对应电机扭矩比例关系的不同（见图3-4），可以划分为软性、线性和硬性3种类型，对应驾驶员不同的驾乘感受。

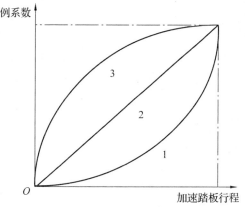

图 3-4 电机转矩比例系数和加速踏板行程的关系

软性（曲线1）：踩下加速踏板加速感觉并不明显，但好处在于驾驶员对车辆的操控性比较好，不会产生突然"向前窜"的感觉。

硬性（曲线3）：加速踏板刚往下踩，驾驶员马上能感受到加速的感觉，直觉上就是动力性能好。

线性（曲线2）：效果处于前面二者之间，较为均衡。

加速踏板行程变化率：除了加速踏板的行程，加速踏板的移动速度也可以传递出驾驶员的重要意图，即对车辆加速度的期待。用 1 s 时间把速度从起步的 20 km/h 提高到 100 km/h，和用 1 min 相比，感受自然不同。为了体现这个意图，设计者增加了补偿转矩这个参数。补偿转矩，就是根据加速踏板行程对电机提出输出转矩的要求以外，又额外增加的那部分需求转矩。

补偿转矩的影响因素：首要影响因素就是加速踏板行程变化率，踏下的速度越快，相应补偿转矩越大；其次是车辆当前运行速度，在车速已经很高的情况下，再给以大转矩输出，产生突然加速，车辆极易失去控制。因此车速越高，补偿转矩的数值应该越小。

补偿转矩的两个限制因素：补偿转矩的最大值受到车辆当前参数的限制，不可以随意增加。

（1）车辆允许受到的冲击，即在前进方向上的最大加速度。不同类型的车辆，都会有具体的耐冲击参数。大于这个冲击值，驾乘人员会产生不适感，车辆自身力学结构也会因此受到损伤。根据冲击耐受值，可以推算出一辆汽车的补偿转矩的上限，不同车辆、质量不同、用途不同、轮胎不同等车辆的具体结构差异，使得补偿转矩的上限值也完全不同，需要具体估算。

（2）动力电池自身参数，包括电池 SOC、温度和电池老化程度等。电量过低，温度过高，电池老化较严重，电池管理系统会对最大输出功率设定限制，作为对电池系统的保护。

补偿转矩的推断过程，需要考虑的因素较多，并且会对驾驶体验产生较大的影响，是一个重点研究领域。

思考练习

1. 车辆的检查包括哪些方面？
2. 正确的驾驶姿势是怎样的？
3. 调整驾驶座的步骤有哪些？

3.2 汽车运行操纵方法和技巧

3.2.1 电动汽车的起动

1. 起动注意事项

(1) 随身携带智能遥控钥匙进入车内。

(2) 将制动踏板踩到底,并保持在该位置,确保换挡旋钮在"P"或"N"挡位,确保起动开关指示灯为绿色。

(3) 按起动开关切换至"START"挡位,待仪表盘"READY"指示灯点亮,起动车辆,车辆起动成功后,须立即松开起动开关。

(4) 起动车辆后,应查看电量表显示的动力电池电量状态,确保有足够的电量行驶到目的地。

2. 典型电动汽车的起动方式

1) 传祺 GE3 起动

"POWER"按键(起动开关)模式与传统点火开关挡位类似。在操作时,只需将智能遥控钥匙位于车内,然后按起动开关,可切换各挡位或起动/关闭车辆。(只有当智能遥控钥匙在车内被探测到时,才能操作起动开关)

起动开关未按下时,其在"OFF"(关闭)挡位。

换挡旋钮在"P"挡位且未踩制动踏板时,按起动开关,起动开关将按"OFF→ACC→ON→OFF→…"挡位顺序切换。

OFF:开关指示灯熄灭,起动开关关闭。

ACC:开关指示灯呈橙色,点烟器等附件电路接通。

ON:开关指示灯呈橙色,仪表灯点亮,所有用电设备电路接通。

注意:换挡旋钮在除"P"挡外的其他挡位,且未踩制动踏板时,按起动开关,起动开关从"OFF"切换到"ACC"挡位,若继续按将以"ACC→ON→ACC→…"挡位顺序切换,不会退回"OFF"挡位。正常情况下,只能依次循环切换,即只能从"ACC"挡位切换到"ON"挡位。但是当换挡旋钮在"P"挡位,起动开关在"ACC"挡位下保持 1 h 状态不变时,将进入节电模式,自动退回到"OFF"挡位。

换挡旋钮在"P"或"N"挡位,且踩下制动踏板时,起动开关的指示灯变为绿色,此时按下起动开关,起动开关将切换到"START"挡位。

START:开关指示灯呈绿色,起动车辆。车辆起动后,松开起动开关及制动踏板,起动开关将自动切换到"ON"挡位。

若智能遥控钥匙缺电,无法起动车辆时,可以把智能遥控钥匙背面紧贴起动开关表面,同时按一下起动开关,可以切换到"ACC"或"ON"挡位,此时,踩下制动踏板,起动开关指示灯变为绿色,再按一下起动开关,即可起动车辆。此起动方法为临时应急起动,应尽快更换智能遥控钥匙的电池。

注意:

(1) 智能遥控钥匙电量不足时,按起动开关,组合仪表显示屏会提示"未检测到钥匙"。

(2) 若已连接充电枪充电时,无法起动车辆,组合仪表上会显示"拔充电枪,起动车辆"文字提示信息。

(3) 仪表盘"READY"指示灯点亮,表示车辆上电成功,车辆起动。

2) 荣威 Mavel X 起动

荣威 Mavel X 无钥匙起动点火开关位于转向管柱右侧仪表板上,如图3-5所示,采用按钮式起动。若要系统运行,智能钥匙必须置于车内。

图3-5 点火开关

(1) START STOP 按钮各显示状态说明如下。

指示灯不亮(OFF):该位置动力系统处于关闭状态。

黄灯(ACC):该位置允许电动车窗等部分用电设备工作。"OFF"状态下,不踩制动踏板,按下该按钮一次,会使点火开关进入"ACC"状态。

绿灯(ON/RUN/START):起动和行驶车辆。动力系统起动后,所有用电设备可以工作。当"START STOP"按钮显示黄灯状态时,如不踩制动踏板,再次按下"START STOP"按钮,则动力系统不会起动,但绿灯亮起,允许部分用电设备工作。

注意:

①将点火开关关闭至"OFF"位置并打开车门后,如钥匙仍留在车内,则关闭车门时喇叭鸣响3声,再次开门时蜂鸣器会响起,后续警示图标及提示信息也会显示在组合仪表上,以提示钥匙仍在车内。

②若想换出驻车挡,点火开关必须处于"ON/RUN/START"状态,且必须踩下制动踏板。

③如果您的车辆靠近了强无线电信号,那么按钮式起动可能不起作用,这是因为,强无线电信号会对无钥匙起动系统产生干扰。

(2) 起动程序如下。

①关闭所有不必要的用电设备,包括空调;

②确保电子驻车系统已启用;

③确保电子换挡器旋钮置于"P"或"N"挡,当电子换挡器处于任何其他位置时,动力系统均无法起动;

④踩下制动踏板;

⑤按下仪表板上的"START STOP"按钮,当动力系统起动后,立即松开按钮。

寒冷天气的起动：在温度为-10℃及以下时，车辆动力系统起动的时间可能会增加。因此在起动时，须将所有不必要的用电设备关闭。

注意：

①在温度极低的时候，如果动力系统连续3次起动均不成功，此时建议关闭电源，等待救援。

②动力系统关闭期间不要让点火开关长时间停留在"ACC"位置或"ON/RUN/START"位置，否则会由于用电设备的使用导致蓄电池放电。

③本车配备了动力系统防盗系统，任何私自配制的钥匙均无法起动该车辆。

④车辆通过各种电子控制系统完成对其自身的控制，故在起动车辆时，若在其附近有电磁波发生或车辆本身粘贴使用能够发生电磁波的装置，则可能会引起车辆各种控制系统的误起动。

（3）车辆备用起动程序。

如果车辆处于强无线电信号干扰区域或者智能钥匙电池电量不足时，可通过如下备用起动程序来起动车辆。

①揭开中控台前储物盒垫，撬开饰盖，将智能钥匙按图3-6所示置于中控台前储物盒后部钥匙槽内，按钮面朝上。

②踩下制动踏板，然后按下"START STOP"按钮，起动动力系统。

如果更换电池和车辆驶离干扰区域后，无钥匙起动程序仍不能正常使用，请到汽车授权售后服务中心维修。

备用起动程序适用范围：

①智能钥匙电池电量耗尽，无法及时更换电池时。

②车辆受到强烈信号干扰时，使用备用起动程序将车辆驶离该区域，无钥匙起动程序恢复正常功能。

3）比亚迪秦Pro EV起动

携带有效的智能钥匙，踩制动踏板的同时，按"起动/停止"按钮，如图3-7所示，当仪表上"OK"指示灯点亮表示车辆达到可行驶状态。将挡位置于"D"／"R"挡位，电子手刹会自动释放。听到电子手刹系统电机的释放声音即可行驶。

图3-6 车辆备用起动

图3-7 "起动/停止"按钮

（1）车辆不能起动的情况。在下列情况下车辆将不能起动。

①按下起动按键时，如果智能钥匙系统警告灯点亮，车辆中的扬声器鸣叫，且组合仪表上中间信息显示屏显示"未检测到钥匙"，则表明电子智能钥匙不在车内或受干扰而使车辆检测不到。

②电子智能钥匙在车内，却放在不正确的位置（例如地板上、杯托内、行李厢内或右置物盒内）时，也可能无法起动车辆。

（2）按下起动按键时，起动功能不能正常起作用，可能由下列原因引起。

①如果电子智能钥匙不起作用，组合仪表上的智能钥匙系统警告灯闪烁，且组合仪表上中间的信息显示屏显示提示信息"钥匙电池电量低"，则钥匙的电池电量可能已耗尽。需尽快更换电子智能钥匙电池。

②如果电机在短时间内反复起动，需等10 s，然后起动车辆。起动不成功时，起动按键上的橙色指示灯闪烁。

③如果起动按键上的绿色指示灯闪烁，则表明转向锁功能存在故障。

上述原因之外，由于使用的环境，某些情况下智能进入和无钥匙起动系统也不能正常工作。

（3）应急起动车辆方法：牢固施加驻车制动。关闭所有不需要的车灯和附件。将换挡杆置于"P"挡。电源挡位处于"OFF"挡。电子智能钥匙在车内，长按起动按键15 s以上可起动车辆。每次起动切勿超过20 s，否则会导致配线系统过热。

（4）北汽新能源EX360起动。

"起动/停止按键"位于转向柱左侧，如图3-8所示。智能钥匙在车内时，通过按压"起动/停止按键"使之位于"ACC""ON"或"OFF"来起动或停止车辆。

图3-8 起动/停止按键

①未按按键时："起动/停止按键"关闭，即为"OFF"模式（按键背景灯不亮）。

②第一次按下按键时，开启"ON"模式（按键背景灯呈绿色），仪表点亮，所有用电设备均处于接通状态。

③第二次按下按键时，开启"ACC"模式（按键背景灯呈红色），收音机、点烟器等附件电路接通。

④第三次按下按键时，返回"OFF"模式（按键背景灯熄灭）。逐次按下"起动/停止按键"，可在"OFF""ON""ACC"这3种模式下循环切换。

注意：

①换挡旋钮必须处于"N"挡位置，踩下制动踏板，才能起动驱动电机。当换挡旋钮处于其他位置时，无法起动驱动电机。

②按下"起动/停止按键"可以实现电机的起动或电源模式的切换，但是必须保证智

能钥匙放在车辆能够探测到的有效区域内。具体步骤如下。

(a) 按下智能钥匙开锁键，打开车门，如图3-9所示。

图3-9　按下智能钥匙开锁键

(b) 再按一次智能钥匙开锁键，仪表盘亮，如图3-10所示。

图3-10　仪表盘亮

(c) 按下起动/停止按键，按键背景灯呈绿色，仪表盘显示"READY"字样，起动成功，如图3-11所示。

图3-11　仪表盘显示"READY"

起步时，首先要把安全带系好。随后踩紧刹车，右手将手刹放下。按下引擎起动按钮，使按钮上的灯变为绿色，并使仪表盘上亮出"READY"的字样。左右观察，确认车周围没有人之后,将挡位从"N"挡旋至"D"挡,打转向灯,右脚慢慢松开刹车,车辆即开始缓慢移动。待车辆移动到大路上之后,关掉转向灯,右脚踩油门即可开始行驶。

在驾驶完毕,回到车库之后,首先要踩紧刹车,将挡位旋至"N"挡的位置(一般的电动汽车都会要求旋至空挡时踩紧刹车,否则会提示挡位误操作)。随后拉紧手刹,这时候脚下的刹车就可以松掉了。拉好手刹后,按一下前面的引擎按钮,让仪表盘上"READY"的字样消失,随后再按引擎按钮,直到按钮上面的灯熄灭,这时就可以从车里出来了。灯一定要熄灭才是熄火了,亮黄灯不行。

3.2.2 电动汽车的驾驶

1. 驾驶注意事项

(1) 在驾驶过程中,请勿将手放置在变速杆上,手的压力可能导致换挡机构过早磨损,并易导致换挡误操作。

(2) 在车辆运行过程中请勿换挡。

(3) 要注意观察动力电池系统的状态。

2. 电动汽车的驾驶方式

1) 传祺GE3的驾驶

换挡旋钮分别为:"P→R→N→D"挡位。旋入挡位后,换挡旋钮上相应的挡位灯会点亮,组合仪表显示相应的挡位。

"P"挡(驻车挡):车辆停稳后一般旋至此挡位。从"P"挡位旋至其他挡位时,须踩下制动踏板。只有在车辆完全静止的时候才能旋至"P"挡位并驻车;从"P"挡位旋至其他挡位前,必须确保车辆已起动并已将制动踏板踩到底。

"R"挡(倒车挡):倒车时旋至此挡位。踩下制动踏板,将换挡旋钮旋至"R"挡位。换挡旋钮旋至"R"挡位后,倒车灯会自动点亮,且会自动开启倒车后视系统;松开制动踏板,缓慢踩下油门踏板,车辆便向后行驶。换挡旋钮旋至"R"挡位之前,请务必确保车辆已完全停止。

"N"挡(空挡):可直接将换挡旋钮从"R"或"D"挡位旋至"N"挡位。将换挡旋钮从"N"挡位挂出之前,请踩下制动踏板,且不要踩油门踏板。车辆行驶时,切勿旋至"N"挡滑行,否则极易引发行车危险。

"D"挡(驾驶挡):车辆前进挡位。踩下制动踏板,将换挡旋钮从"P"挡位旋至"D"挡位。

(1) 驾驶模式。

起动开关切换到"ON"挡位后,按"ECO"驾驶模式按键(位于换挡旋钮后方),切换到经济模式。当车辆进入该驾驶模式时,不仅车辆控制采用省电的行驶策略,同时空调也采取了相应的省电策略。再按"ECO"驾驶模式按键,则切换到常规模式。当车辆进入ECO经济模式后,组合仪表"ECO"指示灯点亮。

(2) 行车说明。

①起动车辆。

②踩下制动踏板,将换挡旋钮从"P"挡旋至"D/R"挡。

③解除电子驻车制动。

④松开制动踏板，并缓慢踩下油门踏板，车辆起步行驶。
⑤踩下制动踏板，停稳车辆。
⑥施加电子驻车制动，将换挡旋钮旋至"P"挡，松开制动踏板。
⑦按下起动开关，关闭车辆。

注意：为确保安全性，起动车辆前请确保换挡旋钮在"P"或"N"挡位；车辆静止时请勿猛踩油门踏板，否则可能会导致车辆意外移动；关闭车辆后，若换挡旋钮未旋至"P"挡，系统会发出警告提示音。

警告：车辆涉水过深可能引发高压电缆漏电或短路的危险，导致高压部件损坏；若车辆进水，高压部件也可能出现严重损坏。

2）比亚迪秦 Pro EV 的驾驶

电子智能钥匙的"遥控起动功能"：长按智能钥匙的"遥控起动/熄火"按键可起动车辆，起动成功后，转向灯闪烁3次。起动成功后，长按智能钥匙的"遥控起动／熄火"按键，将熄火并退电至"OFF"挡，转向灯闪烁2次。

(1) 滑盖智能钥匙的"遥控起动功能"。

①遥控起动：

(a) 整车电源挡位处于"OFF"或"OK"。

(b) 换挡杆置于"P"挡。

(c) 推开滑盖，按下"起动/熄火"按键约2 s，起动车辆。

(d) 起动成功后，转向灯闪烁3次。

②遥控前进、后退、停止：

(a) 按下"前进"按键后，车辆前进，转向灯双闪。松开"前进"按键，车辆缓慢停止，转向灯熄灭。

(b) 按下"后退"按键后，车辆后退，倒车灯点亮，转向灯双闪。松开"后退"按键，车辆缓慢停止，倒车灯及转向灯熄灭。

(c) 持续操作一个按键1 min以上，车辆会自动停止，需重新按下按键。

③遥控转向盘左右转向：

(a) 按下"左转"按键，转向盘自动左转，松开"左转"按键，转向盘停止左转。

(b) 按下"右转"按键，转向盘自动右转，松开"右转"按键，转向盘停止右转。

④熄火：

整车起动后，按下遥控"起动／熄火"按键约2 s，则整车熄火，退电至"OFF"挡，转向灯闪烁2次。

遥控起动成功后，若10 min内没有进行任何有效操作，将熄火并退电至"OFF"挡，转向灯闪烁2次。

(2) 滑盖智能钥匙的保护模式。

当仪表或多媒体提示"为了您的安全，遥控驾驶暂停使用"时，可能是路况不适合遥控驾驶，或系统因过热而进入保护状态。此时，请勿继续操作遥控驾驶。

在下列情况下，遥控驾驶功能可能不能正常使用。

①当附近有释放强电磁波的设施，例如电视塔、发电站、无线电台、大显示屏、飞机场或其他产生强无线电波或电噪干扰的设施时。

②携带有便携式收音机、蜂窝电话、无线电话或其他无线通信设备时。
③当智能钥匙与以下金属物体接触或被其覆盖：附有铝箔的卡片、内侧附有铝箔的香烟、硬币、金属质地的钱夹或包、金属材料暖手器、类似 CD 或 DVD 的媒体。
④多把智能钥匙同时处于车辆附近时。
⑤车辆附近有其他遥控钥匙正在使用（发射无线电波）时。
⑥智能钥匙电池电量耗尽时。
⑦智能钥匙在高压设备或产生噪音的设备附近时。
⑧智能钥匙与以下发射无线电波的设备一起携带或使用时：其他车辆的电子钥匙或发射无线电波的无线钥匙、个人电脑或个人数字助理（PDA）、数字音响播放机、便携式游戏系统。
⑨在车窗上黏附有金属成分遮阳膜或金属物质时。
⑩在有坡度、积雪、积水、凸凹的道路上时。

注意：
①使用遥控驾驶功能时，必须遵守所在国家或地区的道路交通法规。
②使用前，必须确保电机无故障且转向盘转动无阻碍。
③使用时，确保车辆周围无行人或障碍物，在周围有行人或路况较为复杂时，请勿使用遥控驾驶。
④未成年人及无驾驶证的人员请勿使用遥控驾驶。
⑤请勿在有坡度、积雪、积水、凸凹的路面上使用遥控驾驶。
⑥请勿在车内进行遥控驾驶操作。
⑦请勿在车内有人时使用遥控驾驶。
⑧请勿擅自外接探测天线或改用其他发射探测天线。

3. 挡位执行器

挡位标示在换挡手柄上，"P"挡是驻车挡，按下此按键，按键上的驻车指示灯点亮，可实现驻车。关闭或起动电动机时应处于此挡。起动车辆时，踩下制动踏板，即可从"P"挡位切换至其他挡位。"R"挡是倒车挡，必须在车辆完全停止后方可使用。"N"挡在需要临时停车时使用，此时应踩下制动踏板，避免溜车。无论出于什么原因，只要下车，就必须换至驻车挡。"D"挡是行车挡，正常行驶时使用此挡位。换挡成功后，换挡杆会自动回到中间位置。

注意：为避免损坏整车部件，车辆必须在完全停止后，再按下"P"挡按键。
警告：
（1）如关闭电动机并挂入"N"挡后仍让车辆移动，变速箱将因无法得到润滑而严重受损。
（2）如电动机运转且已挂入"R"/"D"挡时，务必踩住制动踏板停止车辆，因为即使在怠速工况下，传动器仍可传递动力，车辆可能缓慢前行。
（3）行驶时如换挡，可直接由"R"/"D"切至"N"挡，切勿踩加速踏板，谨防发生事故。
（4）车辆行驶中切勿换挡至"R"挡或"P"挡，以防发生事故。
（5）请勿在"N"或"P"挡时将车辆沿斜坡下行，即使在电动机不运转的情况下也不允许。

(6) 为了防止车辆无意间移动，车辆停稳后要拉紧制动器，并按下"P"挡按键。

4. 电子驻车（EPB）

驻车及离车时，务必保证 EPB 处于拉起状态。

手动拉起 EPB：向上拉起 EPB 开关，EPB 会施加适当的驻车力，仪表上的指示灯会先闪烁，长亮之后代表 EPB 已拉起，并有文字提示"电子驻车已起动"。

1) EPB 自动拉起

(1) 熄火自动拉起：电源挡位由"OK"挡转至"OFF"挡时，EPB 会自动拉起，仪表上指示灯会点亮。

(2) "P"挡自动拉起：当车速小于 3 km/h，挡位位于"D"／"R"挡，打开主驾车门或按下"P"挡按键时，进入"P"挡，EPB 会自动拉起。

注意：按下 EPB 开关后，同时进行熄火动作，EPB 不会自动拉起。可用于车辆抛锚时的拖车或推车需求；过程中不应提前松开制动踏板，尤其车辆停在坡道上，否则会存在少量溜车的风险；该功能是为了防止驾驶员忘记驻车便熄火离车的情况，旨为提高整车自主安全性，不建议频繁使用。

2) 手动释放 EPB

车辆处于"OK"挡位，且挡位处于非"P"挡时，持续踩住制动踏板并向下按下 EPB 开关，直至仪表上的指示灯熄灭，即表示已释放电子驻车，并有文字提示"电子驻车已解除"。

3) 起步时自动释放 EPB

车辆处于驻车状态，起动车辆，持续踩下制动踏板，将挡位由"P"或"N"挡挂入"D"或"R"等行驶挡位后，EPB 会自动释放，指示灯熄灭，并有文字提示"电子驻车已解除"。（请按照正确的换挡操作进行，在整个换挡过程中需要始终踩下制动踏板，待确认仪表显示挡位为目标挡位后松开制动踏板。车辆起动后的几秒内，EPB 系统处于上电自检过程中，期间不会响应所有功能。）

当车辆已经起动，挡位处于"D"或"R"等行车挡位时，手动拉起 EPB 后，只需缓慢踩下加速踏板到一定深度，EPB 会自动释放，指示灯熄灭，并有文字提示"电子驻车已解除"。

5. 驾驶车辆

驾驶时可以通过开关组上的模式按键选择经济模式和运动模式，如图 3-12 所示。

经济（ECO）模式：车辆动力性适中，驾乘体验舒适，经济性更佳。

运动（SPORT）模式：车辆具有良好的动力性，如遇到电池 SOC 点较低、车辆处于高温或低温等工况下，加速性能会有所下降。

注意：

①行驶中，如果从经济模式切换到运动模式，车辆将立即输出比原来强劲的动力来满足驾驶员需求，请注意驾驶安全。

②驾驶过程中，能量在车辆减速时通过再生制动器得以回收，但为了更有效地使用，请勿对车辆进行不必要的加速和减速。

以下对北汽新能源 EX360 的驾驶进行介绍：

挡位指示位于旋转式电子换挡面板上，如图3-13所示。整车上电后，背景灯点亮。

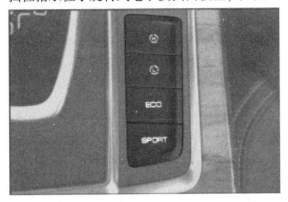

图3-12 开关组上的模式按键

图3-13 旋转式电子换挡面板

"R"挡：倒车挡。
"N"挡：空挡。
"D"挡：前进挡经济模式。
"S"挡：前进挡动力模式。
（1）换挡旋钮置于"N"挡，起动动力系统。
（2）踩住制动踏板，将换挡旋钮旋入"D"或"S"挡位置，进入常规换挡程序。
（3）旋入挡位后，先松开驻车制动开关，然后松开制动踏板，缓慢踩下加速踏板，车辆便能起步行驶。停车时，踩下制动踏板，停稳车辆，施加驻车制动，将换挡旋钮旋入N挡。

以下为各挡位说明。
1）选择前进挡经济模式"D"
（1）在换挡之前，请先踩制动踏板，否则挡位选择无效。
（2）将换挡旋钮旋至"D"挡位置。
（3）此时字母"D"显示为冰蓝色。
（4）其余未选中挡位字母为白色。
2）选择倒挡"R"
（1）在选择倒挡前，请确保车辆处于静止状态。
（2）然后，踩下制动踏板，将旋钮旋至"R"挡位置。
（3）此时字母"R"显示为冰蓝色。
（4）其余未选中挡位字母为白色。
3）选择前进挡动力模式"S"
（1）在换挡之前，请先踩制动踏板，否则挡位选择无效。
（2）将旋钮旋至"S"挡位置。
（3）此时字母"S"显示为冰蓝色。
（4）其余未选中挡位字母为白色。
4）选择空挡"N"
（1）在选择空挡前，确保车辆处于静止状态。
（2）若需将换挡旋钮从"N"挡旋入其他挡位时，必须先踩下制动踏板。

5）挂倒挡

（1）将车辆停稳。

（2）踩下制动踏板，将换挡旋钮旋入"R"挡位置。

（3）旋入挡位后，缓慢地松开制动踏板，车辆便以倒车挡行驶。此时，保持"起动/停止按键"打开。

①倒车信号灯点亮。

②倒车后视系统自动起动，并在多媒体显示屏中显示倒车影像（适用于配备有倒车影像的车型）。

③倒车雷达起动，靠近障碍物时，通过不同频率的声响进行警报提示。

倒车具体操作如下。

踩下制动踏板，将换挡旋钮旋入"R"挡位置。

①旋入挡位后，缓慢地松开制动踏板，车辆便以倒车挡行驶。

②倒车后视系统自动起动，并在多媒体显示屏中显示倒车影像，如图3-14和图3-15所示。

图3-14　多媒体显示屏显示倒车影像　　　图3-15　仪表盘显示倒车雷达

③倒车雷达起动，靠近障碍物时，通过不同频率的声响进行警报提示。

④当侧边有障碍物时，仪表盘倒车雷达侧方"黄灯"闪烁，并通过声响警示，如图3-16和图3-17所示。

图3-16　汽车侧边有障碍物　　　图3-17　仪表盘倒车雷达侧方"黄灯"闪烁

⑤当后方有障碍物时，仪表盘倒车雷达后侧"绿灯"或"黄灯"闪烁，并通过声响警示，不同颜色代表危险程度不同，如图3-18～图3-21所示。

 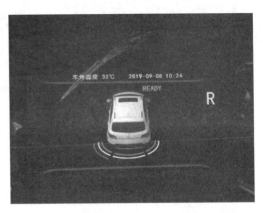

图 3-18　汽车后方有障碍物　　　　图 3-19　仪表盘倒车雷达后方"绿灯"闪烁

 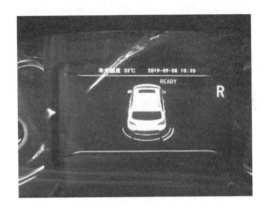

图 3-20　靠近障碍物　　　　图 3-21　仪表盘倒车雷达后方"黄灯"闪烁

注意：

①车辆静止时，驾驶员进行换挡操作必须同时踩下制动踏板才能换挡成功。如果驾驶员换挡时，未踩下制动踏板，仪表显示当前换挡旋钮所处的挡位，并进行闪烁，此时，驾驶员需要换至"N"挡，重新进行换挡操作。

②在驾驶过程中，请勿将手放置在换挡旋钮上，手的压力可能导致换挡旋钮的过早磨损。

③起动车辆前请确认旋钮处于"N"挡位置。

④电动汽车起动时，不允许先踩加速踏板，后闭合高压开关。

⑤如果行车过程中发现异常情况（听见异常声音或闻到异常味道等），应该立即停车并检查车辆，并找出引起故障的原因。

⑥电动汽车行驶时，一般情况下不要猛加速、猛减速，尽可能保持匀速行驶或间断滑行。当高速行驶需要减速时，应轻踩制动踏板用电制动进行减速。如需车辆停止时，则连续踩下制动踏板进行电和气压制动或用驻车制动器使车辆停住。

⑦不允许在车辆行驶状况下，扳动车辆前进/后退开关。

⑧应注意清洁和保护控制器、接触器以及所有的接线端子，严禁掉入金属杂物及水滴等物体。

⑨电动汽车在雨天行驶时,涉水深度不能超过150 mm,涉水时行驶速度不应超过5 km/h;在车辆涉水后,要检查后桥和变速器的齿轮油里是否进水,如果有水,应全部更换规定型号的齿轮油。

⑩在大雨天行驶或者通过浅的河流时,开车必须特别小心,因为被弄湿的制动器会使制动力暂时减弱。

⑪下坡行驶时,要注意防止驱动电机超速运转。

⑫如果在特殊情况下需要拖车,请挂入空挡,否则反拖电机可能会造成电机及电机控制器烧损。

⑬电动汽车转向时,转向盘转到极限位置后不能再继续用力转动转向盘,也不允许长时间使转向盘处于转动的极限位置。

⑭行驶中要注意观察动力电池系统的状态,如荷电状态、电压、电流、温度等重要参数。

3.2.3 电动汽车的停止

1. 停车注意事项

(1) 拉起驻车制动手柄。

(2) 将挡位开关置于空挡。

(3) 拧转起动开关钥匙至"LOCK"(锁固)位置(8t和16t车型应先断开高压开关)。

(4) 取走钥匙。

(5) 关闭所有的窗户,并锁上所有的门。

(6) 检查并确保灯已熄灭。

(7) 如将车辆停放在斜坡上且无人看管时,必须垫好车轮挡块。

注意:

(1) 不要将无人照看的儿童单独留在车内,儿童可能会操作车辆上的控制装置而导致事故。

(2) 中途停车,要选择合适、安全的停车地点。

(3) 夏季天气高温炎热,尽量不要将车辆长期停放在高温烈日下曝晒。最好选择停放在通风效果好的场地。车辆充电时,最好不要在高温烈日曝晒下进行。

(4) 夏季雷雨多发,当遇到打雷或下雨时,尽量不要在露天场地停放车辆或进行充电,以免发生安全事故。

2. 典型电动汽车的停车方式

1) 纯电动客车的停止方式

(1) 驾驶人下车停驶时,应先切断自动空气断路器。

(2) 电动客车需要拖拽时,应先将前进/后退开关置于中间位置(N位)并解除驻车制动。

2）北汽新能源 EX360 停车

车辆停稳后,在松开制动踏板并关闭驱动电机前,开启电子驻车制动开关手柄并将换挡旋钮置于"N"挡。拉起驻车制动开关手柄,如图3-22所示。

图 3-22　驻车制动开关手柄

（1）旋转换挡面板至"N"挡。

（2）按下"起动/停止"按键,按键背景灯由绿色变为红色。此时,仪表盘、换挡面板灯熄灭,如图3-23和图3-24所示。多功能显示屏未熄灭,如图3-25所示。

图 3-23　仪表盘熄灭

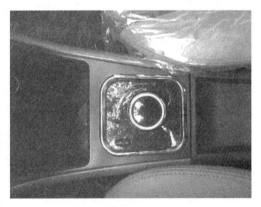

图 3-24　旋转式电子换挡面板熄灭

图 3-25　多功能显示屏未熄灭

（3）再按一次"起动/停止"按键，按键背景灯熄灭、多媒体显示屏熄灭，如图3-26和图3-27所示。

图3-26　按键背景灯熄灭

图3-27　多功能显示屏熄灭

（4）关上车门，按下智能钥匙闭锁键。

锁车时应注意：

（1）确认车窗均已关好；

（2）关闭所有车灯，检查仪表板上的指示灯，并确认防盗系统已被激活；

（3）将贵重物品和遥控钥匙随身携带，切勿放置在车内；

（4）切勿在易燃易爆物品附近停放车辆；

（5）离开车时，将换挡旋钮旋入"N"挡位置，开启电子驻车制动开关、关闭驱动系统，并将车门锁止。

3．电动汽车的存放

（1）经常清洗尘土和检查电动汽车外部，进行防锈和除锈。

（2）停驶一个月以上时，应将车辆架起，解除前、后悬架及轮胎的负荷。

（3）每月对动力电池进行一次补充充电。

（4）每月检查一次电气仪表、制动系统、转向系统等的动作情况；检查各轮胎气压，发现不足时应补充充气。

思考练习

1．纯电动汽车的运行操作有哪些？

2．纯电动汽车的起动注意事项有哪些？

3．纯电动汽车驾驶的注意事项有哪些？

4．纯电动汽车停止的注意事项有哪些？

3.3 充电装置的使用方法

3.3.1 纯电动汽车充电方式

充电系统为电动汽车运行提供能量补给，是电动汽车的重要基础支撑系统，也是电动汽车商业化、产业化过程中的重要环节。随着电动汽车产业的快速发展，充电技术成为制约行业发展的关键因素之一，智能、快速的充电方式成为电动汽车充电技术发展的趋势。电动汽车充电装置的分类有不同的方法，总体上可分为车载充电装置和非车载充电装置。根据对电动汽车蓄电池充电时的能量装换的方式不同，充电装置又可以分为接触式充电装置和感应式充电装置。根据充电方式不同，可分为慢充、快充、快换、无线充电等方式。

1. 慢充

慢充又称常规充电、车载充电，即采用随车配备的便携式充电设备进行充电，可使用家用电源或专用的充电桩电源。充电电流较小一般在 16~32 A，可用直流电或者两相交流电、三相交流电。视电池组容量大小，充电时间至多为 8 h。

常规充电模式的优、缺点都非常明显：充电时间较长，但其对充电的要求并不高，充电器和安装成本较低；可充分利用电力低谷时段进行充电，降低充电成本；更为重要的优点是可对电池深度充电，提升电池充/放电效率，延长电池寿命。因充电时间较长，可大大满足白天运作、晚上休息的车辆。

2. 快充

快充即快速充电，又称地面充电，顾名思义为能快速充满电的充电方法，通过非车载充电机采用大电流给电池直接充电，使电池在短时间内充至80%左右的电量，因此也称为应急充电。快速充电模式的代表为特斯拉超级充电站。快速充电模式的电流和电压一般在 150~400 A 和 200~750 V，充电功率大于 50 kW。此种方式多为直流供电方式，地面的充电机功率大，输出电流和电压变化范围宽。

快速充电的充电速度非常高，其充电时间接近内燃机注入燃油的时间。其充电方法是采用脉冲快速充电，脉冲快速充电的最大优点为充电时间大为缩短；且可增加适当电池容量，提高起动性能。可是这种方式对充电设备安装要求和成本非常高，并且快速充电的电流电压较高，短时间内对电池的冲击较大，容易令电池的活性物质脱落和电池发热，因此对电池保护散热方面要求有所更高的要求，并不是每款车型都可快速充电。即使电池再完美，长期快速充电终究影响电池的使用寿命。

3. 快换

快换又称机械充电，即在动力电池电量耗尽时，用充满电的电池组更换电量过低的电池组。将电池组从车上更换下来的方式有:纯手动、半自动和机器人更换三种模式。

更换电池集成了常规充电模式和快速充电模式的优点。更换电池的充电模式最大的限制是各大厂商需要统一电池规格、大小等,并且无法保证每块电池组的性能一致,从而制约其发展。

4. 无线充电

无线充电模式即无须通过电缆来传递能量,而采用电磁感应、电场耦合、磁共振和无线电波等方式进行能量的传递。采用无线充电模式,首先需要在车上安装车载感应充电机。车辆的受电部分与供电部分没有机械连接,但需要受电体与供电体对接较为准确。

受制于技术成熟度和基础设备的限制,无线充电技术暂时还无法大批量应用。业内主流的无线充电技术主要采用电磁感应和磁共振方式传递电能。磁共振方式充电效率更加高,而且电磁辐射强度更低(比手机通话时强度要小),更重要的是送电线圈与受电线圈无须非常对齐,这一点是电磁感应所不及的。

无线充电模式未来应用的前景无法估量,未来也许将能边走边充电,电能可能来自路面铺装的移动式充电(MAC)系统,或者来自汽车上接收的电磁波能量。

受益于新能源汽车应用的快速增长,我国新能源汽车充电设施行业出现了巨大的发展空间。现阶段电动汽车充电设施各项关键技术已趋成熟,但每一种充电模式都有明显短板,无论何种充电模式,最终的目的是让车辆可以更高效地行驶更远的路程。若能解决充电的问题,电动汽车的发展便能更上一个台阶。

3.3.2 交流充电连接装置的使用方法

1. 充电前检查

(1)确认充电设备没有刮破、生锈、破裂,车辆插头、电缆、控制盒、电线及供电插头表面没有破损等异常情况。

(2)如果充电设备或者充电连接装置表面有损坏、生锈、破裂,或连接太松时,请勿充电。

(3)当供电插头或车辆插头很脏或潮湿时,要用干燥清洁的布擦拭插头,确保充电插头干净。

2. 开始充电

组合仪表上会提示预计充满电时间。

(1)将交流充电连接装置的供电插头插入家用供电插座中,如图3-28所示。

(2)打开车辆右后侧交流充电接口的舱盖与保护盖,如图3-29所示,确认充电插头与充电插座无异常。

图3-28 家用插座

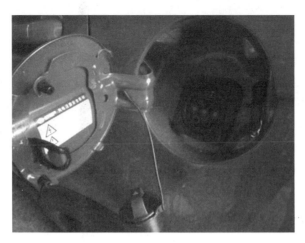

图 3-29　交流充电接口

(3) 将充电插头插入充电插座中, 如图 3-30 所示。

(4) 从充电设备指示灯或车辆仪表上确认充电状态。

图 3-30　插头插入插座

3. 停止充电

(1) 如果电锁工作模式为"启用防盗"拔插头前, 需要按钥匙或者微动开关解锁; 车辆解锁 3 s 内, 用力按压充电枪解锁按钮; 向车外方向拔出充电插头。

(2) 如果电锁工作模式为"停用防盗", 停止充电后, 可直接用力按压充电插头解锁按钮并向车外方向拔出充电插头。

4. 以特斯拉 Model 3 为例的充电介绍

1) 打开充电端口

充电端口位于 Model 3 的左侧, 在后尾灯总成上的一个盖板后面, 如图 3-31 所示。充电前, 先将 Model 3 停放在充电电缆可以轻松连接充电端口的位置。在 Model 3 解锁状态下（或者感应范围内有认证的手机）, 按下并释放特斯拉 Model 3 充电电缆上的按钮可打开充电端口盖板, 如图 3-32 所示。

 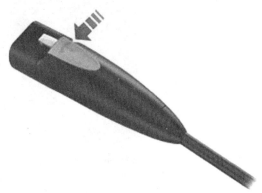

图3-31 特斯拉Model 3的充电端口　　　图3-32 特斯拉Model 3的充电电缆

2）打开充电端口盖板的其他方法

(1) 在触摸屏上,用应用程序起动器打开充电应用程序,然后点击"打开充电端口"。

(2) 点击触摸屏上汽车状态区域的充电图标。

(3) 在触摸屏上的"卡片"区域,点击充电图标,然后按下"打开充电端口"。

(4) 在Model 3解锁的情况下或附近有验证的手机时,请按充电端口盖板的底部。

(5) 在遥控钥匙配件(另售)上,按下后备厢按钮1~2 s。

注意:

(1) 打开充电端口盖板时,Model 3的"T"指示灯会亮起白色灯光,如果充电端口盖板打开后几分钟内未将充电电缆插入充电端口,充电端口盖板将会关闭,如果发生这种情况,请再次使用触摸屏打开充电端口盖板;

(2) 切勿强行打开充电端口盖板。

3）插上插头

(1) 如果需要,可使用触摸屏更改充电电流极限值和充电电流。

(2) 要在公共充电站充电,可将适配器连接到该充电站的充电连接器上。根据您使用的充电设备,可能需要利用充电设备上的控制装置开始和停止充电。如果使用移动连接器,在将其插入Model 3之前,请先将其插入电源插座。将连接器对正充电端口并完全插入。

(3) 当连接器正确插入后,Model 3在满足如下情况时自动开始充电:将连接器固定到位的闩锁已经闭合;切换到驻车挡(如果处于其他挡位);如果需要,可加热或冷却电池。如果电池需要加热或冷却,则充电开始之前有一个延迟时间。

注意:当Model 3已插入插头但未主动充电时,会从壁式插座上获得能量,而不是使用电池内存储的能量。例如,当Model 3已驻车并插上插头时,如果坐在车内并使用触摸屏,这时,Model 3会使用来自壁式插座而不是电池的能量.

4）充电期间

(1) 充电期间,充电端口指示灯("T"徽标)闪烁绿色光,触摸屏显示充电状态。当充电量接近全满时,充电端口闪光的频率会变慢。当充电完成后,指示灯将停止闪烁并呈稳定绿色。如果Model 3锁止,充电端口指示灯不会亮起。

(2) 如果充电时充电端口指示灯变为红色，说明检测到故障。此时应检查触摸屏，以查看故障描述消息。故障可能因为断电等原因而发生。如果电源出现故障，当电源恢复时将自动恢复充电。注意：充电时，特别是以大电流充电时，冷却压缩机和风扇会根据需要工作，以保持电池冷却。因此，在充电时听到声音属正常情况。

(3) 空调性能通常不会受到充电状态的影响。但是，在某些情况下（例如，在非常热的天气下以高电流充电），来自通风口的空气可能不像预期的那么凉，这时触摸屏上会显示一条消息。这种表现是正常的，它确保充电时电池保持在最佳温度范围内，进而延长电池寿命并实现最佳性能。

警告：充电时，切勿将流速很快的液体（例如，使用压力清洗器）喷到充电端口上。不遵守这些说明可能会造成严重人身伤害，或导致车辆、充电设备或财产损坏。

5）停止充电

可以随时断开充电电缆或在触摸屏上轻按"停止充电"来停止充电。为防止他人擅自拔下充电电缆，充电电缆的闩锁会一直保持锁定状态，并且必须先确认 Model 3 已解锁或能够识别认证的手机，然后才能断开充电电缆。

(1) 断开充电电缆。

①长按 Tesla 连接器上的按钮来解开闩锁。也可以点击触摸屏上的"停止充电"。

②从充电端口中拉出连接器。（在将连接器从充电端口上拔下后的大约 10 s 之内，充电端口自动关闭）

(2) 手动释放充电电缆。如果从充电端口释放充电电缆的常规方法（使用充电手柄释放按钮、触摸屏或手机应用程序）不起作用，请仔细按照以下步骤操作：

①通过在触摸屏上显示充电屏幕，确保 Model 3 未执行充电。必要时，点击"停止充电"。

②打开行李厢。

③向下拉充电端口释放拉索以解锁充电电缆，释放拉索可能嵌装在饰件的开口内。

④从充电端口拉出充电电缆。

警告：

①释放拉索功能仅适合在充电电缆无法使用常规方法从充电端口释放的情况下使用。持续使用可能导致释放拉索或充电设备损坏。

②当车辆正在充电时或者露出任何橙色高压导线时，请勿执行此程序。不遵守说明可能导致触电和严重伤害或车辆损坏。

③请勿尝试在拉释放拉索的同时拆卸充电电缆。务必在尝试从充电端口拆下充电电缆之前拉出释放拉索。不遵守说明可能导致触电和严重伤害。

(3) 充电端口指示灯。

①白色：充电端口盖板打开。Model 3 已准备就绪，可以充电，但未插入连接器；或者，充电端口闩锁已解锁，连接器准备就绪，可以拔下。

②蓝色：Model 3 探测到一个连接器已插入。

③闪烁蓝色：Model 3 正在与连接器进行通信。Model 3 正在准备充电，或者已计划将于未来某一时间开始充电。

④闪烁绿色：正在充电。当 Model 3 临近充满电时，闪烁频率降低。

⑤稳定绿色：充电完成。
⑥稳定琥珀色：连接器未完全插入。请将连接器对正充电端口并完全插入。
⑦闪烁琥珀色：Model 3 正在通过降压后的电流充电（仅交流充电）。
⑧红色：检测到故障并且充电已停止。检查触摸屏，以查看故障消息。

（4）充电状态和设置。

只要充电端口盖板打开，就会在触摸屏上显示充电屏幕。若要在任何时候显示充电屏幕：点击触摸屏"卡片"区域的充电图标，如图 3-33 所示。

图 3-33　充电图标

充电屏幕显示代表性的电池状态图像和有关充电的信息，包括：
①充电率（以 kW·h、mile 或 km/h 为单位，具体取决于显示设置）；
②本次充电完成时，增加的电量或预估可增加的行驶距离（以 mile 或 km 为单位，具体取决于您的显示设置）；
③来自已连接电源的供电电流/可用电流；
④充电电缆提供的电压。

注意：要更改能量单位的显示形式，请点击"控制"＞"显示"＞"能量显示"。

图 3-34 中各序号说明如下。
①充电状态信息（如正在充电、定时充电）显示在充电屏幕上，如图 3-34 所示。充电期间，还会显示达到用户设定限值的剩余估计时间。

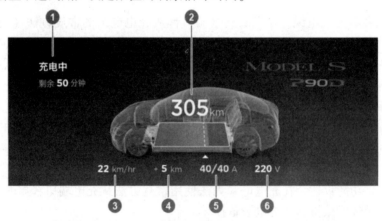

图 3-34　充电状态信息（仅说明，根据软件版本和市场区域，实际情况可能会略有不同）

②点击"设置限值"，并拖拽指针以移动充电限值设置，从而调整充电限值。选择的设置适用于当前和预定充电期。

③电流自动设置为所连接充电电缆的最大可用电流，除非之前其已经被降低到较低水平。如有必要，可点击"--"或"++"更改电流（例如，如果担心家用线路在使用其他设备时会出现过载，需要减小电流）。不得将充电电流的水平设为高于来自所连接充电电缆的最大可用电流。更改电流时，Model 3 会记住该地点。如果在同一地点充电，无须再次更改。

注意：如果 Model 3 处于充电状态，并且探测到输入电源发生意外波动，那么充电电流会自动降低 25%。例如，40 A 电流降至 30 A。存在外部问题时，这种自动电流下降可提高稳定性和安全性（例如，家庭接线系统、插座、适配器或电源线无法达到其额定电流容量时)。Model 3 自动降低电流时，会保存充电地点所降低的电流以作为预防措施。尽管可以手动提高该电流，但在根本问题得到解决、充电地点能够提供稳定功率之前，建议采用较低电流充电。

④点击可打开充电端口盖板或开始（或停止）充电。

⑤显示可用的总估计行驶距离或电量比例（取决于用户的显示设置）。

⑥表明充电电缆是否锁入充电端口。如果 Model 3 不在充电，则可点击"锁定"图标将充电电缆从充电端口解锁。

⑦每小时充电速率、截至本次充电预计提升的行驶距离（或能量）、已连接的电源提供/存有的电流、充电电缆的电压。

⑧为地点设置定期充电计划。设置定期充电时间后，当您停在预定地点时，Model 3 将显示设定时间。到了预定时间，如果 Model 3 未在该地点接通电源，只要在预定时间的 6 h 内接通电源，充电就会开始。如果在 6 h 后接通电源，则要等到第二天的这个预定时间才会开始充电。要取消该设置，请点击"开始充电"或"停止充电"。

5. 以蔚来 ES8 为例的充电介绍

充电说明：离开车辆前用户可以对车辆进行充电，为保持车辆良好的使用状态，请在电量不足时及时充电。车辆在驻车状态时才可进行充电，车辆处于驾驶状态（将挡位置于 R 挡或 D 挡时）及软件升级状态时不可进行充电。

蔚来 ES8 提供直流和交流两种充电插口：

（1）交流充电（慢充）插口（见图 3-35）位于车辆左侧，使用交流电进行充电，充电时间较长。

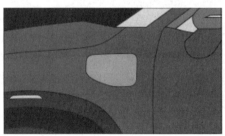

图 3-35　交流充电插口

（2）直流充电（快充）插口（见图 3-36）位于车辆右侧，使用直流电进行充电，充电时间短。

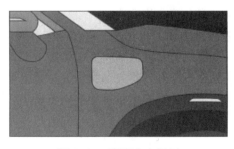

图 3-36　直流充电插口

注意：请勿同时为车辆进行快充和慢充，以免损坏车辆。可以使用家用专属交流充电桩、公共交流充电桩、便携充电枪、公用直流充电桩或移动充电车进行充电作业。

充电过程（以慢充作业为例）如下。

(1) 车辆挂 P 挡，按下慢充充电口饰板，饰板可自动旋转打开，打开充电口盖，如图 3-37 所示。

注意：充电口饰板在旋转运动过程中及旋转完成后，请勿用力拨动此饰板，以免损坏充电口饰板。

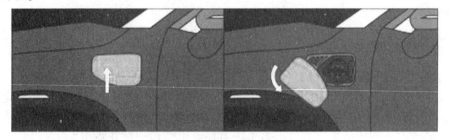

图 3-37　打开慢充充电口盖

(2) 查看充电连接器及充电设备是否完好，将充电枪正对并连接到车辆充电口处（见图 3-38），此时充电口与充电枪进行匹配：若充电口指示灯闪亮后呈现蓝色，提示用户充电口工作正常；若充电口与充电枪未正确匹配或匹配超时，充电口指示灯蓝色闪亮后熄灭，请重新连接充电枪。

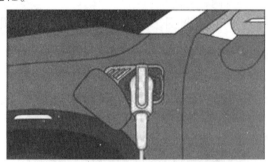

图 3-38　充电口与充电枪连接

(3) 打开充电设备电源（交流充电桩开启、随车充电枪接入 220 V 电源），开始充电。可以在中控屏主页点击"我的 ES8">"电池或手机 APP"上查看当前充电状态，此时充电口指示灯为蓝色，显示当前充电状态，每一格代表 25% 电量，例如：充电量在 50%~75%，指示灯前两格点亮，第三格闪亮。

(4) 充电完成或充电过程中手动停止充电，需在全车解锁后按住充电枪解锁按钮并等待 1~2 s，待充电口指示灯变成绿色常亮后再将充电枪拔下。

注意：交流充电时车辆如全车上锁，将无法拔出充电枪，切勿强行拔下充电枪。如全车解锁后无法拔出充电枪，请重新插紧充电枪确保充电枪解锁按钮弹起，并重新进行全车上锁及解锁，再按住充电枪解锁按钮等待 1~2 s，待充电口指示灯变成绿色常亮后再将充电枪拔下。

(5) 充电过程中若充电口指示灯呈现红色闪亮，请更换充电桩再次尝试，若指示灯仍为红色闪亮，请立即停止充电并联系蔚来汽车服务中心。

(6) 拔下充电枪后请将充电枪放好，关闭充电口盖，如图 3-39 所示，旋转并合上充电口饰板。

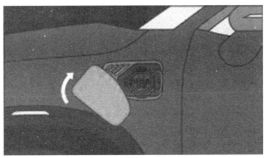

图 3-39　关闭充电口盖

思考练习

1. 纯电动汽车的充电方式有哪些？
2. 交流充电连接装置的使用步骤有哪些？
3. 介绍了哪几个纯电动汽车充电的例子？
4. 蔚来 ES8 提供哪些充电插口，分别在什么位置？

3.4　纯电动汽车使用注意事项

3.4.1　交流充电连接装置注意事项

（1）设备必须接地良好，如果充电设备出现故障或者损坏时，接地线可提供最小阻抗电路放电从而减小触电的危险。设备装有设备接地点与供电插头接地点相连的接地线。插头必须与安装正确且接地良好的电源插座互配。

（2）整车如未解锁，请勿强行开启车辆插座的舱盖。

（3）拔出车辆插头前，请操作整车解锁以解除车辆接口的电子锁，并在 305 s 内拔出车辆插头，否则车辆接口的电子锁会重新锁止。

（4）当组合仪表"SO"指示条进入红色警戒格时，表明动力电池电量已不足。在电量降至红色警戒格时应及时充电，不要在电量完全耗尽后再进行充电，否则会影响动力电池的使用寿命。

（5）当电池温度高于 65 ℃ 或低于 -20 ℃ 时，车辆将不能正常充电；当环境温度低于 0 ℃ 时，充电时间要比平常时间长。

（6）家用交流充电是使用车辆配备的交流充电连接装置进行充电的。推荐使用 220 V、50 Hz、10 A 的专用交流电路和电源插座。专用电路是为了避免线路破坏或者由于给动力电池充电时的大功率导致线路跳闸保护，如果没有使用专用线路，可能影响线路上其他设备的正常工作。

(7) 当外部电网断电后再次供电时，充电设备会自动重新起动并充电，不用重新连接充电设备。

(8) 当动力电池电量充满后，系统会自动停止充电。

(9) 使用交流充电连接装置注意：停止充电时先断开充电设备的车辆插头，再断开电源端供电插头。

(10) 起动车辆前请确保充电设备已经断开，充电口盖和充电口舱盖已经关闭，因为充电设备锁止机构在没有完全锁止状态下，车辆可能会处于"OK"挡。充电口盖未关闭，水或外来物质可能进入充电口端子，长期如此会影响正常使用。

(11) 掌握正确的充电时间。纯电动汽车补充能源需要花费更长的时间，以江淮iEV6E运动版车型为例：如果选择家庭充电桩充电，需要近 8 h 的时间才能够充满电量，选择快速充电桩也需要 40 min 才可以充至 80%。养成经常充电的习惯，不要等电力过低时再去充。

(12) 电池不宜过充、过放。电池过度充电和放电都会降低其使用寿命。任何用到电池的产品都不能"过度放电"，纯电动汽车也不例外。虽然电池组都设计了保护系统，但如果经常把车子开到"亮红灯"的情况，是肯定会影响电池组寿命的。

(13) 充电时要关掉车内电源。当汽车充电的时候，一定要关掉用电设备，例如：音响、空调。边充电边耗电会加速电池的损耗并且导致电池发热。

(14) 充电时避免充电插头发热。220 V 电源插头或充电器输出插头松动、接触面氧化等现象都会导致插头发热，发热时间过长会导致插头短路或接触不良，损害充电器和电池，带来不必要的损失。所以发现上述情况时，应及时清除氧化物或更换接插件。

(15) 车辆长期闲置时，应充满电后停放，如果没有充满电后停放，这时电池组就处于亏电状态，在这种状态下停放车辆，电池组很容易出现化学反应，造成电池容量下降。闲置的时间越长，电池组的受损情况越严重，因此，为了保持电池组的良好状态，在车辆闲置时也要保证定期充电。

(16) 尽量避免车辆直接在户外阳光曝晒下大功率充电，避免将充电线缆暴露在阳光下曝晒。

(17) 尽量避免使用拖线板，如必须使用拖线板，不要把拖线板在阳光下曝晒。曝晒并持续发热会引起充电线束过热并引燃插座；不要把拖线板直接和充电接口放置在地上，以免暴雨进水。

3.4.2 日常使用注意事项

(1) 低温使用（5 ℃以下），尽量缓加速，急加速可能出现动力中断现象（即踩加速踏板车辆无动力）。

(2) 涉水使用，切勿驾车通过深水区（水深≥100 mm）。

(3) 车辆行驶中，缓加速少制动。

(4) 行车过程中，电量低报警灯点亮后，需减速缓行（40 km/h 以下速度行驶，此时的可续行里程约为 15 km），禁止急加速，并尽快充电。

(5) 慢充为主，快充为辅：也就是说，用户家中具备充电桩安装条件的话，还是做到随用随充比较好。在充电时,有快充和慢充两种方式选择。快充模式下,电子的流速加快,有可能会导致电池升温过快,从而出现一些不好的情况。比如因为无法均衡充电,会出现常见的"虚电"情况。长期使用也会对电池的使用寿命造成影响。慢充充电电压小,充电时间虽然久,但是不会对动力电池造成损耗。所以,对于纯电动汽车的补电策略还是要慢充为主,快充为辅。在不赶时间的时候,要尽量使用慢充的方式补充电量。快充只作为应急之用。这样才能减少对动力电池的额外损耗。

（6）保持良好的驾驶习惯：减少快充的频率是为了减少动力电池过充的情况发生,保持良好的驾驶习惯则为了尽量避免动力电池过放的问题。如在平时驾驶过程中,尽量不要急加速和急减速,同时也不要在高速上飙车,即尽量减少动力电池过放的问题。尽量避免在坑洼路面行驶,从而降低动力电池被撞击的可能性。

（7）避免深度馈电情况的发生：如果长时间停放车辆,需要定期给动力电池补电,在平时使用过程中,出门之前,也要规划好行车路径,尽量不要发生深度馈电的状态。动力电池经常出于深度馈电的状态,对于其使用寿命的影响还是很大的。

（8）尽量避免在极寒环境下进行充电。一般动力电池的工作原理如下：充电时正极的Li^+和电解液中的Li^+向负极聚集,得到电子,被还原成Li镶嵌在负极的碳素材料中。放电时镶嵌在负极碳素材料中的Li失去电子,进入电解液,电解液内的Li^+向正极移动。在极寒条件下,动力电池的活性会大大降低,简单理解就是影响Li^+的活性和移动速度,从而影响充电效率,对电池造成较大的伤害。这和冬天手机电量不耐用,原理是大同小异的。

3.4.3 常规问题处理方法

（1）如急加速过程中出现动力中断,3 s后又可行驶,此时需缓加速行驶。

（2）如急加速过程中出现动力中断,找安全区域停车,钥匙关闭后重新起动又可行驶,可加速行驶。

（3）如车辆频繁出现动力中断现象,请找安全区域停车,并拨打服务电话救援。

（4）整车没电的原因：用万用表测量电池端电压,如有电压输出则正常,如无电压输出则保险丝损坏或电池接线插头松动或电池损坏；接线插头松动,检查电源开关接插件；用万用表测量电源开关输入、输出线两端电压,如有正常电压输出则电源开关正常,如无电压输出,则电源开关坏（电池有电压输出情况下）,应予以维修或更换。

（5）充电机不充电的原因：充电机保险丝烧坏,此时充电机各指示灯均不亮,须更换保险丝；电池组线掉,则把电池连接线接好；充电机插头和电池插座接插不到位,应重新接插；充电机坏,此时充电机保险丝正常,用万用表测充电机输出电压应为0。

（6）电动机运行时产生大量火花,局部过热,抖动的原因：电动机进水造成短路把电动机烧坏；电动机超负载运行使换向器短路烧坏。现象是换向器变黑（电动机超负载运行不能超过1 min）。

（7）电动机异响的原因：电动机和后桥连接同心度达不到标准；电刷和换向器接合不好,需要校正调整；电动机里面转子上的轴承坏,需要更换。

（8）电动机不转的原因：保险丝烧掉,需要更换；电源开关坏,打开电源开关,用万用表欧姆挡测量一下电源开关的输入端与输出端之间的电阻,如电阻值为0则正常,如电阻值无穷大,则电源开关坏,需要更换电源开关；加速器坏,用万用表直流电压挡测量一下加速器输出端电压,如有电压出输出则正常,如无电压输出则不正常,无电压输出则加速器坏,需要更换;控制器坏,用万用表测量电控输出端电压,有输出电压则正常,否则需要更换电控;电动机烧坏,需要更换电动机。电动机各连接线线头松动,把电动机各连接线线头重新检查一遍。

(9)刹车效果不灵的原因:如方向机固定螺栓松动,则是方向机位置变形,应紧固螺栓。如果方向机间隙过大,调整方向机调整螺母;检查方向机轴承是否损坏,如损坏则更换轴承。

3.4.4 纯电动汽车夏季使用注意事项

(1)注意车辆电池组的温度及冷却系统。夏季开车需要注意电池的风冷或水冷系统,如冷却系统故障灯亮起,应尽快到维修点检测修理。充电时电池最高温度为55 ℃。

如出现高温极端环境,应避免进行车辆充电,待电池温度降为正常水平再充电。车辆行驶中若温度超过55 ℃,应马上寻找安全的路面停车,熄火(断电),电话咨询车辆售后服务中心再进行处理。

(2)平稳驾驶、避免剧烈操作。行车时要避免长时间频繁变速行驶。虽然市面上大部分电动汽车装配有电能回收功能,但行驶过程中急加速或急刹车都是一次对电池的"猛充电"和"猛放电"过程,会对电池造成冲击。为了提高电池寿命,建议车主日常驾驶尽量平稳、均速。

(3)避免车辆在低电量状态下长时间停放。剩余电量在20%以下时,需及时对车辆进行充电,不建议车辆长时间或连续停放超过3天。电池最佳状态是电量保持50%以上,此时电池组的自放电率会较低,长时间停放也不会对电池的维护和耐用性造成大的损伤。如出差或旅行,长时间不使用车辆时,最好的办法是在离开前把电池充满。

(4)电池组部分按照说明书使用。车辆电池不能带电工作,修理充电部件或更换充电保险丝时,切记要先拔下电源插头。

电动汽车在安全使用方面最需要注意的就是电池组部分。因为电池组就是全车的核心部件。无论驾驶、充电、维修,都应该按照车辆使用说明进行操作。

(5)使用正规厂家的充电桩对车辆进行充电。正规厂家的充电桩对产品的防漏水、漏电情况做了非常高等级的保护措施,一旦出现意外会自动切断电源,避免进一步损坏。

(6)使用飞线充电的时候,尽量与墙端插座直接相连。不建议飞线充电,但有时受到环境等因素的制约,需要采用飞线充电,这时一定要尽量与墙端插座直接相连,每多一个环节,就增加了一个发热点。

(7)夏季高温用车后可以选择地下车库进行充电。在高温环境用车后应尽量选择相对凉爽的地下车库或阴凉通风的环境来为车辆充电,一方面这样可帮助车辆快速散热,同时也减少了曝晒对车辆漆面的损害。另一方面,长时间曝晒带来的高温,对车辆的机件和电池也不利,比如会降低电池活性。

(8)雷暴雨天气状况下尽量不要户外充电。

(9)检查轮胎。电动汽车跟燃油汽车一样,要在夏季经常检查轮胎。将轮胎气压保持在正确的胎压,必须每两星期或至少每月检查一次轮胎气压;不正确的轮胎气压会造成耗电、行驶里程短,降低驾驶舒适性,降低轮胎寿命并降低行车安全性。

（10）在下雨天行车需注意的事项。雨季行车应先做好行车前检查。主要检查雨刮器、车辆空调除雾功能是否正常，全车灯光是否正常，并随时保持后视镜面清洁及后视角度；雨天行驶速度不要过快，涉水行车时，控制车速不超过 10 km/h，同时关注仪表报警；在泥泞路面行驶时，由于路面比较湿滑，要尽量避免高速行车、急加速、紧急制动和急转弯。制动时要减速行驶，谨慎使用脚踏制动，多使用电缓速功能，少使用气制动。行车应与前方车辆保持充分的间距。

3.4.5 冬季纯电动汽车使用注意事项

（1）冬季应勤充电。养成良好的使用习惯。纯电动汽车要养成当天使用当天充电的习惯。冬季，蓄电池存在充电接受能力差、充电不足的问题。电池充电最佳的环境温度是 25 ℃，最好在室内充电。在冬季寒冷情况下，一定要提高充电电压和延长充电时间，并采取保温防冻措施，这样才有利于保证充足电，延长蓄电池的使用寿命。

（2）充电接口要保持清洁，不能有水或者是别的异物进入到充电器接口，避免引起纯电动汽车充电接口内部短路，对电池的使用寿命造成影响。

（3）冬季应勤保养。出门前应注意检查纯电动汽车各配件是否良好，如：轮胎气压是否充足，前后刹车是否灵敏，整车有无异响，螺丝是否松动，电池是否充足电。如遇雨雪积水，不能让水淹没轮毂中心，这样才能延长纯电动汽车电池、电机的寿命。雨雪天过后，尤其要注意电动车的保养。冬季还应勤润滑。对纯电动汽车的前轴、后轴、中轴、飞轮、前叉、避震器转动支点等部件进行一次擦洗和润滑。

（4）采用正确的电池使用习惯，能有效延长电动车电池寿命。

纯电动车辆在冬季低温行驶后，建议及时充电，避免因长时间停驶导致电池温度低，造成充电延时和用电浪费；掌握充电时间，如果电量表显示电量过低，应马上进行充电，低电量行驶会影响电池性能；尽量选择在环境温度高的地方充电，低温会影响电池的充电性能；最好每天都用慢充补电，涓流养电池，这样使电池处于浅循环状态，可以延长电池寿命；白天尽量将车辆停放在避风朝阳温度较高的环境中，便于下次起车；车辆长期停放，保证停放前电池电量在 50%~80% 的状态，并将 12 V 低压蓄电池负极断开。每 2~3 个月对电池进行一次充放电，保证电池寿命。

3.4.6 高效使用纯电动汽车（以传祺 GE3 为例）

（1）经济模式（ECO）是车辆能耗最经济的模式，适合一般城市工况使用，此模式下车速在 40~60 km/h 经济性最好。

（2）传祺 GE3 能耗与驾驶习惯有关，为保证经济性，应尽量避免急加速、急减速。另外，整车能耗受车速影响较大，高速路段建议控制车速在 90~110 km/h，尽量避免长时间以 120 km/h 或以上车速行驶。

（3）传祺 GE3 具备制动能量回收功能，行车中如需要制动，应尽量避免紧急刹车，建议提前轻踩制动踏板，获得更佳的能量回收效果。

（4）保持正确的轮胎气压。气压不足会导致轮胎磨损和浪费电量。

（5）车轮定位要准确，否则会导致轮胎过快磨损增加了车辆负荷，浪费电量。

（6）不要使车辆负载不必要的重量，过重的载荷增加了车辆负荷，浪费电量。

（7）缓慢平稳加速，避免急速起步。

（8）尽可能避开交通拥挤或交通堵塞的地区，防止连续不断地加速和减速，停停走走的驾驶方式浪费电量。

（9）避免不必要的停车和制动，保持平稳的车速。配合交通信号灯驾驶，可将停车次数降至最少，或充分利用无交通灯的通行大道行驶。与其他车辆保持适当的行驶距离以避免紧急制动，这也将减少制动器的磨损。

（10）车辆行驶过程中，避免碰撞到路肩。在高低不平的路面上驾驶时要降低车速。

（11）避免车辆底盘沾有泥土等物，不仅能减轻车辆自重，也能防止腐蚀。

（12）车内禁止存放易燃易爆物品，在炎热的夏季，停在阳光下的车辆内部温度可高达70℃以上，如车内存放有打火机、清洗剂、香水等易燃易爆物品，极易引起火灾甚至爆炸。

（13）禁止改装车辆线路、加装电器部件；加装其他用电器（如大功率音响、氙气大灯等）会造成线路负荷过大，线束容易发热造成火灾。严禁使用超出用电器额定规格的保险或其他金属丝代替保险。

（14）车上要常备轻便的灭火器，并要掌握使用方法；为保证车辆安全，应在车上配备灭火器，并且要定期检查和更换；同时要熟悉灭火器的使用方法，做到有备无患，以免发生意外时束手无策。

思考练习

1. 纯电动汽车长期闲置时要注意什么？
2. 纯电动汽车电动机异响的原因是什么？
3. 下雨天行车的注意事项有哪些？
4. 冬季时纯电动汽车正确的电池使用习惯有哪些？

3.5 纯电动汽车的故障应急处理

1. 维修安全

电动汽车常见危险：①碰伤、工具、机械等伤害；②碰触高压电；③高温蒸汽烫伤；④火灾；⑤行驶中涉水。

2. 维修人身安全

1）触电易发生情况

电动车有动力电池，动力电池具有高压电，而且有漏电的可能性，如果不注意保护就会触电。电流对人体的伤害是多方面的。根据伤害的性质不同，触电可分为电伤和电击两种。

电伤是指由于电流的热效应、化学效应和机械效应对人体的外表造成的局部伤害，如电灼伤、电烙印和皮肤金属化等。对于高于 1 kV 以上的高压电气设备，当人体过分接近它时，高压电可将空气电离，然后通过空气进入人体，此时还伴有高电弧，能把人烧伤。

电击是指电流流过人体内部造成人体内部器官的伤害。电击使人致死的原因有三方面：流过心脏的电流过大、持续时间过长引起"心室纤维性颤动"而致死；电流作用使人窒息而死亡；电流作用使心脏停止跳动而死亡。

(1) 电流分类：

①感知电流：能引起人感觉到的最小电流值称为感知电流，交流为 1 mA，直流为 5 mA。

②摆脱电流：人触电后能自己摆脱的最大电流称为摆脱电流，交流为 10 mA，直流为 50 mA。儿童的摆脱电流较成人要小。

③致命电流：较短的时间内危及生命的电流称为致命电流，如果 50 mA 的电流通过人体 1 s，可足以使人致命，因此致命电流为 50 mA。在有防止触电保护装置的情况下，人体允许通过的电流一般可按 30 mA 考虑。

(2) 高压安全操作注意事项：电动汽车调试过程中一定要坚持"以人为本，安全第一"的原则；操作人员上岗不得佩戴金属饰物，如手表、戒指等，工作服衣袋内不得有金属物件，如钥匙、金属、手机、硬币等；调试人员必须佩戴必要的防护工具，如绝缘手套、绝缘鞋、绝缘帽等；严禁非专业人员对高压部件进行移除及安装；未经过高压安全培训的维修人员，不允许对高压部件进行维护；车辆在充电过程中不允许对高压部件进行移除、维护等工作；对高压部件进行作业前，必须确认车辆钥匙处于"lock"挡位并将 12 V 电源断开；高压部件打开后或插头断开后，使用万用表对其电压进行测量，电压在 36 V 以下才可以进行下一步的操作。

2）冷却水

水箱过热时，不允许打开水箱盖，以防被沸水烫伤，一定要等到水温降到可以接受的程度。如果时间紧迫，可戴上胶皮手套，盖上毛巾，脸部不要对水箱正上方，慢慢地开启水箱盖。

3）空调系统的维修

穿戴好防护用品，不要被冷媒伤到眼睛、皮肤；维修时若有制冷剂泄漏，应使工作场所通风；制冷剂本身无毒，但碰到火花就会产生有毒气体；注意空调滤芯的清洁，可更换或用风枪吹尘，否则也会影响空调质量。

4）常用维修工具使用

(1) 注意事项如下。

①在汽车能动的情况下将车移动到不影响其他车辆通行的、安全的地带。

②在条件可以的情况下打开双闪警示灯（夜晚也用发光体代替）

③按照规定的距离正确码放三角警示牌。

④如果现场不能维修，请采用硬连接将车拖回维修点。

⑤如果确定无法移动，请联系救援车辆。（所有人员请勿在车内等待救援！）

(2) 维修常用工具的使用。

①三角警示牌的作用：三角警示牌是由塑料反光材料做成的被动反光体，驾驶员在路上遇到突发故障停车检修或者是发生意外事故的时候，利用三角警示牌的回复反光性能，

可以提醒其他车辆注意避让，以免发生二次事故。一般的道路上，驾驶员应该在来车方向 50 m 以外设置警示牌；在高速路上应该在 100 m 外设置警示牌；特别注意一些特殊情况，比如说，下大雨或在拐弯处，一定要在 150 m 外放置警示牌，这样才能让后方的车辆及早发现，夜间摆放警示牌尤为重要。

②千斤顶的使用：车辆被千斤顶顶起时，绝不能起动电机，因为电机的振动或车轮的转动，都会使车辆从千斤顶上滑下来造成危险。各种车型的汽车为确保安全，在使用千斤顶时一般都有固定的位置，不能用千斤顶支在保险杠、横梁等部位。维修人员千万不能在没有支撑好车辆情况下就开始工作。更换车轮时，乘客不能逗留在车上，因为乘客的运动可能引起车辆从千斤顶上滑落下来。（最好能就地找些木头或砖头做辅助支撑。）如果更换轮胎，千万不能同时支撑 2 个轮胎。

③备胎的使用：备胎不应长时间使用，它不是用来代替正常轮胎长时间使用的，如果换上备用轮胎后，四轮的摩擦因数不同，地面附着力不同，长时间使用会对车辆制动系统、转向系统及悬挂系统产生一定的影响，给行车安全带来极大的隐患。切记：备胎车速不能超过 80 km/h，一定要放在非驱动轮上。

④更换备胎：更换备胎时先不要使用千斤顶把车顶起来，应先将螺母松开，因为保持车轮着地状态，有助于拆卸螺母。选择合适的随车工具将螺母松开。等到千斤顶支起后再完全松开螺母。使用千斤顶时，上端应对准边梁支撑点，下端确保地面无砂石。切勿在倾斜或柔软的地面上使用千斤顶，否则千斤顶可能会倾斜并造成人身伤害。当千斤顶固定好之后，就可以继续顺时针转动扳手，直到把车轮抬离地面。

⑤举升机的使用：举升机是在汽车底部需要维修时常用的将车辆抬起的机构，是汽车维修中最常见的工具。

两柱举升机：查看举升机的额定举升重量及周围是否有器具、杂物等；使用举升机时，将托臂放到被托汽车合适位置后，再分别转动 4 只橡胶托盘，使 4 只托盘距车身位置相等，再按上升按钮；在使用两柱举升机时，在离地 20 cm 时，检查是否稳定，确保安全可靠。举升过程中严禁工作人员维修车辆；操作机构灵敏有效，液压系统不允许有爬行现象，在举升到需要高度时将设备操作到锁死状态，工作人员再进行操作。

四柱举升机：查看举升机的额定举升重量及周围是否有器具、杂物、油污等；检查操控按钮是否正常，防下滑锁紧装置是否灵活可靠；车辆驶入、驶出举升机时，指挥人员应站在两侧，严禁站在车辆前后。车辆应停放在举升平台中央，驾驶人员拉起驻车手刹，下车、关好车门，举升机方可工作。严禁频繁起降；举升作业时，车内严禁有人，当举升到需要高度时，必须锁紧防下滑装置，并确保安全后，工作人员方可进行车内或车下作业；使用二次举升平台时，必须用垫木固定好未起升的车轮；当车内、车下方有人员作业时，严禁升降举升机。需要降落时，要先观察车内及四周是否有妨碍降落的器具或杂物，并大声鸣示，方可降落举升机；升降过程中如发现按钮失灵、锁紧装置失效等问题时，应停止作业，切断电源、保持现状，通知负责人，维护人到现场分析、维修；作业完毕后，应清理现场，擦拭举升平台油污，保持场地周围环境的整洁。

⑥车辆焊接维修：首先要切断低压电源和动力电池插头；工作人员要具备特种作业操作证；清理周围易燃物品并申请动火证；做好车身的保护，预防飞溅及着火；严格按照焊接工艺进行操作。

⑦灭火器使用和检查：着火是汽车行驶中可能遇到的危险，针对它的措施重点是预防，因为一旦发生着火，其危害性不可估量，并且它的损害往往都是无法弥补的。

火灾发生以后不要怕，要及时采取正确的方法来灭火，将它消灭在萌芽状态。首先要切断电源，所有人员立刻离开车辆并站在远离车辆的上风处。在采取救火措施的同时立刻报警。

经常检查车上的灭火器是否在固定的位置，是不是还在有效期内。要充分了解本灭火器的性质和正确使用方法。

常用的车载灭火器都是干粉的，干粉灭火器以高压为动力，由喷射筒内的干粉进行灭火。灭火时将手提干粉灭火器快速奔赴火点，在距燃烧处 1 m 左右，操作者应先将开启把上的保险销拔下，然后将喷嘴部迅速对准火焰的根部扫射灭火，当干粉喷出后，手应始终压下压把，不能放开，否则会中断喷射。应选择站在上风方向喷射。

⑧拖车救援：汽车出现故障或发生事故无法正常行驶时，就需要对其进行拖车救援，如果操作不当，很可能会让本来出于安全考虑的拖车行为造成安全隐患。所以如何选用合适的拖车工具就显得非常重要了。首先说明一点，此处介绍的是牵引拖车，也就是一辆汽车在前面通过拖曳工具牵引后方被拖车辆前进。与专业救援的板式拖车采用装载或半装载式的拖车方式不同，牵引拖车操作简单快捷、上手容易，而且使用成本较低。适合车主在紧急情况下自行操作，能够为后期的故障处理争取宝贵的时间。

拖车的正确操作：

找到牵引车辆后方和被牵引车辆前方的拖车挂钩位置。拖车挂钩位置都设计在保险杠下部。此处使用圆形和方形盖子覆盖的位置就是汽车拖车挂钩位置所在。

所有车的拖车挂钩是分体式的，需要在使用时进行组装。卸下保险杠上的盖子后，组装随车携带的挂钩。

安装拖车工具，不论是选用软质还是硬质的拖车工具，安装时都要保证连接汽车挂钩时牢固可靠，拖钩上设计有安全锁扣的需要锁止到位。在拖车行驶前再次检查前后连接情况。两端没有安装拖钩的软质拖车绳在使用时要捆绑活结，如果打死结后经过巨大牵引力的拉扯会使拖车绳很难解开。

牵引车使用 1 挡起步，保证大扭矩提供足够的牵引力，同时牵引车需要控制车速，保持平稳行驶，当感到稍有阻力时增加动力输出。手动挡车型避免猛抬离合踏板，采用半联动缓慢起步，以免对汽车造成损坏。

拖车注意事项：

应选择颜色醒目的拖车工具，如黄色、蓝色、荧光绿、荧光红等。颜色不够醒目的可在拖车工具上悬挂彩色布条。夜晚拖车时尽量使用带有反光材料的拖车绳或拖车杆，增加警示效果。

尽量选择位置相同的车辆进行救援。如故障车为左侧挂钩，那么牵引车也应选择左侧挂钩，保证上路后直线行驶。并且在安装拖车挂钩时一定要细致检查，保证拖车钩安装得紧固，以免在使用过程中拖车钩弹出伤人。在牵引过程中应时刻保持拖车绳处在张紧状态。如果采用的是硬连接拖车杠，一定要将保险销和 U 形钩落到指定位置，处于锁紧状态。

注意前后车沟通配合。拖车前，驾驶员之间应制定合理的行驶路线，避开路况复杂和拥堵路段。如果有对讲机作为沟通工具则更好，如果没有就需要在上路前约定好起步、减速、转弯、上下坡等操作的沟通信号，做到前后汽车控制一致。

控制安全车距。采用拖车绳拖车时为防止发生追尾，需要掌握好车距和车速。一般拖车绳的长度为 5 m 左右，故车距应控制在拖车绳有效范围之内，保持拖车绳处于张紧状态。拖车时车速控制在 20 km/h 以下。

行驶中前后车辆都应打开双闪警示灯，沿最外侧车道行驶，还可以在被牵引车后方粘贴"拖车"标识示意其他车辆小心驾驶（其他的东西也行，总的来说就是要安全，同时也能引起其他过往车辆注意）。

⑨涉水安全：道路经常会被水浸，如不太深，一般都涉水行驶。电动汽车能涉水多深，这么高的电压，如果涉水行驶，不小心会不会电死人？有这种恐慌心理，是因为很多人对电不熟悉。实际上，电比油容易控制，更安全。这也是电在现代得以大规模应用的原因。电动车涉水对人来说是安全的，人体电阻远高于车体和水的电阻，而电流走最小电阻路径。车体和水是电的良导体，所以即使有电流穿过车身，人相当于站在一个等势体上，毫无危险。而电池如果因漏水而短路，会迅速放电而失去电压，从而不再形成危害，但电池会报废。同时有些车辆也加装了电池紧急开关和 EMS 漏电保护装置。

注意事项如下。

汽车涉水行驶前，必须仔细查看水深、流速和水底情况以及进、出水域的宽窄和道路情况，由此来判断是否能安全地通过。一般来讲，水位达到轮胎的二分之一处，涉水行驶就有一定危险了，因为一般纯电动汽车比传统车低。

在确认汽车能够通过时，一般应选择距离最短、水位最浅、水流缓慢及水底最坚实的路段。涉水时应保持电机运转正常、转向和制动机构灵敏可靠。

行驶中要稳住电门，保持汽车有足够而稳定的动力，一次通过，尽量避免中途停车或急转弯，尤其是水底有泥沙时更要注意，行进中要看远顾近，避免使车辆偏离正常的涉水路线而发生意外。

车辆涉水后，检查各部位有无浸水、水箱散热器片之间有无漂流物堵塞、轮胎有无损坏、底盘下面有无物体缠绕等，及时将车辆清理干净。出水后先等一会，再低速行驶一段路程，并有意识地轻踩几次刹车踏板，让刹车蹄片与制动器相互接触摩擦，并产生热能，以烘干和蒸发掉制动器中残留的水分，确保刹车性能良好。确认技术状况良好后，再正常行驶。

⑩雨雪天开车注意事项：雨雪天气路面湿滑，驾驶人员要保持平稳、放慢速度、小心驾驶；小雨时打开雨刷，大雨或暴雨时要及时打开大灯、雾灯或双闪灯；桥面容易结冰需缓行，上坡时尽量不要停车，防止车辆侧滑；保持前方和横向安全距离，路面切忌急打转向盘，需要时请提前减速；时刻关注前方和周围动静，第一时间内采取措施。

3.5.1 维修注意事项

（1）用干净的布或塑料罩盖住所有的涂漆面和座椅，以免落上灰尘和被刮擦。

（2）注意作业安全，同时还应专注于维修工作。当抬起前轮或后轮时，应牢牢挡住其余车轮。工作要由两名或更多工作人员完成时，尽可能经常相互沟通。只有车间或工作区通风良好时，才可以运转汽车。

（3）拆卸或拆解零件前，必须对它们进行仔细检查，以查出需要维修的原因。请遵守所有安全说明和注意事项，并遵循相应维修手册中介绍的步骤。

(4) 对拆下的所有零件做标记，或将它们按顺序放在零件架中，以便可将它们重新装配到原来的位置。

(5) 如果规定要使用专用工具，则必须使用。

(6) 零件必须按照既定的维修标准，以适当的扭矩进行装配。当拧紧一组螺栓或螺母时，从中心或大直径螺栓开始，分两步或更多步以交叉方式来拧紧它们。

(7) 重新装配零件时，必须使用新垫片、衬垫、O形密封圈和开口销。

(8) 使用纯正的零件和润滑剂。要重复使用零件时，必须认真检查这些零件，确保它们没有损坏或品质下降，且使用状况良好。

(9) 按照规定，在零件上涂抹或添加指定的润滑脂。拆解后用溶剂清洗所有拆下的零件。

(10) 为系统加注制动液时，要特别注意防止灰尘和污物进入系统。

3.5.2 纯电汽车事故应急处理

1. 明火事故

保证人身安全的情况下，有条件的进行如下操作：

(1) 停稳车辆，打开车门，拔出钥匙，关闭电源总开关，条件允许情况下，由专业人员操作，断开手动维护开关。

(2) 如果电池线束冒烟起火，使用二氧化碳或者干粉灭火器喷射灭火。

(3) 如果电池起火，在远距离使用高压水枪灭火。

(4) 通知售后部门，在确定车辆安全前，禁止再次使用车辆。

2. 涉水事故

保证人身安全的情况下，有条件的进行如下操作：

(1) 积水深度低于 30 cm，行进时间不能大于 10 min，时速不能超过 10 km/h。

(2) 积水深度超过 30 cm，禁止行驶，马上停稳车辆，打开车门，拔出钥匙，关闭电源总开关，条件允许情况下，由专业人员操作，断开手动维护开关。

(3) 通知售后部门，在确定车辆安全前，禁止再次使用车辆。

3. 交通事故

保证人身安全的情况下，有条件的进行如下操作：

(1) 停稳车辆，打开车门，拔出钥匙，关闭电源总开关，条件允许情况下，由专业人员操作，断开手动维护开关。

(2) 根据国家道路交通安全法相关规定处理交通事故。

(3) 通知售后部门，在确定车辆安全前，禁止再次使用车辆。

思考练习

1. 纯电动汽车常见的危险有哪些？
2. 纯电动汽车常用的维修工具有哪些？
3. 纯电动汽车仪表功能异常该如何解决？
4. 制冷剂中含有水分该如何解决？

第4章 纯电动汽车的维护

4.1 概 述

电动汽车和内燃机汽车的驱动方式有些差别,两者保养最大的区别就是:内燃机汽车主要针对的是发动机系统的保养,需要定期更换机油机滤等;而电动汽车是靠电机驱动,不需要机油、三滤、皮带等常规保养,主要是对电池组和电动机进行日常的养护,并保持其清洁即可。

道路运输经营者应当建立车辆维护制度,应当依据国家有关标准和车辆维修手册、使用说明书等,结合车辆类别、车辆运行状况、行驶里程、道路条件、使用年限等因素,自行确定车辆维护周期,确保车辆正常维护。车辆维护作业项目应当按照国家关于汽车维护的技术规范要求确定。

对于非运营车辆,一般按各厂商的企业标准执行,厂商在保证车辆技术状况前提下,会根据车辆的设计要求使用条件、客户满意度、市场利润等因素确定自己的标准。本章以汽车 30 000 km 维护为例,介绍典型汽车定期维护作业内容及技术要求。

为有效地进行汽车维护工作,可以通过缩短行程距离减少走动次数、减少不合理的工作地点减少举升操作的次数等提高维护的工作效率,以下是提高工作效率的一些措施。

1. 缩短车辆周围的工作路径

(1)将尽可能多的工作集中在同一地点,并一次做完。

(2)车辆周围的运动路线应始于驾驶人的座位,终于维修人员围绕车辆工作的结束地点。

(3)工具、仪器和更换部件应该提前准备好并置于便于取放的地方。

2. 改善工作时的姿势

尽量减少蹲式或弯腰。

3. 零部件拆卸安装

1）蓄电池的拆卸

拆卸蓄电池时，总是最先拆下负极（-）电缆；装上蓄电池时，总是最后连接负极（-）电缆。在整个拆装过程中一定要记住：拆下或装上蓄电池电缆时，应确保点火开关或其他开关都已断开，否则会导致半导体元器件的损坏。切勿颠倒蓄电池接线柱极性，以防 EFI 计算机遭受到损坏。要以先拆的配件后装，后拆的配件先装为原则。

2）控制器的拆卸

在拆卸控制器时，容易接触到电子控制器的各个接头，人体有可能产生静电，人体静电放电的电压可能达到 10 000 V。因此，对微机操纵的数字式仪表进行维修作业或靠近这种仪表时，以防意外损坏电子元件。一定要戴上接铁金属带，将其一头缠在手腕上，另一头固定在机身上。

3）线束的维护

线束是汽车的"毛细血管"，在正常情况下它是被线束套保护在里面的。随着汽车本体的运动，它就会与周边产生摩擦。在与尖锐边缘磨碰的线束部分应用胶带缠起来，以免损坏。安装固定零件时，应确保线束不要被夹住或被破坏，同时应确保接插头接插牢固。切记：黄色线束是高压线束，维修或接近时必须穿戴好劳保用品。

4. 保养常识

1）汽车保养

汽车保养，一是指保持和恢复汽车的技术性能，保证汽车具有良好的使用性和可靠性，及时、正确的保养会使汽车的使用寿命延长，安全性能提高，既省钱又免去许多修车的烦恼。二是指车身亮洁保新，由此衍生汽车美容、清洗、汽车装饰及改装等汽车美容市场。

用户应主要学会如何进行第一种技术性保养，以通过自身的保养维护来达到延长汽车零部件寿命，同时也可以减少维修次数。

2）汽车胎压

有些车主喜欢把轮胎气压充得很高，认为这样既能超载又可节能，这种做法是不正确的。轮胎气压过高会使轮胎接地面减小，胎面磨损加重，降低了刹车时的制动效果，这会影响到行车安全。轮胎气压过低也不好，气压过低除了会影响行车安全和制动效果以外，还会加速胎肩的磨损，以及增加车辆的能量消耗。车主在利用气泵自行充气的时候，应当按照厂家规定的气压进行充气，轮胎气压标签通常位于车身门框处。

3）汽车冷却液

需要根据厂家规定时间定期更换（一般更换周期为 2 a 或 40 000 km）。齿轮油又叫变速箱油，也是电动汽车需要比较频繁更换的油液，应使用和原齿轮油一样的型号加注，切记不要混合使用。一般电动汽车防冻液会出现的问题如下：

①气泡：防冻液中的空气在水泵搅动下产生很多泡沫，会妨碍水套壁的散热。

②水垢：水中的钙、镁离子在一定高温后会慢慢形成水垢，使散热能力大大下降，同时也会使水道及管路局部堵塞，防冻液不能正常流动。

③腐蚀和渗漏：乙二醇对水箱有较强的腐蚀性。而随着防冻液、防腐剂的失效，对散热器、水套、水泵、管路等零部件产生腐蚀。

4）外观检查

外观检查主要包括检查车灯功能是否正常，雨刮胶条老化情况（看是否松弛老化），检查门窗玻璃、玻璃升降器、刮水器、后视镜、内视镜和门锁等是否有效安全。

5. 日常维护注意事项

1）开车前检查

检查动力舱高压电器表面是否有积水，若有，用布拭去；检查电池是否固定牢靠；清洁汽车外表面；检查门窗玻璃、玻璃升降器、刮水器、后视镜、内视镜和门锁等是否有效安全；检查冷却水量、润滑油量、液压制动液量、蓄电池电解液量是否充足，并检查上述液体容器的盖是否齐全有效；检查牌照、喇叭、灯具是否齐全有效；检查转向机构各连接部位是否牢固可靠，横、直拉杆等各连接部位是否有松动；检查轮胎气压是否合乎标准，轮胎螺栓是否松动，并清除胎纹间杂物；还要注意带好备胎，放置要牢靠；检查转向盘自由转动量，离合器踏板自由行程是否正常；检查轮毂轴承、转向节主销是否松动，轮胎、半轴、传动轴、钢板弹簧等处的螺母是否紧固；检查钢板弹簧及U形螺栓是否完好紧固；检查是否出现漏水、漏油、漏气、漏电等情况；检查车厢和货物装载情况是否符合装载规定和牢固可靠；检查随车装备和工具是否齐全，并随带必要的备件和配件；检查行车证照是否齐全；检查电池总电压（>307 V，单体≥3.2 V时可出车），达不到标准及时更换电池。

2）行驶中维护检查事项

检查刹车助力系统（出车前低速行驶检查）；检查转向助力系统（出车前低速行驶检查）。刹车时车辆是否有跑偏（出车前低速行驶检查）。检查车厢内部有无异味，有异常则靠边检查。车辆驶过涉水路段后应注意检查行车制动器的效能。汽车行驶中发现有下列情况之一者应立即停车检查排除：出现熄火的情况、底盘有异响或异味、仪表盘出现仪表工作失常或失效、制动器失灵或制动气压低于警戒值（气压表红色部分）、转向机构工作失常、轮胎有明显的漏气或严重损坏、离合器工作异常。

3）汽车途中停车时维护与保养内容

检查是否有漏水、漏油、漏电和漏气等情况；检查制动鼓、轮毂、减速器、中间轴承、变速箱的温度是否正常，过热时应查明原因并予以排除；检查轮胎气压是否正常，轮胎有无损伤，并清除胎纹间杂物；检查转向机构各部连接是否牢靠；检查汽车的传动轴、万向节的连接是否牢固；检查钢板弹簧是否完好及其U形弹簧有无松动，空气悬架系统是否磨损或泄漏。

4）汽车日常收车后维护内容

清洁全车外表面、扫车厢和驾驶室，清洗底盘，擦拭发动机、各部附件，同时察看各部有无破损；检查有无漏水、漏油、漏电和漏气等情况；检查各连接装置有无松动、脱落；检查悬架总成各部状况；检查轮胎气压是否正常，气压不足时应充气，检查轮胎有无损伤，并清除胎纹间杂物。检查、整理随车的工具、附件，并切断电源；及时排除已发现的故障，为下次出车作好准备。

6. 减少举升次数

按照工作时的位置和可以集中的工作把工作项目分类，这样能完成所有可以在相同位置相同时间做的工作。

如图4-1所示，举升机的6个顶起位置可使技术员完成其全部操作。

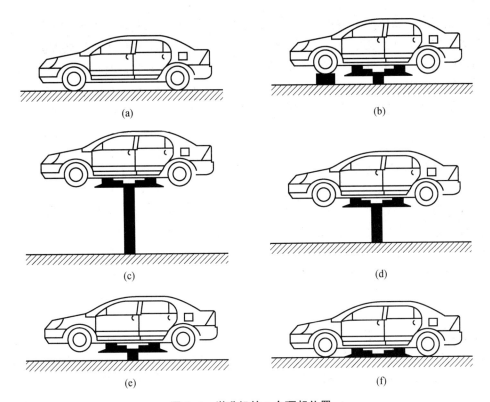

图 4-1 举升机的 6 个顶起位置

(a) 未升起；(b) 稍稍升起；(c) 升起较高；(d) 升至中位；(e) 升至低位；(f) 升至低位且轮胎触及地面

4.2 高压电系统的检查维护

新能源汽车动力系统用的是高压电，以北汽新能源 EX360 为例，车辆安装了三百多伏的高压动力电池，驱动电机的工作电压也是高压，当发生高压安全故障，高压电和大电流不仅危及驾驶人员和乘客人身安全，也影响电气系统整车工作，故对纯电动汽车高压电故障诊断与维护的目的在于解决纯电动汽车高压电安全问题。

4.2.1 高压电系统故障检测与故障处理方法

针对纯电动汽车高压电系统的配置，对纯电动汽车高压电系统可能发生的故障与安全问题进行分析，纯电动汽车高压电系统故障可以分为动力蓄电池组故障、短路故障、绝缘故障、高压环路互锁故障，其中任何一类问题都是纯电动汽车的安全隐患。特别是对于短路问题、绝缘问题和交通事故造成电池液泄漏等问题，由于可能造成最为直接的人身伤害，因而更具危险性。

1）绝缘电阻故障处理

电动汽车的电气化程度相对内燃机汽车要高，其中电池包、电驱动系统、高压用电辅助设备、充电机、高压线束等在汽车发生碰撞、翻转及汽车运行的恶劣环境（汽车振动、外部环境湿度及温度）影响下，都有可能导致高压电路与汽车底盘间的绝缘性能降低，由此可能造成汽车火灾的发生，直接影响汽车驾乘人员的生命安全。因此，在电动汽车高压系统设计时，首先应确保绝缘电阻值大于 1 000 Ω；其次当汽车发生绝缘电阻值低于规定值时，高压管理系统应及时切断所有的高压回路，发出声光报警并持续一定时间，待原先故障消失后，汽车才被允许进行下次上电。

2）电压检测与故障处理

纯电动汽车的动力来源是动力电池，动力电池的放电能力和放电效率与其电压有很大关系。当动力电池电压处于低电压时仍大电流放电，将会损坏高压用电设备并会严重影响电池使用寿命。当检测到电压过高或过低时，应及时切断相关回路。因此为了保障纯电动汽车在动力蓄电池低压时用电器及动力蓄电池和驾乘人员的安全，需要设计电压检测电路对高压电路系统工作电压进行实时准确的检测和安全合理的故障处理。

3）电流检测与故障处理

汽车由于受到运行道路环境及驾驶员操控的影响，汽车运行状态会随时发生变化，动力电池的放电电流会随驾驶员的操控而发生明显变化。当电流超过预设定的允许范围，就会引起温度过分升高，此时不仅影响电池的寿命，而且极端情况下还会引起异常的反应，造成汽车功率器件的损坏，危及汽车高压系统安全。因此，这就要求高压管理系统需对动力电池实时进行电流监控，当检测到电流异常时，高压管理系统将会及时切断所有高压回路并发出声光报警，提示驾乘人员和其他汽车。为了提高测量的准确度和精确度，选取霍尔式电流传感器对动力电池充放电电流进行检测，如图4-2所示。

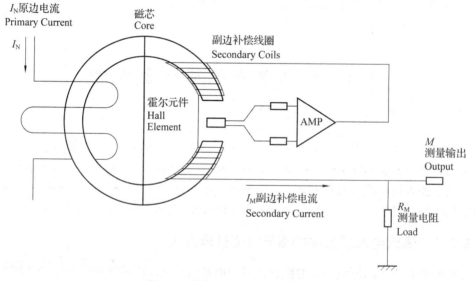

图4-2　霍尔式电流传感器原理图

4）高压接触器触点状态检测与故障处理

为实现纯电动汽车的控制功能和高压电路的可自行切断保护功能，在电动汽车的高压系统中必须配置可控制的并且有自我保护切断高压回路功能的高压接触器。根据整车设计的需求，任何电动汽车在动力主回路中都会配置高压接触器，如果高压接触器触点发生闭合或断开失效时，没有相应的正确处理方式应对，将有可能引起不正常的控制而造成汽车不能正常起动或不能起动。严重的情况下,将会给汽车和人身安全造成危险。鉴于上述问题的严重性,应对高压接触器触点状态进行安全有效的实时监控,并对故障进行处理。当高压接触器触点发生闭合或断开失效故障时,高压管理系统会发出声光报警,以提示操作人员并根据故障的级别控制汽车是否可进行其他操作。

5) 高压互锁回路检测及故障处理

高压回路互锁功能设计是针对高压电路连接的可靠程度提出的。危险电压闭锁回路也称为高压互锁回路(HVL),是典型的互锁系统,通过使用电气的信号,来检查整个模块、导线及连接器的电气完整性。当高压安全管理系统检测到某处连接断开或某处连接没有达到预期的可靠性时,安全管理系统将直接或通过整车控制器切断相关动力电源的输出并发出声光报警直到该故障完全排除。高压互锁回路检测原理图如图4-3所示。

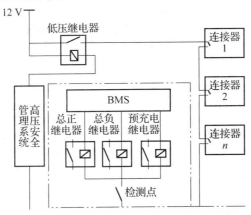

图4-3 高压互锁回路检测原理图

6) 充电互锁检测及故障处理

出于安全考虑,充电时,整个驱动系统都需要处于断电状态,即驱动系统高压接触器需处于断开状态,当高压安全管理系统接收到有效的充电信息指令后,高压管理系统首先检测驱动系统相关接触器是否处于断开状态。若处于断开状态应闭合充电回路相关接触器。否则,充电接触器将不会闭合,高压管理系统将发出声光报警以提示相关人员,直至故障排除。

4.2.2 维修的安全防护措施

高压电系统中的电气系统电压及动力电池电压有致命危险。切勿触碰带有警示标志的高压电器部件、高压电缆或动力电池,以免导致致命的电击。

无专业资质人员切勿试图对高压电系统的电气部件、橙色高压电缆或动力电池进行任何维修操作。针对高压电系统的任何操作只可由有专业资质的技术人员按指导规范来实施。切勿损坏或拆卸橙色高压电缆,或将其从高压电系统中脱开。

对高压电系统或动力电池的任何操作须遵守相关车型的指导规范。当对新能源汽车高压电气部件进行维修时,一般需要对高压电气系统进行断电,然后再进行维修作业,而需要采取的安全防护措施和断电方法有以下几个步骤。

1. 设监护人,持证上岗

高压电气部件的维护和检修作业,建议设立专职监护人。由监护人监督工、量具设备的检查,劳保用品等是否符合要求,也监督作业全过程,并对作业结果进行检查,指挥供电。监护人和操作人要持证上岗。一般来说要持有特种作业操作证——低压电工作业证。

操作人员上岗作业时不得佩戴金属饰物(如戒指、手表、项链等),工作服衣袋内不得有金属物件(如钥匙、金属壳、笔、手机、硬币等)。

2. 作业前进行检查

检查现场操作环境,周边不得有易燃物品及与工作无关的金属物品,并在维修车辆周围设置隔离,无关人员不得进入现场。工作无关的工具不得带入工作场地;必须使用的金属工具,手持部分要做绝缘处理。在地面或车辆附近明显位置放置"高压危险"警示牌。

3. 检查辅助绝缘用具

(1) 绝缘手套。选择正确电压等级的绝缘手套(绝缘等级为 1 000 V/300 A 以上)。观察绝缘手套的表面是否平滑,应无针孔、裂纹、砂眼、杂质等各种明显的缺陷和明显的波纹。观察绝缘手套是否出现粘连的现象。检查绝缘手套有无漏气现象。

(2) 绝缘帽。选择正确电压等级的安全绝缘帽,观察绝缘表面有无破损,监督人员和操作人员戴好绝缘帽。

(3) 高压绝缘鞋。绝缘鞋主要适用于高压电力设备方面电工作业时作为辅助安全工具,在 1 kV 以下可作为基本安全用具。选择正确电压等级的绝缘鞋,检查绝缘鞋的表面及鞋底有无破损。监督人员和操作人员穿好绝缘鞋。

(4) 安全护目镜。选择正确电压等级的护目镜。观察护目镜面有无破损、刮花。护目镜的宽窄和大小要适合使用者的脸型。监督人员和操作人员须戴好护目镜。

(5) 绝缘防护垫。要检查绝缘防护垫表面有无裂痕、砂眼、老化等现象,放置绝缘垫并用兆欧表检测绝缘性能,绝缘值应大于 500 MΩ。

(6) 灭火器。无法使用少量的水灭火,但可以使用大量并持续的水进行灭火。

(7) 吸水毛巾布。在溢出电解液被中和后,使用吸水毛巾布吸收多余的电解液。

(8) 胶布。使用绝缘胶布覆盖所有的高压电线或端子,在维修塞被拔出后,使用绝缘胶布包住维修塞槽。

(9) 维修工作台。必须要使用工作面带有绝缘橡胶的工作台。

4.2.3 仪器仪表的检查

(1) 检查放电工装。当被测物体有电时,灯会亮,无电则不亮。

(2) 检查万用表。万用表线束和表面应无破损,然后进行校零。

(3) 检查兆欧表。通常检查绝缘的工具有绝缘测试仪(兆欧表)。兆欧表有数字式和指针式 2 种,一般使用数字式兆欧表。兆欧表线束和表面应无破损。戴好绝缘手套,然后进行放电,检查兆欧表性能。绝缘测试只能在不通电的电路上进行。

(4) 关闭电源开关,钥匙放在安全处。

(5) 断开低压蓄电池负极线,负极电缆接头用绝缘胶布包好。蓄电池负极桩头用盖子盖好或用绝缘胶布包好。

(6) 断开维修开关,并妥善保管。放置车辆 5 ~ 10 min,对新能源汽车的高压电容器进行放电。一般来说,新能源汽车设置有维修开关,断开维修开关才可对新能源汽车进行维修。断开维修开关时需要穿戴好绝缘防护用品,并用盖子将接口封好或用绝缘胶布将维修开关接口封好。

（7）断开动力蓄电池高、低压线束。穿戴好绝缘防护品，先断开动力蓄电池低压线束，再断开高压线束（母线）。例如，对于北汽新能源汽车 EV200 来说，断开低压线束后，可以分 3 步将高压线束断开。第一步：将蓝色的卡子向车辆前方扳动；第二步：将棕色套子向前部扳动；第三步：将棕色卡子向内用力按住，然后将线束向车辆前方拔出。

（8）验电、放电。断开动力蓄电池母线后，需要对动力电池的母线进行验电，如果母线有残余电荷，需用放电设备进行放电，确保动力蓄电池母线无电。

安全重于泰山，在维修纯电动汽车之前一定要采取正确的安全防护措施。一般来说，完成了以上步骤，才可以对新能源汽车高压电气系统进行维修。

当高压电气系统在维护或检修完成后，需由监护人检查确定能否上电。监护人要仔细检查电路是否符合要求，并且检查现场人员是否在安全距离，然后在专用检查单上签字确认，指挥供电。如果发生异常事故和火灾，现场操作人员应立即断开高压回路，其他人员立即使用干粉灭火器或黄沙扑救，严禁使用水基灭火器。

思考练习

1. 为什么要对纯电动汽车高压电系统电流进行检测与故障处理？
2. 在进行维修作业前应进行的检查工作有哪些？
3. 检查时辅助的绝缘用具有哪些？

4.3 汽车处于位置 1 的维护

汽车处于位置 1 时的维护项目如表 4-1 所示。

表 4-1 汽车处于位置 1 时的维护项目

顶起位置 1：汽车处于水平地面上	1	
序号	检查位置	作业内容
1	驾驶人座椅	（1）车灯；　　　　　　　　　（7）制动踏板； （2）风窗玻璃喷洗器；　　　　（8）转向系统； （3）风窗玻璃刮水器；　　　　（9）举升汽车前的外部检查； （4）喇叭；　　　　　　　　　（10）自诊断检查； （5）电子仪表；　　　　　　　（11）安全带及安全气囊 （6）驻车制动器；

续表

序号	检查位置	作业内容	
2	左侧前门	(1) 门控灯开关；	(2) 车身的螺栓和螺母
3	左侧后门		
4	充电口盖	检查技术状况	
5	后部	(1) 悬架； (2) 车灯；	(3) 车身的螺栓和螺母； (4) 备用轮胎
6	右侧后门	(1) 门控灯开关；	(2) 车身的螺栓和螺母
7	右侧前门		
8	前部	(1) 悬架； (2) 前照灯；	(3) 车身的螺栓和螺母
9	整车	整车控制系统	

4.3.1 风窗玻璃喷洗器的检查

(1) 检查喷洗器是否有足够的喷射压力。若有喷洗联动刮水器功能，检查刮水器是否协同工作。

(2) 检查洗涤喷洗区是否集中在刮水器工作范围内，必要时进行调整。

4.3.2 仪表的检查

EX360 组合仪表总览如图 4-4 所示。

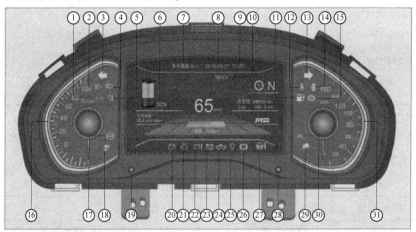

1—示廓灯；2—前雾灯；3—左转向指示灯；4—远光灯；5—后雾灯；6—剩余电量指示；7—车外温度指示；
8—日期显示；9—时间显示；10—READY 指示灯；11—充电指示；12—安全带未系指示灯；13—右转向指示灯；
14—门开指示灯；15—手刹指示灯；16—驱动电机功率表；17—ABS 故障指示灯；18—安全气囊指示灯；
19—按钮 A；20—蓄电池故障指示灯；21—电机及控制器过热指示灯；22—动力电池故障指示灯；
23—动力电池断开指示灯；24—系统故障灯；25—制动能量回收关闭指示灯；26—制动系统故障指示灯；
27—EPS 系统故障指示灯；28—按钮 B；29—充电线连接指示灯；30—防盗指示灯；31—车速表。

图 4-4 EX360 组合仪表总览

1. 仪表显示系统检修注意事项

（1）电子仪表较精密，技术要求高，要遵照规定，必要时应送专业维修机构。

（2）显示板与母板（逻辑电路板）：易损坏，价格贵。除非特殊说明，不能将蓄电池的全部电压加在仪表板的任何输入端。检查电压、电阻应用高阻抗仪器（不能使用简易仪表），若使用不当，会损坏计算机电路。

（3）拆卸时应先切断电源；按拆卸顺序拆卸。不能敲打、振动，以防损坏元件。

（4）备件放在镀镍的袋里，身体不与其集成电路引线端子接触，防止身体静电损坏元件。

（5）作业时要使用静电保护装置（与车身搭铁的手腕带、放置电子部件的导电垫板）。

（6）发动机运行时不能将蓄电池断开，会引起瞬时的反电势，损坏仪表。

（7）处理电子式车速/里程表的电路板时，须用原来的塑料盒，以免因静电感应而损坏。

若不慎触碰电路板的接头，将会消除仪表读数，此时必须送专业机构维修后才能使用。

2. 电子仪表常用的检查方法

汽车很多电子仪表板都是由计算机进行控制，同时具有自检的功能。只要给出指令，电子仪表板的电子控制器便对其主显示装置进行系统的检查，若出现故障，便以不同的方式警告驾驶人，显示系统出现故障，同时将出现故障部位的故障码储存，以便维修时将故障码调出，指出故障部位。当确认仪表板有故障时，应进行检测。

（1）用快速测试器检测。快速测试器能模拟发出各种传感器信号，用它能够迅速测出故障部位。如在使用测试器向仪表板输入信号时，仪表板能够正常工作，说明传感器或其电路有问题。若显示器仍不能显示，再将测试器直接接在仪表板的有关输入插座上，此时若显示器能正常显示，说明线束和插接器有故障，否则表明仪表板有故障。

（2）用电脑快速测试器检测。这种测试器能够模拟燃油的流量和车速传感器的信号，下样把测试器所发出的信号从不同部位输入，即可检验传感器线束对于计算机和显示装置工作是否正常。

（3）用液晶显示仪表测试器检测。这种测试器在测试时，直接在仪表板上为仪表板和信号中心提供参照输入信号，这就可检测出信息中心的工作状态，这种测试的目的是对仪表板有无故障做进一步的验证。

3. 电子仪表板常见故障的检测

汽车电子仪表显示系统的故障一般都出在传感器插接器、导线、个别仪表及显示器上。检修时应先将传感器电路断开或拆下，用检测设备对它们进行逐个检查。

（1）传感器的检查。首先将传感器电路断开或拆下传感器，用仪器进行逐个检查。对各种电阻式传感器，通常是采用测量其电阻值的方法来判断它的好坏，即把所测得的电阻值与其规定的标准电阻值进行比较，判断传感器有无故障。若所测得的值小于规定的值，表明传感器内部短路，否则传感器接触不良。传感器一般是不可拆、不可维修的元件，若有故障，只能更换新件。

(2) 插接器的检查。采用电子仪表的汽车，往往需要很多插接器把电线束连到仪表板上。这些插接器一般都采用不同的颜色以便辨认它属于哪部分的连接。为保证其连接可靠牢固，插接器上都设有闭锁装置。检查时可用眼看或手摸的方法：插接器装置要齐全完好，插头插座应接触可靠无锈蚀。仪表电路工作中用手触摸插接器，应没有明显的温度感觉，若温度过高说明该插接器接触不良，应查明原因予以排除。

(3) 个别仪表故障诊断。若电子仪表上个别仪表发生故障，应检查与此仪表相关的各个部分。首先应检查各导线的连接情况，包括各插接器的接触情况，线路是否破损搭铁、短路或断路等。然后再用检测设备分别对该仪表及传感器进行检测，查明故障原因，予以修复，必要时更换新的元件。

(4) 显示器故障检修。电子仪表板上的显示装置部分笔画、线路出现故障，应将仪表板上的显示器件调整到静态显示状态，仔细观察是否还有别的故障，就此时出现的故障，使用检测设备对与其相关的电路或装置进行认真检查。若仅有一两条笔画或线段不发亮或不显示，则说明逻辑电路板通过多路传输的脉冲信号正确，可能是显示装置的部分线段工作不正常，遇到此情况应进一步检查，属于接触不良的应加以紧固，确保其电路通畅；若是电子器件本身存在问题，应更换显示器件或电路板。

4. 电器仪表故障的诊断方法

一般来说，使用电器仪表的汽车都采用电子控制，其中包括对电器仪表系统的控制，即各种传感器信号的处理和仪表的显示都是由计算机控制的。使用计算机控制的汽车一般都具有故障自诊断系统，包括对电器仪表系统进行自检，检查电器仪表系统功能是否正常，并对其故障进行诊断。对于多数汽车来说，只要按下计算机上的相关按钮，即开始对汽车进行自检，若有故障，就可以读出故障码，然后通过查阅有关手册，就可以了解故障码对应的故障原因，找出相关的处理方法。

对于汽车仪表装置的故障诊断，除了依靠车载计算机自诊断系统进行自诊断以外，还可以使用专门的检测设备对其进行检测与诊断。这些检测设备属于外接设备，可以直接插入汽车计算机的相应插槽内使用。现介绍几种诊断故障的简易方法。

(1) 拆线法。当汽车电器仪表读数异常，通过分析、推断可能是传感器内部或传感器与指示仪表间的导线存在搭铁故障时，常采用拆线法进行检查。即通过拆除有关接线柱上的导线，来判断故障的原因及部位。

(2) 搭铁法。当乘用车电器仪表读数异常，通过分析推断可能是传感器搭铁不良或损坏以及传感器与指示仪表间的导线存在断路故障时，常采用搭铁法进行检查。通过用导线将有关接线柱搭铁，可判断故障的原因及部位。

(3) 短接法。在其他电器仪表工作都正常，只有与稳压器相连的仪表不工作时，可利用短接法进行检查。用短接导线将稳压器输入输出端短接，这时与稳压器相连的仪表指针若立即偏转，说明稳压器内部存在故障。

(4) 对比法。电器仪表读数不准时，可采用对照比较法进行校验检查。在相同的工况条件下，比较被校验的仪表与标准仪表的读数，从而可以判断被校验仪表的技术状况。例如，校验汽车电流表时，可将被试电流表与标准电流表及可变电阻串联在一起，接通蓄电池电流，逐渐调小可变电阻，比较两电流表的读数，若相差超过20%，为电流表存在故障，应予以修复或更换。

4.3.3 刮水器的检查

刮水器有气压式、电动式等，多数采用电动式刮水器。电动机旋转，带动蜗杆蜗轮减速机构，使与蜗轮轴相连的摇臂带着两侧拉杆做往复运动，拉杆则通过摆杆带着左、右雨刷架做往复摆动，安装在雨刷架上的橡皮雨刷刷去风窗玻璃上的雨水、积雪和灰尘等。

1. 使风窗玻璃喷洗器工作，检查刮水器

检查喷嘴的喷射位置，如果喷射的位置不对，应及时进行调节，正确的喷射位置应当是将清洗液喷射在车窗的中间偏上位置，当清洗液流下来时，正好让刮片将其均匀地涂抹到整个车窗上，清洗并带走污物。喷嘴的位置一般可以用手调节，也有些车型使用了螺钉来固定喷嘴，这种情况下可以松开固定螺钉后再调节喷嘴的位置。

如发现喷嘴不能喷射或者喷射状态不佳，应该检查喷嘴口是否发生堵塞。因为喷嘴口非常的细小，车辆清洗时的污物、泥土或者是打蜡之后的车蜡都很容易将其堵塞。如果发现喷口堵塞，可以使用很细的铁丝从前端轻轻插入，清除堵塞物，如果还不能通畅，应将连接内侧的软管拆除，再由内侧将钢丝插入，使之通畅。其次，车辆驶过特别泥泞的路段之后，应对喷嘴检查，以防过多泥水积聚，干硬之后便会影响喷嘴的喷射状态。

当清洗液喷在风窗玻璃后，刮水器应能及时操作。否则应检查调整清洗器和刮水器的同步工作情况。

经常检查和补充玻璃清洗液，如清洗液用完，而车主还继续使用喷射开关，就会让水泵空转，电动机无清洗液流过，会导致过热烧毁。为此，对清洗液必须经常检查及时补充。清洗液储液罐在发动机舱内，一般在盖子上有标志，如果标志不够醒目无法判断，可顺着连接喷嘴的软管往下查找。储液罐体上的刻度标示正常液量，如果在罐外看不到液量，则应打开盖子观察。如发现玻璃清洗液量不足，按照车辆使用手册上面注明的玻璃清洗液种类进行选用补充。清洗液一般分浓缩型和直用型两种，如果是浓缩型，应该按照合适比例稀释后才能使用。

2. 刮水器工作情况的检查

（1）目测胶条外观，如有裂纹、破损，则需更换雨刮器胶条。
（2）打开雨刮器开关，检查每只刮水器是否正常工作。
（3）当刮水器开关关闭后，检查刮水器能否自动停止在初始位置。

3. 检查刮水器刮水印痕

拨动刮水器操纵杆，喷些清洗液，看看刮过的范围和痕迹，判断是否需要更换刮片。以下情况应更换刮片：
（1）在可视范围内，出现多条临时或持久印痕时。
（2）夹板下面产生一层薄雾，玻璃上产生细小条纹、雾及线状残留时。
（3）擦拭时产生异响。

4. 刮水器的更换

1）拆装刮水器
（1）从玻璃上抬起刮水臂总成。
（2）抬起刮水臂总成刮片总成上的夹持器，从刮水器臂上拉出刮片总成。

(3) 安装时将刮水片总成插入刮水臂，直到刮水器刮片夹持器锁紧到位。

(4) 将刮水臂总成降至前风窗上。

刮水器的拆装过程如图 4-5 所示。

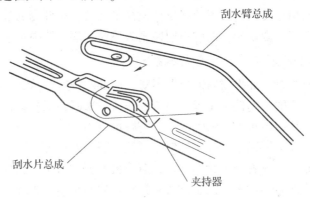

图 4-5 刮水器的拆装过程

2) 更换刮水片胶条

(1) 用小螺丝刀撬起固定凸耳，并从刮水片两端的刮水片胶条上滑下端盖。

(2) 从刮水片上滑出胶条并报废。

(3) 从胶条上拆卸端盖并将胶条插入刮水片，确保胶条穿过每个金属箍。

(4) 将新的端盖安装至胶条两端，确保端盖上的固定凸耳牢固地固定在金属导轨两个上翻端头的后面。

5. 刮水器保养方法

刮水片胶条在制造过程中通常加入了少量蜡质。在第一次使刮水片前，建议用软布蘸少许清洗液擦拭刮水片胶条刮舌数次，以洗去其表面的蜡质，因为挡风玻璃和刮舌表面的任何油性物质都会增加刮刷阻力，降低刮刷的刮净度，甚至会产生恼人的噪声。

为保证良好的刮刷效果，应使用指定的玻璃清洗液，严禁使用清水作为玻璃清洗液。因为专业玻璃清洗液中加入了溶解油污、改善玻璃润湿界面的成分，其冰点也远低于 0 ℃，而普通清水则达不到此效果。

建议经常清洗挡风玻璃和刮水片的刮舌，因为空气中灰尘及车辆尾气排出的油污产生的这些微小物质均会附着在挡风玻璃和刮片上，增加刮刷时的摩擦力。

同时，若刮舌表面附着大量灰尘还会降低其弹性，影响使用寿命。

当车窗玻璃干燥或有障碍物（如积雪、结冰）时，不要使用刮水器，否则会损坏刮水片、刮水器马达和玻璃。

冬寒冷天气使用刮水器前，先检查刮水片是否已冻结在车窗上，如已冻结不要立即使用，否则会损坏刮水器马达，此时应开启风窗加热功能，确保前后挡风玻璃及刮片间的冰融化后方可正常使用。

冬季冰雪天气，刮水片胶条的楔形槽中如果夹有冰粒会使刮舌变硬，妨碍正常翻转，影响使用风窗加热功能融化刮水片上的冰粒，恢复刮舌的弹性。

4.3.4 前照灯灯光检查

1. 前照灯常见故障

前照灯常见故障包括前照灯不亮（前照灯均不亮、前照灯远光或近光均不亮、一侧前照灯不亮、一侧前照灯远光或近光不亮等）、前照灯亮度降低（前照灯亮度均降低、个别前照灯亮度降低、前照灯远光或近光亮度降低等）和灯泡频繁烧坏。

1) 前照灯不亮

可能原因：灯泡损坏、熔丝断开、车灯开关损坏、前照灯继电器损坏、线路断路或短路等。

处理方法：检查灯泡是否损坏；检查熔丝是否断开；检查车灯开关是否损坏；检查前照灯继电器是否损坏；检查线路是否断路或短路。

2) 前照灯亮度降低灯光发暗

可能原因：蓄电池电量不足、调节器故障、导线连接松动、搭铁不良、灯泡发黑、灯泡功率过小等。

处理方法：为车辆进行充电；检查调节器；检查导线连接是否松动；更换灯泡。

3) 灯泡频繁烧坏

可能原因：发电机输出电压过高、导线连接松动等。

处理方法：检查输出电压是否过高；检查导线连接是否松动。

4) 检查方法

(1) 当闭合车灯总开关后，两前照灯都不亮时，首先检查车灯总开关的接触情况、变光开关的接线情况等。若连接良好，可用螺钉旋具或导线把变光开关的"电源"接柱分别触"远""近"光接柱，若灯全亮，即为变光开关故障；若仍不亮，则可能是灯泡损坏，车灯总开关的熔断器跳开，或熔断器断开等。

(2) 开前照灯时，若车灯总开关的熔断器跳开，则开关到前照灯间电路有短路故障。若在变光时才跳开，则为该种光的电路有短路故障。

(3) 若只有1种光不亮时，可用螺钉旋具把变光开关处的电源接柱与不亮的这种光的接柱接通，若亮则为变光开关故障；若仍不亮则为电路断路、短路及灯丝烧坏等。

(4) 只有1个前照灯不亮或1种光不亮时，多为灯丝烧坏、接线松脱等。

(5) 齐亮2个前照灯，其中1个灯光发红，则为该前照灯搭铁不良，造成3根灯丝混联所致。

2. 检测仪的准备

(1) 检验仪不受光，检查各指针。若指针失准，用零点调整螺钉调零。

(2) 检查各镜面。有污物或模糊不清，用柔软的布或镜头纸擦拭。

(3) 检查水准器。无气泡要维修；气泡如不在红线框内，可用调整器或垫片进行调整。

(4) 检查导轨。沾有泥土等杂物时，要清理干净。

3. 车辆准备

(1) 清除前照灯上的油污。

(2) 检查轮胎气压，应符合规定。

(3) 检查汽车蓄电池，应充足电。

4. 检查前照灯

1) 屏幕式前照灯检测仪的检测方法

屏幕式前照灯检测仪结构如图 4-6 所示，通常测试距离为 3 m。屏幕式前照灯检测仪在固定屏幕上装有可以左右移动的活动屏幕，在活动屏幕上装有能上下移动的内部带有光电池的受光器。检测时，移动受光器和活动屏幕，根据光度计指示值为最大时的位置找到主光轴的方向，然后由固定屏幕和活动屏幕上的光轴刻度尺读出光轴偏斜量，同时可从光度计的指示值得出发光强度。

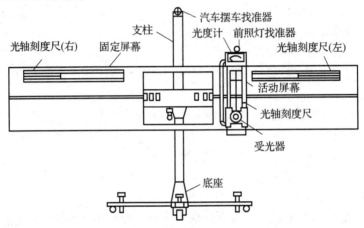

图 4-6 屏幕式前照灯检测仪结构

2) 屏幕式前照灯检测仪的操作步骤

(1) 车尽量与检测仪屏幕或导轨垂直，前照灯与受光器相距 3 m。

(2) 用汽车摆正找准器使检测仪与车对正。

(3) 开前照灯，用前照灯找准器使检测仪与被检前照灯对正；把固定屏幕调整到与前照灯一样高（使受光器与被检前照灯配光镜的表面中心重合）。

(4) 使固定屏幕上左右光轴刻度尺的零点与活动屏幕上的基准指针对正。

(5) 上下和左右移动受光器，使光度计指示值达到最大值。此时，根据受光器上的基准指针所指活动屏幕上的上下刻度值，以及活动屏幕上的基准指针所指固定屏幕上的左右刻度值，即可得出光轴偏斜量。

(6) 根据此时光度计上的指示值，即可得出前照灯的发光强度。

5. 聚光式前照灯检测仪的检测方法

聚光式前照灯检测仪是用受光器的聚光镜把前照灯的散射光束聚合起来，根据其对光电池的照射强度，来检测前照灯的发光强度和光轴偏斜量，其构造如图 4-7 所示。检测时，检测仪放在距前照灯前方 1 m 处。根据检测方法不同，又可分为移动反射镜检测法、移动光电池检测法和移动透镜检测法。

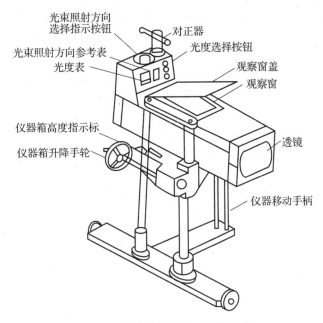

图 4-7 聚光式前照灯检测仪构造

操作步骤如下。

(1) 使汽车尽量与检测仪导轨垂直，前照灯与受光器距离（1、0.5、0.3 m）。

(2) 用汽车摆正找准器使检测仪与车对正。

(3) 开亮前照灯，用前照灯找准器使检测仪与被检前照灯对正。

(4) 将"光度/光轴"转换开关扭向光轴一边，然后上下和左右转动光轴刻度盘，使光轴偏斜指示针的指示值为 0。此时，两光轴刻度盘上指示值即为光轴偏斜量。保持光轴刻度盘位置不动，将"光度/光轴"转换开关扭向光度一边，此时光度计的指示值即为前照灯的发光强度。

6. 投影式前照灯检测仪的检测方法

投影式前照灯检测仪是将前照灯光束大影像映射到投影屏上，从而检测发光强度和光轴偏斜量，其构造如图 4-8 所示。

投影式前照灯检测仪是在前照灯前方 3 m 的检测距离处，将前照灯的影像射到投影屏上。在聚光透镜的上下和左右方向装有 4 个光电池。前照灯光束的影像通过聚光透镜光度计的光电池和反射镜后，映射到投影屏上。检测时，通过上下、左右移动受光器使光轴偏斜指示计指示为 0，从而找到被测前照灯主光轴的方向，然后根据投影屏上前照灯光束影像的位置，即可得出主光轴的偏斜量，同时可从光度计的指示中读取发光强度。

根据投影式前照灯检测仪光轴偏斜量的检测方法不同，分为投影屏刻度检测法和光轴刻度盘检测法。

投影屏刻度检测法是在投影屏上刻有表示光轴偏斜量的刻度线，根据前照灯影像中心在投影屏上所处的位置，即可直接读出光轴的偏斜量。

光轴刻度盘检测法是转动上下和左右光轴刻度盘，使前照灯光束影像中心与投影屏坐标原点重合，然后从光轴刻度盘上读取光轴偏斜量。

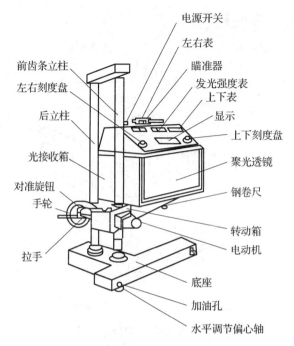

图 4-8 投影式前照灯检测仪

由被检前照灯发出的光束经聚光镜会聚后,由反射镜反射到屏幕上。屏幕呈半透明状态在屏幕上可看到无束的光分布图形该图形近似于在 10 m 屏幕上观察的光分布特性,屏幕上对称分布 5 个光检测器,如图 4-9 所示。NO.1 及 NO.2 用以检测垂直方向的光分布,其输出电流经转换成电压后,连接到垂直方向的指示表上。通过旋转上下刻度盘,使反光镜移动,从而使 NO.1 及 NO.2 输出信号相等,上下指示表指示为 0,此时上下刻度盘指示出光轴偏移量的数值。NO.3 及 NO.4 用以检测左右方向的光分布情况,其原理同上。由左右刻度盘指示出光轴偏移量。NO.5 用以检测发光强度,其输出放大后由发光强度指示表指示发光强度数值,如图 4-9 所示。

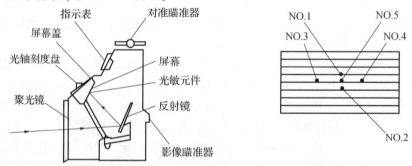

图 4-9 光接受箱内部结构图和硅光电池板

投影式前照灯检测仪的检测步骤如下。

(1) 汽车尽量与检测仪轨道垂直,前照灯与受光器相距 3 m。
(2) 用汽车摆正找准器使检测仪与车对正。
(3) 开亮前照灯,移动检测仪,使光束照射到受光器上。

投影屏刻度检测法:使上下和左右光轴偏斜量指示计的指示为 0,由投影屏上前照灯影像中心所在的刻度值读取光轴偏斜量。

光轴刻度盘检测法：转动光轴刻度盘，使投影屏上的坐标原点与前照灯影像中心重合，由光轴刻度盘读取光轴偏斜量。

（4）由光度计读取发光强度。

（5）打印结果，与标准对比、分析。

注意：

（1）检测仪的底座一定要水平；

（2）检测仪不要受外来光线的影响；

（3）汽车空载并乘坐一名驾驶人；

（4）遮住辅助照明灯后再测量；

（5）光电池灵敏度稳定后再测量。

7. 自动追踪光轴式前照灯检测仪的检测方法

（1）将被检汽车尽可能地与前照灯检测仪的轨道保持垂直方向驶进检测仪，使前照灯与检测仪受光器相距 3 m。

（2）用汽车摆正找准器使检测仪与被检汽车对正。

（3）打开前照灯，接通检测仪电源，用控制器上的上下、左右控制开关移动检测仪的位置，使前照灯光束照射到受光器上。

（4）按下控制器上的测量开关，受光器随即追踪前照灯光轴，根据光轴偏斜指示计和光度计的指示值，即可得出光轴偏斜量和发光强度值。

（5）检测完一只前照灯后用同样的方法检测另一只前照灯。检测结束，前照灯检测仪沿轨道或沿地面退回护栏内，汽车驶出。

8. 前照灯安全测量的技术要求

前照灯光束照射位置及光强度要求如下：

（1）汽车在检验近光光束照射位置时，前照灯距离屏幕 10 m 处，光束明暗截止线转角或中点高度 = $(0.6 \sim 0.8H)$（H 为前照灯基准中心高度，下同），其水平左右偏差 ≤ 100 mm。

（2）四灯制前照灯其远光单光束灯的调整，要求在屏幕上光束中心离地高度 = $(0.85 \sim 0.90)H$，水平左灯左偏 ≤ 100 mm，右偏 ≤ 170 mm；右灯左右偏差 ≤ 170 mm。

（3）装有远光和近光双光束灯时，以调整近光光束为主。对于只能调整远光光束的灯，调整远光单光束。

（4）远光光束发光强度要求：二灯制汽车应为 12 000 cd，四灯制汽车应为 10 000 cd，其电源系统应为充电状态。

4.3.5　制动踏板的检查

制动踏板自由行程过大，会减弱制动效果而给行车带来危险；如自由行程过小，会使汽车制动拖滞，造成功率损耗。制动踏板自由行程必须按汽车维护周期，定期检查和调整。如果没有自由行程，踩刹车会很不舒服，甚至可能使车轮自己抱死。踏板自由行程是为了保证不发生制动拖滞、彻底解除制动而设置的。

1. 检查踏板状况

通过检查确保制动踏板没有以下故障：

（1）反应灵敏度下降；

（2）踏板不完全落下；

（3）异常噪声；

（4）过度松动。

2. 制动踏板自由高度的检查

制动踏板的自由高度为解除制动时踏板的高度，其测量基准为去除驾驶室内地毯等覆盖的车厢地板。揭开踏板下的地板覆盖物，测量踏板高度，如高度与该车型的原设计规定不符，应进行调整。

首先，拆下制动灯导线，拧松制动灯开关锁母，用金属直尺测量踏板高度，直到调整至标准值为止。其次，锁紧制动灯锁母，检查制动灯开关与踏板的接触情况，确保制动灯熄灭。调整踏板自由高度后，必须按照下面步骤调整踏板自由行程。踏板位置移动后，推杆的长度没变，会使踏板自由行程变化。

3. 制动踏板自由行程的检查与调整

踏板自由行程是为保证不发生制动拖滞彻底解除制动而设置的。测量前必须在发动机不工作的状态下，反复踩制动踏板多次将真空助力器内的残余真空释放。测量时在制动踏板与驾驶室底板之间立一金属直尺，用手向下按制动踏板至有阻力时，记下金属直尺读数。然后放松踏板，再看金属直尺读数。两次读数之差即为踏板自由行程。液压制动的踏板自由行程一般在 15~20 mm，在调整时应按车型规定的数值进行调整。

踩下制动踏板，首先应能感觉出踏板的微小自由行程（符合各车型的要求）。继续踩下踏板，踏板应有明显的阻力直至踩不动为止。如果踏板踩下去软绵绵的，没有明显的阻力，说明制动系统有故障，应进行修理；如果踩下踏板时，第一脚踏板非常低，而第二脚却又恢复正常，但用力踩下踏板有微量的弹性，则表明制动管路里有空气。制动踏板踩到底时，制动踏板应与驾驶室地板之间保持一定的距离，该距离应符合车型的要求。距离过小说明车轮制动器蹄片间隙过大，应进行调整。

当制动踏板自由行程不符合要求时，可松开主缸推杆或制动阀推杆的锁紧螺母，拧动推杆，通过改变其长度进行调整。完毕后，拧紧锁紧螺母，复查自由行程是否正确，复查踏板自由高度，检查制动灯是否正常工作。

4. 制动踏板剩余高度的检查

用掩木塞在前、后轮下，松开驻车制动器。用 490 N 的力踩下制动踏板，测量此时踏板至地板之间的距离，即为踏板的剩余高度。如踏板的剩余高度低于该车型的标准值，说明制动器蹄鼓间隙过大，应按照车轮制动器有关规范进行蹄鼓间隙的调整。

4.3.6 备用轮胎的检查

备胎往往被车主忽视，可是当车辆发生爆胎时再想起用备胎时，备胎就可能已不能使用。备胎始终是躲在后备厢里那个永不露面的"隐身者"，也因为此，许多人从买车之日起就未重视、检查过备胎的状态：是不是完好、有没有漏气，甚至尺寸是不是与其他正选轮胎同一规格，都不清不楚。直到某天爆胎，忽然要用到的时候才发现，其实备胎也靠不住。那种同时瘫痪2个轮子，困在路上动弹不得的滋味，恰恰应该成为重视备胎的动力。

1) 定期检查备胎

日常保养中或者长途出游前，很少有车主对备胎进行检查，而一些不专业的维修店也经常会疏忽这一点。备胎检查主要是检查胎压和有无磨损和裂痕，在胎纹磨损到磨损标志线之前，要尽早对轮胎进行更换。如果胎侧有细小裂纹，就不能用它跑长途或高速行车，因为轮胎侧壁较薄，此时高速行车容易发生爆胎。

2) 油品与备胎不能放在一起

轮胎的主要成分是橡胶，而橡胶最怕的就是各种油品的侵蚀。若车主经常在后备厢内存放润滑油等油品，这些油一旦沾到轮胎，会使轮胎发生胀蚀，将大大降低轮胎的使用寿命。如果轮胎沾到油，要及时用中性的洗涤剂把油污冲洗掉。

3) 备胎寿命4 a左右

很多车主认为，只要把备胎一直放在后备厢里不使用，就可以"长命百岁"，这是不对的。经常会出现这样的情况：车主在爆胎后想更换备胎，却发现备胎在放置多年后，已严重老化，早已是废胎。其实，因为轮胎是橡胶制品，存放时间太长会出现老化现象，一般轮胎的老化期为4 a左右。因此，到4 a之后就应该更换备胎。

4) 备胎不应长时间使用

备胎因为使用频率低、与地面的摩擦少，而且部分备胎的尺寸会比正胎尺寸小一些，其扁平率、胎宽或轮胎直径都与正常使用的轮胎不一样，因此换上备胎后，四条胎的摩擦因数不同，地面附着力不同、气压不同，长时间使用会对车辆的制动系统、转向系统及悬挂系统产生一定的影响，给行车安全带来隐患，还会使同向的其他轮胎产生摩擦不均匀等现象。

有的备胎采用比较鲜艳的颜色，目的就是提醒车主及时换掉备胎。另外，使用备胎尤其是小型化的备胎时，要注意控制车速，一般的情况下以不超过80 km/h为宜。

5) 修补后轮胎放后轮

有的车主会将修补过的轮胎作为备胎，这些轮胎即便要再次使用，一定要放在非驱动轮上，一般驾驶的中级及以下的车辆都是前驱车，而且由于前轮爆胎后汽车的方向更不容易控制，所以修补后的轮胎要放在后轮；而如果更换的又是驱动轮的话，就一定不能怕麻烦，应先将正胎中没有补过的换给驱动轮，再用备胎。

4.3.7 喇叭的检查

当按下转向盘上或其他位置的喇叭按钮时，来自蓄电池的电流会通过回路流到喇叭继电器的电磁线圈上，电磁线圈吸引继电器的动触点开关闭合，电流就会流到喇叭处。电流使喇叭内部的电磁铁工作，从而使振动膜振动而发出声音。这就是汽车喇叭的工作原理。

汽车喇叭是驾驶时使用频繁的装置，如果使用时经常出现单音、音质差，并且时好时坏，有时根本不响等故障，则需要对喇叭进行检查。在转向盘转动一周的同时按喇叭，检查喇叭是否发声，并检查音量和音调是否稳定。下面是一些喇叭常出现的问题。

1) 声音不佳

喇叭的音响在正常情况下不必维护调整，只有当其声音不佳时才进行调整。在调整电喇叭时，先摘去上盖，松开锁紧螺母，调整喇叭接触盘与铁芯的间隙。在正常情况下，其间隙应为 0.5~1 mm 间隙过小，声音发哑；间隙过大，声音沉闷，调整时可旋入或旋出接触盘螺母，还可调整弹簧片的位置，使弹簧片与接触盘平行。

2）响度与音调异常

喇叭触点张开间隙大，响度减小或响声沉闷；间隙小，响度提高或响声尖锐。通过旋动活动触点臂的调整螺母，可调整喇叭触点间隙的大小。调整时先将接触盘与铁芯的间隙调整合适，再接通电源，根据喇叭的响度调整触点间隙。音调与音量的调节是相互影响的，因此应反复调整，直至符合要求为止。

3）触点烧蚀

如果长时间按喇叭易造成喇叭触点烧蚀而产生阻抗，流过电磁线圈的电流减弱，电磁吸力下降无法吸引衔铁带动膜片正常振动，导致发音沙哑、甚至不响。但不断按喇叭时，若瞬间强电流通过阻抗依然能正常工作，所以会时好时坏。

4）密封不严易受潮

虽然喇叭内部是密闭的，但如果密封不严，洗车时雾气进入或内部空间空气中有水蒸气，就很容易导致触点受潮无法正常工作。

5）电磁线圈端子接触不良

有些喇叭内部的电磁线圈漆包线端子接头是铝金属铆钉压接连接的，非牢靠焊接连接，如果端头漆包线上的绝缘漆处理不净或铆钉压接不牢靠很容易产生虚接故障，导致喇叭工作不良。此种故障是喇叭质量原因，无法修复，只能更换新件。

汽车喇叭使用过程中的注意事项：洗车时切记防止喇叭被淋湿，发现喇叭进水尽快用风枪吹干；尽量不要长时间按喇叭，这样容易造成喇叭触点过早烧蚀；喇叭出现故障尽量寻求专业维修技师帮助，不要盲目更换喇叭，容易造成不必要的浪费；维护时清洗喇叭表面泥污，如分解后发现膜片锈蚀或破损应予更换；日常清洗车辆时，勿将水射入喇叭蜗壳内，以免影响其音质。

4.3.8 门控灯以及后部车灯的检查

（1）通过检查，确保打开一扇车门时顶灯变亮，所有车门关闭时顶灯熄灭。配备照明进入系统的顶灯不会立即熄灭，因此需要等待几秒，以便检查顶灯是否熄灭。

（2）用手检查车灯是否松动。

（3）通过检查，确保各车灯的灯罩和反光镜没有褪色或损坏，同时检查灯内是否有污物或水进入。

4.3.9 车身各螺栓与螺母的检查

检查座椅安全带、座椅、门、发动机舱盖、行李舱盖处的螺栓和螺母是否松动。

巡视检查轮胎螺栓、螺母以及可视的半轴螺栓，各轮胎及半轴的螺栓、螺母应齐全、完好，紧固可靠。

4.3.10 空调系统的检查与维护

热电制冷技术是在20世纪50年代发展起来的，其理论基础是珀耳帖、塞贝克物理效应。我国在20世纪60年代开始对热电技术进行研究。热泵是利用一部分高质能介质从低位热源中吸取一部分热量,并把这两部分能量一起输送到需要较高温度的环境或介质的设备。正温度系数(PTC)电加热器使用具有正温度系数的热敏材料作为加热元件,其电阻和发热功率可以根据自身的温度变化自发调节,从而达到控制受控对象温度变化的目的。

为节省有限的车载电能量,电动汽车空调系统的设计要求是效率高、结构紧凑、质量轻、成本低、噪声低以及能在各种气候条件下工作(同时具备制冷和加热装置)。图4-10为电动汽车空调系统示意,它由压缩机、内部热交换器(蒸发器)、膨胀阀、外部热交换器(冷凝器)、内部风扇、外部风扇和控制单元组成。

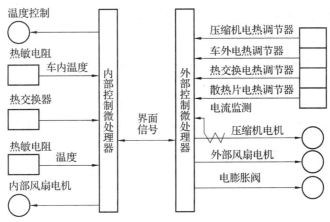

图4-10 电动汽车空调系统示意

1. 空调制冷系统

半导体制冷又称为热电制冷,是固态制冷技术,它不用制冷剂,没有运行件。其热电堆起着压缩式制冷压缩机的作用,冷端及其热交换器则相当于压缩式制冷蒸发器,而热端及其热交换器相当于冷凝器。通电时自由电子和空穴在外电场的作用下,离开热电堆的冷端向热端移动,相当于制冷剂在压缩机中的压缩过程。在电热堆的冷端,通过热交换器的吸热,同时产生电子-空穴对,相当于制冷剂在蒸发器内的吸热和蒸发。在电热堆的热端,发生电子-空穴对的复合,同时通过热交换器散热,相当于制冷剂在冷凝器中的发热和凝结。

热电制冷具有以下特点:热电元件工作需要直流电源;改变电流方向即可产生制冷、制热的逆效果;热电制冷片热惯性非常小,制冷时间很短,在热端散热良好、冷端空载的情况下,通电不到1 min,制冷片就能达到最大温差;调节组件工作电流的大小即可调节制冷速度和温度,温度控制精度可达0.001 ℃,并且容易实现能量的连续调节;在正确设计和应用条件下,其制冷效率可达90%以上,而制热效率远大于1;体积小、质量轻、结构紧凑,有利于减小电动汽车的整车质量;可靠性高、寿命长并且维护方便;没有转动部件,因此无振动、无摩擦、无噪声且耐冲击。

2. 暖风系统

燃油汽车空调系统的暖风热源主要由发动机冷却液提供,而电动汽车的暖风系统与之不同。电动汽车空调系统暖风常见的方案如下。

(1) 热泵。由传动带驱动的直流无刷电动机的电动汽车热泵式空调系统工作原理如图 4-11 所示。空调系统的制冷/制热模式由四通换向阀转换,实线箭头表示制冷工况,虚线箭头表示制热工况。从原理上讲,该系统与普通的热泵空调并无区别,但是用于电动汽车上,专门开发了双工作腔滑片压缩机、直流无刷电动机和逆变器控制系统。在热泵工况下,系统从融霜模式转为制热模式时,风道内换热器上的冷凝水将迅速蒸发,在风窗玻璃上结霜,影响驾驶的安全性。

(2) PTC 电加热器。PTC 电加热器是采用 PTC 热敏电阻元件为发热源的一种加热器。PTC 热敏电阻通常是用半导体材料制成的,它的电阻随温度变化而急剧变化,当外界温度降低,PTC 电阻值随之减小,发热量反而会相应增加。按材质可以分为陶瓷 PTC 热敏电阻和有机高分子 PTC 热敏电阻。用于空调辅助电加热器的是陶瓷 PTC 热敏电阻。PTC 热敏电阻元件因具有随环境温度高低的变化,其电阻值随之增加或减小的变化特性,所以 PTC 加热器具有节能、恒温、安全和使用寿命长等特点。

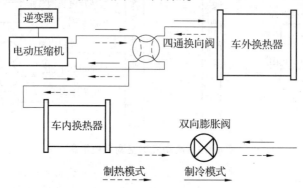

图 4-11　电动汽车热泵式空调系统工作原理

空调辅助电加热器可以分为粘接式陶瓷 PTC 加热器和金属 PTC 管状加热器。粘接式陶瓷 PTC 加热器是将多个陶瓷 PTC 芯片及铝波纹散热片用耐高温树脂胶粘接在一起的加热器,其散热性好,电气性能稳定,其又分为加热器表面带电型和加热器表面不带电型。

金属 PTC 管状加热器采用进口镍铁合金丝为发热材料,发热管外镶铝散热片,其散热效果非常好。加热器配用温度控制器和热熔断器,使产品使用更安全可靠。这种加热器具有 PTC 材料的良好特性,一些空调均采用此类加热器作为辅助加热。

(3) 余热+辅助 PTC。利用大功率器件(功率变换、驱动电机、电机控制器等)工作时产生的热量,对车内环境进行热交换。当热量不足时,启用辅助 PTC 加热器。

3. 制冷剂的检查方法

1) 观察法

观察法是通过观察玻璃窥视窗内制冷剂的气泡情况来判断制冷剂储量。玻璃窥视窗多装在接收干燥器盖的上面,找到玻璃窥视孔后,将它擦干净,然后起动汽车,将其转速保持在 2 000 r/min 左右,并使空调系统工作,然后透过玻璃窥视窗观察制冷剂的流动情况。制冷剂状况与储量的关系如表 4-2 所示。

表4-2 制冷剂状况与储量的关系

序号	制冷剂状况	制冷剂储量	处置方法
1	窗内透明,转速稳定时无气泡; 转速变化瞬间,偶尔出现气泡; 关空调随即起泡,后渐渐消失	适中	—
2	看不到气泡,关空调后,窗内澄清,无泡沫	过量	放出多余制冷剂
3	看到间断而微量的气泡	不足	检漏并补足
4	看到连续不断的气泡	严重不足	及时检漏、维修、抽真空、适量添加
5	看不到气泡	完全没有	

2)测温法

测温法是通过对储液干燥器出入口的温度进行检查,从而判断制冷剂的储量是否合适。储液干燥器通常装在冷凝器的前方,外形像灭火器(圆筒状),并且有两根管道与它相连接,一根管路通向膨胀阀,另一根管路通向冷凝器,如图4-12中画圈处。操作时,先运转发动机,使其转速保持在200 r/min左右,再让空调系统进入工作状态,用两手分别握住上述2根管子,感觉它们的温度差别。温度差别与制冷剂储量的关系如表4-3所示。

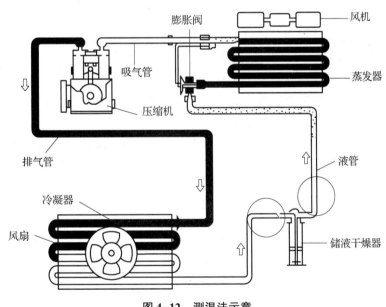

图4-12 测温法示意

表4-3 2根管子的温度差别与制冷剂储量的关系

序号	温差	储量	处置方法
1	相近	适中	—
2	冷凝器端:较冷	不足	检漏并补足
3	膨胀阀端:较冷	过量	放掉部分制冷剂

4. 空调管路检漏

常用的汽车空调制冷系统检漏方法有目测检漏法、皂泡检漏法、电子检漏仪检漏法、抽真空检漏法和加压检漏法等。

1) 目测检漏

目测检漏法是指用肉眼查看制冷系统（特别是制冷系统的管插头）部位是否有润滑油渗漏痕迹的一种检漏方法。由于制冷剂通常与润滑油（冷冻机油）互溶，在泄漏处必然会带出润滑油，因此，制冷系统管道有油迹的部位就是泄漏处。

2) 皂泡检漏（肥皂水检漏）

皂泡检漏是指在检漏时，对施加了压力的制冷系统，用毛刷或棉纱蘸肥皂水涂抹在被检查部位，察看被检查部位是否有气泡产生的种检漏方法。若被检查的部位有气泡产生，则说明这个部位是泄漏处（点）。皂泡检漏法简便易行，而且很有效，但操作比较麻烦，采用此法检漏时，要求一定要细致、认真。

3) 电子检漏仪检漏

检查时，应当遵照电子检漏仪（见图4-13）制造厂家的有关规定，一般按下列步骤进行：

(1) 转动检测仪的控制器或敏感性旋钮至断开（OFF）或"0"位置。

(2) 电子检测仪接入规定电压的电源，接通开关。如果不是蓄电池供电，应有5 min的升温期。

(3) 放置探头于参考漏点，调整旋钮至有反应（高频率地响）；移动探头，若停止反应，则是调整合适，若继续反应，则是敏感性调整得过高。

(4) 移动探头，依次检查各插头、密封件、控制装置。

(5) 断开和系统连接的真空软管，检查真空软管插头处有无制冷剂蒸气。

(6) 如泄漏，检测仪会高频率地响。

(7) 探头和制冷剂的接触不应过久，也不要把制冷剂气流严重泄漏的地方对准探头，否则会损坏敏感元件。

4) 抽真空检漏（负压检漏）

抽真空（见图4-14）检漏属于气密性试验法，只能说明泄漏，不能确定部位。对制冷系统抽真空（至少30 min），保持至少60 min，观察真空压力表指针是否移动。

操作步骤：

(1) 歧管压力表：高、低压软管分别接在高、低压侧气门阀，中间软管与真空泵相连。

(2) 打开高、低压手动阀，起动真空泵，观察低压表指针，应有真空显示。

(3) 连续抽5 min后，低压表应达到0.03 MPa（真空度），高压表略低于0。若不低于0，表明系统内堵塞，应修复后再抽真空。

(4) 真空泵工作15 min后，低压表指针应在0.01~0.02 MPa。若达不到此数值，应关闭高、低压手动阀，观察低压表的指针。若指针上升，说明真空有损失，系统泄漏，应修复后再抽真空。

(5) 系统压力接近于真空时，关闭高、低压手动阀，保压5~10 min。如低压表指针不动，则打开高、低压手动阀开启真空泵，继续抽真空。

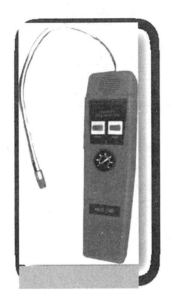
图4-13 电子检测仪

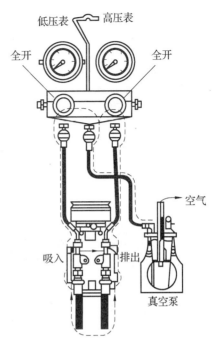
图4-14 抽真空

（6）抽真空结束时，先关闭高、低压手动阀，再关闭真空阀，这是为了防止空气进入制冷系统。

5）加压检漏（正压检漏）

加压检漏法是将1.5~2 MPa（混有少量制冷剂）氮气、二氧化碳等介质加入制冷系统中，用肥皂水进行检漏的一种方法。这种方法常用于空调系统中制冷剂全部漏光时的检漏。

注意：在高压条件下操作时，尽量不要用空气压缩机加压或制冷系统本身的压缩机加压，因为这样会使制冷系统带入一部分水分。

5. 加注制冷剂的方法

1）高压侧充注法

这种方法即通过压力表的高压侧充注液态制冷剂。

操作步骤：

(1) 连接充注管路，如图4-15所示。组合压力表高、低压侧接头分别与压缩机的高、低压检修阀连接，维修中央接头与制冷剂罐连接。

(2) 打开制冷剂罐阀手柄。

(3) 稍松中间软管接头螺母，直至听到"咝咝"的泄漏声，驱除软管内的空气，拧紧接头螺母。

(4) 打开组合压力表高压阀，将制冷剂罐倒立，使制冷剂流入管路（可听到液体流动声），直至达到规定数量。制冷剂R134a：高压表压力1.55~1.85 MPa；制冷剂R12：高压表压力约降低0.2 MPa。

(5) 关闭制冷剂罐阀手柄及压力表高压阀，拆下组合压力表和制冷剂罐，完成制冷剂的充注工作。

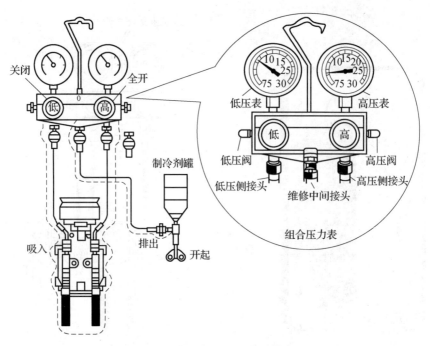

图 4-15 制冷剂高压侧充注法管路连接

2) 低压侧充注法

这种方法即通过压力表的低压侧补充气态制冷剂。

操作步骤：

(1) 连接充注管路，同"高压侧充注法"。

(2) 制冷剂罐直立，打开制冷剂罐阀手柄。

(3) 稍松中间软管接头螺母，直至听到"咝咝"的泄漏声，驱除软管内的空气，拧紧接头螺母。

(4) 打开组合压力表低压阀，气态制冷剂开始充入。起动空调系统：温控开关置于最冷位置（COOL）、风扇开关置于高速位置。使制冷剂充注至规定数量。充注过程中，低压表压力≤0.55 MPa。

(5) 关闭制冷剂罐阀手柄，观察组合压力表的压力。制冷剂 R134a：高压表 1.55～1.85 MPa，低压表 0.16～0.22 MPa；制冷剂 R12：高压表 1.35～1.65 MPa，低压表 0.14～0.20 MPa。

(6) 熄火，关闭高、低压阀，拆下组合压力表和制冷剂罐，完成充注工作。

6. 拆装

1) 安全信息与工具

(1) 拆卸空调系统前要进行防护准备工作，如戴防护手套、眼镜等，避免造成身体暴露部位不必要的伤害，接触制冷剂会使人受伤。

(2) 制冷系统永远处于加压状态，即便压缩机没有工作也是如此，切勿让已加注制冷剂的系统受热。

(3) 制冷剂没有排出制冷管道之前，不得对制冷系统的零部件及管道进行焊接，以免制冷剂遇热分解出对人体有害物质。

(4)制冷管路打开时,须始终佩带护目镜,即便压力计显示系统中已经没有制冷剂了,也须佩戴护目镜。

(5)取下接头时务必小心谨慎,慢慢地拧松接头。如果此系统仍然有压力,请抽空系统,回收制冷剂,然后可拆下接头。

(6)在拆卸制冷系统时应注意尽量不要拆除制冷系统的密封件,以免装配时使空气或异物进入管道,影响制冷系统的制冷效果。

(7)通过点燃的香烟或其他抽烟方法吸入空调制冷气体,或吸入燃烧空调制冷气体形成烟雾,都会导致人身伤害或死亡。

(8)维修空调时,或在任何可能存在制冷气体的情况下都不要抽烟。

(9)请先将车辆移至平坦的地方,然后再对空调和加热系统进行检查,确保旋转挡位处于空挡,确保停车制动器接合。让所有其他人员远离车辆。

(10)金属或挠性软管构成的所有制冷剂管路中不得存在急弯。另外,不要采用扭结的制冷剂管路。急弯会导致制冷剂流动受阻。通过管路内阻力位置处的冷点或结霜可以确定制冷剂管路内的阻力。管路中的阻力会降低系统的性能和效率。

(11)柔性软管的弯曲半径不得小于软管外径的10倍。

(12)需要每年检查软管有无泄漏和硬化。对所有软管和管路执行泄漏试验。更换出现泄漏或硬化的软管。采用密封无污染的新软管更换旧软管。

(13)连接中务必正确地使用扳手。所用扳手的类型也非常重要,只能采用管接头专用扳手。在系统上连接或断开软管时,务必利用一把扳手卡住接头的同时利用另一把扳手拧动螺母。在系统上连接或断开金属管路时,务必利用一把扳手卡住接头的同时利用另一把扳手拧动螺母。

(14)在断开或拆开的所有部件和软管上安装保护塞或保护盖。

(15)O形密封圈和O形密封座必须处于良好状态。细小的割伤、划痕或污垢颗粒也会导致系统泄漏。安装时,在所有新的O形密封圈上涂覆新的矿物油。请勿在接头上涂抹任何密封胶。

(16)压缩机体接头上的防尘罩是空调系统的主密封。

(17)车辆应当具有用来规定车辆制冷剂加注量的标识牌。

(18)如果排气中有水,则检查止回阀。如果空调系统漏水,请检查止回阀。止回阀应当真有正确的位置和方位。

工具清单如表4-4所示。

表4-4 工具清单

工具名称	规格
手动工具	梅花及开口两用扳手和套筒(6、7、8、10、11、12、13、14、15、16、17、19、21、22、24 mm),相对应的棘轮及长短接杆和万向接头
钳子	鲤鱼钳,尖嘴钳
螺丝刀	十字及一字螺丝刀(中、小号)
空调维修专用工具	抽真空泵及加注阀,歧管压力计
辅料	制冷剂盛放容器

2) 空调压缩机的拆装

(1) 确保断开点火开关,断开蓄电池负极。

(2) 用手指按下锁片将插头拔出一部分,用一字螺丝刀压下锁片,将插头完全拔出,将高压插头从压缩机控制器上拔出。

(3) 将插头往右拔出,然后用力将压缩机控制器的低压插头拔出。

(4) 用真空泵及空调歧管压力计抽空系统中的制冷剂,用 10 mm 的套筒及棘轮松开压缩机上的进口空调管的连接螺栓,请注意保护好管接头并用合适的堵头安装在所有管路。关于歧管压力计和真空泵的使用,请参考相关资料。

(5) 用 10 mm 的套筒及棘轮松开压缩机的出口空调管上的连接螺栓。并用相关堵头保护好接口。

(6) 用 10 mm 的套筒及棘轮将 3 颗固定螺栓松开,然后将压缩机从其支架上移开。

(7) 用 10 mm 的套筒及棘轮将 4 颗固定螺栓松开,然后将压缩机支架从车上移开。

(8) 安装以相反顺序进行。如无特别说明,螺栓的力矩为 9~12 N·m。

3) 冷凝器的拆装

(1) 用 10 mm 的扳手将冷凝器左上方的空调管拆下,并用堵头保护好管接头。

(2) 用 10 mm 的扳手将冷凝器左下方的空调管拆下,并用堵头保护好管接头。

(3) 用 10 mm 的套筒及棘轮将冷凝器右边的固定螺栓松开。

(4) 用 10 mm 的套筒及棘轮将冷凝器左边的固定螺栓松开。

(5) 将冷凝器慢慢从散热器上取下。

(6) 安装以相反顺序进行,除特别说明外,螺栓的力矩为 (9±2) N·m。

4) PTC 的拆装

(1) 关闭点火开关。

(2) 断开低压蓄电池负极电缆。

(3) 旋出子母扣,拆开驾驶位右端的侧板。

(4) 拔掉 PTC 高压接插件:用手指按住锁片,然后用手握住插头两端,用力将插头拔开,直至分离。

(5) 用十字螺丝刀松开 PTC 护板上的 3 颗螺钉,将 PTC 护板取下,拿掉护板。再用十字螺丝刀将 PTC 固定板上的螺钉松开,并取下 PTC 固定板。螺钉力矩为 (1.5±0.5) N·m。

(6) 将副驾驶左侧的侧板上的螺钉用十字螺丝刀松开,然后撬下侧板,拔掉 PTC 低压接插件,然后用 10 mm 的套筒将接地线松开。

(7) 抽出 PTC 本体。

(8) 安装以相反步骤进行。

4.3.11 故障检测与维护

空调压缩机的检测与维护步骤如表 4-5 所示。

表 4-5 空调压缩机的检测与维护步骤

检查次序	作业内容	技术要求	备注
1	压缩机清洁度检查	目视确认压缩机外表无灰尘、水渍	若有则清理
2	压缩机碰伤检查	目视确认压缩机外观无碰伤或磨损痕迹	若有则需听压缩机运转声音是否有异常，有异常则修复或更换
3	接插件线束波纹管检查	目视确认接插件线束波纹管无破损	若有破损则修复或更换
4	高压接插件插拔检查	确认高压接插件接插牢固、无松脱	若未达要求则修复或更换
5	安装螺栓扭矩检测	确认空调压缩机支架所有安装螺栓的拧紧力矩是否满足 20 N·m 以上	若有未达标的螺栓则需进一步拧紧到 20 N·m 以上

常见故障处理措施如表 4-6 所示。

表 4-6 常见故障处理措施

序号	故障描述	故障原因	解决措施
1	空调内部电压故障	内部电路故障，AD 采集电压小于 1.58 V 或大于 1.71 V	更换压缩机
2	空调内部功率管故障	部分或全部功率管出现短路，功率管故障时，控制器输出电流很大，会使硬件触发过流保护，硬件自动封锁输出	更换压缩机
3	空调过压故障	当软件检测到电源输入端电压大于 420 V 时，输出该故障信号	可恢复
4	空调欠压故障	当软件检测到电源输入端电压小于 220 V 时，输出该故障信号	可恢复 更换高压保险 插好高压接插件 更换高压线束
5	空调过流保护	输出电流大于硬件设定值时，硬件封锁输出并拉低相应输出信号	产生过流后立即停机保护，30 s 后再次起动，连续 5 次过流后，停机保护，重新上电后故障码清除，重新检测

空调系统压力过高的检修方法如表 4-7 所示。

表 4-7 空调系统压力过高的检修方法

序号	检查步骤	检查结果		维修措施
		正常	有故障	
0	初步检查：制冷剂是否过量	进行第1步	制冷剂过量	调整制冷剂量至标准值
1	检查压力开关是否损坏	进行第2步	压力开关损坏	更换压力开关
2	检查制冷剂循环管路是否变形或折弯	进行第3步	制冷剂循环管路变形或弯折	维修或更换问题管路
3	检查膨胀阀是否堵塞或失效	进行第4步	膨胀阀堵塞或失效	更换膨胀阀
4	检查压缩机是否损坏	进行第5步	压缩机损坏	更换压缩机
5	正确检修操作后，检查故障是否出现	诊断结束	故障未消失	从其他症状查找故障原因

空调压力过低的检修方法如表4-8所示。

表 4-8 空调压力过低的检修方法

序号	检查步骤	检查结果		维修措施
		正常	有故障	
0	初步检查：检查空调管路是否有泄漏	进行第1步	空调管路有泄漏	维修或更换问题管路
1	检查制冷剂是否不足	进行第2步	制冷剂不足	加注制冷剂量至标准值
2	检查压力开关是否损坏	进行第3步	压力开关损坏	更换压力开关
3	检查膨胀阀是否堵塞或失效	进行第4步	膨胀阀堵塞或失效	更换膨胀阀
4	检查压缩机是否损坏	进行第5步	压缩机损坏	更换压缩机
5	正确检修操作后，检查故障是否出现	诊断结束	故障未消失	从其他症状查找故障原因

空调不制冷的检修方法如表4-9所示。

表 4-9 空调不制冷的检修方法

序号	检查步骤	检查结果		维修措施
		正常	有故障	
0	初步检查：检查空调控制器是否损坏	进行第1步	空调控制器损坏	更换空调控制器
1	检查保险丝是否熔断	进行第2步	保险丝熔断	更换保险丝
2	检查制冷系统压力是否不足	进行第3步	制冷系统压力不足	检查管路是否泄漏，必要时补充制冷剂

续表

序号	检查步骤	检查结果		维修措施
		正常	有故障	
3	检查膨胀阀是否堵塞或失效	进行第4步	膨胀阀堵塞或失效	更换膨胀阀
4	检查压缩机是否损坏	进行第5步	压缩机损坏	更换压缩机
5	检查鼓风电机运转是否正常	进行第6步	鼓风电机不运转	维修或更换鼓风电机
6	检查室外温度传感器、蒸发温度传感器是否正常	进行第7步	传感器失效短路	更换故障传感器
7	正确检修操作后,检查故障是否出现	诊断结束	故障未消失	从其他症状查找故障原因

间断有冷气的检修方法如表4-10所示。

表4-10 间断有冷气的检修方法

序号	检查步骤	检查结果		维修措施
		正常	有故障	
0	初步检查:检查制冷剂循环回路是否有水分	进行第1步	制冷剂循环回路有水分	空调系统抽真空,更换干燥贮液罐
1	检查膨胀阀是否损坏	进行第2步	膨胀阀损坏	更换膨胀阀
2	检查空调系统电路是否接触不良	进行第3步	空调系统电路接触不良	维修检查问题电路
3	正确检修操作后,检查故障是否出现	诊断结束	故障未消失	从其他症状查找故障原因

制冷不足的检修方法如表4-11所示。

表4-11 制冷不足的检修方法

序号	检查步骤	检查结果		维修措施
		正常	有故障	
0	初步检查:检查空调系统电路是否接触不良	进行第1步	空调系统电路接触不良	维修检查问题电路
1	检查制冷剂是否过多	进行第2步	制冷剂过多	按比例更换制冷剂
2	检查制冷剂是否不足	进行第3步	制冷剂不足	加注制冷剂量至标准值
3	检查膨胀阀是否损坏	进行第4步	膨胀阀损坏	更换膨胀阀
4	正确检修操作后,检查故障是否出现	诊断结束	故障未消失	从其他症状查找故障原因

冷空气输入速度过低的检修方法如表4-12所示。

表4-12 冷空气输入速度过低的检修方法

序号	检查步骤	检查结果 正常	检查结果 有故障	维修措施
0	初步检查：检查空调系统电路是否接触不良	进行第1步	空调系统电路接触不良	维修检查问题电路
1	检查制冷剂是否过多	进行第2步	制冷剂过多	按比例更换制冷剂
2	检查制冷剂是否不足	进行第3步	制冷剂不足	加注制冷剂至标准值
3	检查膨胀阀是否损坏	进行第4步	膨胀阀损坏	更换膨胀阀
4	正确检修操作后，检查故障是否出现	诊断结束	故障未消失	从其他症状查找故障原因

仅高速时有冷气的检修方法如表4-13所示。

表4-13 仅高速时有冷气的检修方法

序号	检查步骤	检查结果 正常	检查结果 有故障	维修措施
0	初步检查：检查制冷剂循环回路内是否有空气	进行第1步	制冷剂循环回路内有空气	空调系统抽真空
1	检查制冷剂是否不足	进行第2步	制冷剂不足	加注制冷剂量至标准值
2	检查空调压缩机是否损坏	进行第3步	压缩机损坏	更换压缩机
3	检查冷凝器是否阻塞	进行第4步	冷凝器阻塞	清洁或更换冷凝器
4	正确检修操作后，检查故障是否出现	诊断结束	故障未消失	从其他症状查找故障原因

4.3.12 汽车音响系统的检查

1. 日常使用中要注意的问题

（1）音响要防潮，清洗内饰时，应尽量不要朝着音响的方向喷水、清洁剂等液态物质。音响主机上有灰尘时，可以用拧干的毛巾进行擦拭。汽车室内清洗后，最好开窗风干，让车内大部分水分蒸发后再关闭车窗。

（2）为了避免阳光的照射，汽车音响多安装在仪表板的上部；如果门窗密封条不严应更换，否则扬声器容易锈蚀和损坏，甚至造成短路烧毁主机；音响主机里的电路板和塑料元件，受温度变化而老化的程度不一样。在骄阳似火的天气里，最好使用遮阳板抵挡一下烈日，避免太阳光的直射。

（3）热天不宜马上开音响，经过阳光曝晒后，不宜马上将音响的音量调大，因为电子系统是会随温度而发生变化的，立即调大音量容易导致线圈被烧影响功放，而且还会影主机的使用寿命。

（4）需经常擦洗音响，停车时由于阳光照射温度过高，在使用CD机时会出现不工作的情况，这是正常的，温度过高保护电路会起作用。最好每隔一段时间擦洗一次。音响不要安装在底板和座位下面，最好安装在车身的高处，但是不要安装在后风窗玻璃处，温度过高会加速电子元件和激光头的老化。

（5）音响声音不宜开太大，主机部分受天气影响比较大的是电路板和一些塑料元件。电路板里的电子元件的参数都是随着温度的变化而变化，如果汽车车内温度很高，就不要把音响的声音开得很大，否则不但音质受影响，其使用寿命也会缩短。

（6）机芯部分是由金属元件和塑料元件组合而成的。金属和塑料的比热不一样，也就是说它们受温度变化的影响程度不一样。在车内温度很高的情况下，换CD碟片的时候一定不要心急，让机子自动运行，别硬拉或硬推；如果是多碟片键，特别是前置六碟机操作时一定要小心，它很容易卡碟。

（7）冬季如何使用音响，冬季是汽车音响激光头损坏的高发期，因为气候干燥，容易产生静电，放碟时最好不要用手直接摸，不要拿中间，要慢慢放进去，尽量不要频繁换碟，放碟时尽量要轻。音响在使用当中要避免突然将音量放到最大，有时喇叭线圈烧坏，会对功放造成影响，振幅突然加大也会烧功放。音响反复放一首歌，是按钮使用不当，而不是汽车音响故障。音响不读盘时，不要用力拍碟箱，可能是出现了小故障，最好尽快送检。

（8）在土路上行驶时，尽量不要开窗，以避免大量灰尘从车外涌入车内，并且最好将空调的外循环调整为内循环，这样可以避免灰尘对音响的侵害。灰尘对汽车音响的侵害是非常常见的，例如进退碟片困难、读碟困难甚至不读碟，还有收音效果受到干扰等，都有可能是灰尘侵害引起的，因此要特别注意。

（9）防止音响剧烈振动，虽然在一般的行驶过程中，汽车的抖动不会造成音响主机的剧烈振动（除非出了车祸），但有时出于某种原因，人们需要将音响拆下来，这时就要注意了，不要用力晃动或拍打音响。因为剧烈振动后音响内部有些零部件可能会出现松动或损坏，造成严重故障。一般来说，即使对等待维修的音响主机，都要采取轻拿轻放的做法。

（10）正确保养扬声器，没有扬声器，再好的主机也只是摆设。在整套汽车音响系统中，扬声器往往因为埋没在控制台、车门板或支撑架上，而被人忽视。如果门窗密封条不严应立即更换，否则夏季漏雨会导致车门内扬声器的损坏，严重的还能烧毁主机电路。扬声器在高温下会发生细微的变化，这些变化将直接影响到音响的音质，所以入夏后如感觉音质与以往不同可以到专业音响店做相应的调试。

（11）车用CD最好要少用CD清洗盘，CD机最好不要使用CD清洗盘，因为车中CD机进出盘是靠上下两个橡胶滚轮夹住CD滚动进出的，容易使清洗盘毛刷变形和脱落。另外提醒大家，对于市场上的DVD、SVCD，普通CD机是不能播放的。市场上的DVD机可以兼容VCD和CD，即只可向下兼容。有些车用多碟CD驱动器，CD摆放的方法与通常的不一样，它们是将有音轨的面向上，如果向下就会出现不读碟现象。

2. 诊断汽车音响系统

不要急于拆、测、调、焊、修、换件，要掌握一定的故障规律，遵循一定的维修方法与步骤，否则会事倍功半，甚至会造成无法修复的"死机"。拆卸前先判断是不是以下几种情况。

（1）CD 机假性故障，CD 机用了一两年后，车主普遍反映 CD 机不读盘或读盘能力不如以前。其实这是正常现象，属于虚假故障。因为不读盘或读盘能力差，多数是光头透镜上落尘了，自己动手完全能够排除故障。具体方法是：断电后卸下机盖，用棉球蘸清水，轻轻擦去光头透镜上的灰尘，清理后光头的读盘能力会大有提高。

（2）音响电源故障，如果收放机平时收听正常，突然没有声音和显示，说明电源没有供电，一般情况下可查找收音熔丝（多数汽车收放机、点烟器和顶灯使用同一个熔丝，由于点烟器内部短路造成烧断熔丝），换上新熔丝即可。

如果是安装有功放的音响系统，主机有电且工作正常，那么就主要检查功放的主电源熔丝（因主电源熔丝接到蓄电池接线柱正极端，容易氧化腐蚀造成接触不良或断路），接好即可。如果收音部分在关机后再开机没有先前电台记忆存储和时钟记忆，这可能是因为 BAT 线熔丝烧断或没有接好。

（3）若收音效果不佳，首先检查主机是否正常，然后重点检查天线，用万用表"Q"挡查看是否有短路、断路和接地或阻值加大。如果是换过新的音响之后，出现收音效果不好，有可能是换装天线时处理不当，要经过特殊处理才可以正常接收，所以必须清楚改装方法，否则影响收听。

（4）某些频率无显示，在收听调频广播电台时无频率显示，但是收听正常，这不是收音机出了问题，而是这类机型有 RDS 功能，RDS 在我国还没有开通，在发达国家已经开通，尤其在欧洲已普遍使用，所以当收到这种信号时就会发生无显示，解决的方法将 RDS 功能关闭。

（5）汽车音响失真。

①安装扬声器的支架共振导致音质恶化。汽车上的扬声器发声时，由于安装扬声器的底板比较脆弱，底板就会随扬声器产生共振或抖颤，导致扬声器的声压受到损失，并引起扬声器的谐波失真，从而导致音质恶化。

②"声短路"影响低频辐射。低音单元的振膜在前后运动时，除了有向前的声波，也有向后的声波，2 个声辐射相位相差了 180°。由于低频声波的波长很长，其绕射能力相当强。因此，低频声波的方向性很弱，由于车门喇叭安装面板上面充满了孔洞，向后辐射的声波就会绕到前面与向前的辐射异相相消。

③扬声器安装空间不规则，引起声波变形。

（6）音响左右声道音量不一样，首先检查主机平衡钮是否在中间位置，再检查前级输入和输出左右 LEVEL 控制钮是否一样，以及扩大机输入灵敏度左右声道设定是否一样，如仍无法排除，可将主机信号线左右对调，扬声器位置较小的那一边会不会变大，如果会，表示主机有问题，反之则是后段的问题。

（7）某一声道高音无声，先检查分音器的配线是否接通，然后测量分音器端有没有声音，可能是错将扬声器线输入端接至低音输出端。

（8）音响噪声大。检查 RCA 信号端子的负端是否接通，如果主机端的 RCA 信号输出端负端已经断路，可测量负端与主机机壳是否接通。

（9）音量时大时小。先检查电源地线与车壳的接点是否松动，再检查前级和后级的输入和输出 RCA 是否正常,最后看看灵敏度旋钮是否正常。

总之正确的维修思路是:了解情况、核实故障—分析判断—外观检查—调整、测量试换—确定故障点—排除故障—检验性能—交付用户、总结提高。

维修步骤一般是:先外表,后内部;先观察,后维修;先电源,后电路;先低频,后高频;先干扰,后测量;先电压,后电流;先调试,后更换。

3. 乘用车音响故障的一般规律

大量维修实例表明,在乘用车音响系统中,机芯故障率高于电路故障率;电路故障中的功效和音量电位器的故障率高于其他电路的故障率;电源电路的故障率高于其他部分电路的故障率;电路中除了功放 IC 外,集成电路的损坏率极低;另外,虚焊元件常常是故障的罪魁祸首。

4. 直观检查

打开发动机舱盖后不要急于测量和维修,应先对外观进行检查,根据直观检查发现故障的蛛丝马迹,以提高维修的速度。

1)电路部分外观检查

(1)发动机内是否有烧焦糊味。

(2)各连线、插头是否松脱、断裂。

(3)是否有元件(如熔断器烧断)异常。

(4)元件是否虚焊、开焊、松动,电路板是否有断线。

(5)通电检查是否有冒烟或异味。

(6)手摸功放 IC 及其散热片是否过热。

2)机械部分检查

(1)机芯内是否有异物。

(2)磁头或激光头是否太脏,或过度磨损。

(3)机械传动机构部件是否变形。

(4)传动带是否脱落、老化伸长或断裂。

(5)其他机械部件是否磨损变形、齿轮错位掉齿、间隙过大。

(6)各弹簧是否脱落、变形。

5. 清洁调整

运动机械部件:长期使用后出现严重磨损、发卡或脏污,有时清洁润滑就可排除故障。调整音量时,喇叭发出"喀喀"的声音,说明音量电位器接触不良,这时用针头注入少许无水酒精,左右旋转几下,酒精蒸发后再试机,看故障能否排除。磁带声音太小、声音低沉或高音不良,这时用酒精药棉擦洗磁头,故障未排除再调整磁头方位角。

CD\VCD\DVD 机:清洗磁头可排除跳碟、图像偶尔有马赛克等故障。切勿无目的地随便调整机内的可调电阻、电容。无专门仪器时,这些元件的参数很难调准,反而给故障判断增加难度。

在对音响系统的电路进行检查时,主要使用以下几种方法。

1)信号干扰法

信号发生器输出的信号按电路由后级到前级的顺序,分别将低频、中频、高频信号注入相应测试点,观察扬声器的发声情况,以判断故障部位。若无信号发生器,可人为给上述部位注入干扰信号,称之为干扰法。

2)电压测量法

电压测量法简单易行,在乘用车音响维修中应用广泛。当已判断出故障可能出现的范围或故障范围被缩小到某一级电路时,可对该级电路的核心元件(二极管或集成电路)的引脚电路进行测量,测量时要先测电源(供电端)电压再测关键点电路,然后测量其他引脚电压。测量电压时要注意集成电路的有些引脚电压随工作状态的不同而不同,也有的与有无信号及信号的强弱有关,图纸上的标准值一般是无信号时测得的,有信号时测得的是动态值。

3)电流测量法

电流测量法是通过测量整机或某一部分的电流数值,并与正常值比较,借此来判断故障部位。电流测量按照测量方式可分为整机测量和部分电路测量;按信号状态可分为静态测量和动态测量。测量结果可分为偏大或偏小两种情况:电流偏大,说明电路中有短路之处,动态电流偏大,常是电路中自励造成的;电流偏小,说明电路中有断路之处。

4)电阻测量法

电阻测量法可分为开路检查法和在路检查法。开路检查法是把元件的一只引脚或整个元件从电路板上焊脱下来,如测量扬声器、电阻电容、二极管、晶体管等元件的阻值,此方法虽然比较麻烦,但不受周围电路的影响,测量结果准确。在路检查法是指在印制电路板上测量,单个元件的测量最好用数字万用表;测量集成电路的在线阻值,最好是用指针式万用表,并且要分2次测量,第一次用一只表笔(如红表笔)接集成电路的搭铁脚,另一只表笔(黑表笔)测量其他引脚的电阻;第二次两只表笔互换。把两次测量结果与正常值比较,只要有一次测量值与正常值不符,就说明此集成电路或其外围元件有问题。用电阻测量法时,应断开音响电源,这里不仅要断开电源开关,而且还要断开音响的电源连接插座。

5)交流短路法

交流短路法指将音频信号交流短路到搭铁,对排除噪声故障特别有效。

试验时,为防止短路后破坏放大器的直流工作点,用一只100 μF的电容将音频信号短路。若噪声消失,说明故障在检波前的高、中频电路;如果噪声没有消失,说明故障在低频电路。

6)温差法

温差法适用于开机工作一段时间才能正常工作或开机一会儿才出现的故障。

用电烙铁或电吹风距被怀疑元件5 mm左右对其进行烘烤加热。

当烘烤到某元件故障消失或出现,说明该元件不良。用镊子夹着蘸有酒精的棉球,对怀疑有故障的元件进行冷却,当酒精棉球放到某一元件上时故障消失,说明该元件不良。

7)元件替代法

开路性故障的元件:如电阻、电容等,更换时不必焊下元件,可把新件并接在故障件上,或将新件焊在电路板背面。

其他情况的元件:如漏电的电容、损坏的二极管、晶体管,需先焊下原件,再更换新件。

4.3.13 安全气囊的检查

在自行检查汽车的时候，很多用户都关注到了如何对机油进行检查，如何对轮胎进行检查，如何对车辆的各个系统以及中控等进行检查，但是很少有用户关注到如何对车辆的安全气囊进行检查，主要的原因在于现实中对安全气囊的使用概率是极低的。

如果车辆不出现安全状况的话，那么安全气囊不会弹出，此种情况之下也就不会知道安全气囊在使用过程中是否有最佳的效果表现，但一旦有问题产生，那么安全气囊无法使用则会造成极大的人身伤害。

日常中想要对安全气囊进行检查，看它是否在正常工作其实非常简单：在将车辆起动之后可以对仪表盘进行观察，在仪表盘上有一个 SRS 报警灯，在 5 s 左右的闪烁过程中会自检，当安全气囊没有任何问题时，电脑处理器就会将报警自动熄灭，如果报警灯一直在不停地闪动，这就说明安全气囊已经存在故障，在这种时候就应该将车辆送到 4S 店进行检修了，要知道安全气囊一旦出现问题，用户的人身安全会受到重大伤害。

除此之外需要关注到如何对安全气囊的品质进行检查，部分车辆在行驶的过程中出现事故之后安全气囊会弹出，而安全气囊和车辆上的其他配件有着本质上的不同，安全气囊是一次性的消耗品，在弹出之后是无法再次进行收回的，因此有必要进行更换，那么在进行气囊的选择时要关注到哪些问题呢？

首先要关注到品质方面是否有问题产生，不同的气囊在应用材质以及做工技术上具有本质区别，一些对材料并不了解的用户是无法做好选择的。这种情况之下最好的选择方式莫过于直接用触摸的方式进行它的材质选择，如果在触摸的情况之下柔软度很高，而且韧性十足，那么这样的安全气囊就是一个合格的产品，在关键时刻能够起到保护作用；如果在触摸之下发现其材质非常薄，而且没有任何弹性可言，那么这种产品在安全程度表现方面就会更低。

全新的安全气囊安装过程中一定要关注车辆是否被改装，由于安全气囊重新安装涉及的车辆较少，部分修配厂的安装工对于这方面并不了解，一些车辆在改装之后对于安全气囊的正确弹出是会造成极大影响的。所以一些改装车辆在进行安全气囊使用的时候最好要到 4S 店进行安装，不要在路边的修配厂进行安装，一些改装车的车主会将车辆的线路和零件改装的过程中会导致改装路线影响安全气囊使用，此种境况之下，一旦车辆出现危险安全气囊无法弹出的，而一些路边修配厂的修理工人对于这样的线路并不了解，所以在进行重新安装的时候也不会关注到这方面问题，这也就让安全气囊成为形同虚设的产品。

安全气囊的检测、安装和维修工作都必须由专业人员操作。

（1）接通点火开关，安全气囊指示灯亮 6~8 s，然后自动熄火，否则有故障。

（2）进一步检查时，将车上安装的气囊引爆线全部拆下，用 12 V 试灯代替气囊接入线路中检查，接通点火开关，试灯亮说明碰撞传感器故障，可换用新件。

（3）安全气囊价格昂贵，碰撞传感器和引爆开关灵敏度高，一般情况下不宜随便使用仪表检测，以免误引爆造成损失。

（4）使用中应特别注意避免触碰车前（及保险杠）安全气囊系统线路和碰撞传感器。

（5）使用膨胀过的安全气囊，应及时换用新件。

在检测过程中，不得使用检测灯、电压表和欧姆表等。

检查安全气囊时，必须断开蓄电池负极。将安全气囊与电源相连时，车内不可有人。安全气囊从运输器内取出后必须马上安装，如需中止工作，应将安全气囊放回运输器具内。

4.3.14 整车控制系统的维护

电动汽车动力系统各零部件的工作都是由整车控制器统一协调。电动汽车整车控制系统对车辆性能的影响主要包括以下方面：

（1）电动汽车的安全性；

（2）电动汽车的动力性和经济性；

（3）电动汽车的驾驶舒适性及整车的协调控制。

故对于电动汽车控制系统的检测和维护必不可少。

1. 整车控制的功能介绍

新能源汽车作为绿色的运输工具，在环保、节能以及驾驶性能等方面具有诸多内燃机汽车无法比拟的优点，其是由多个子系统构成的一个复杂系统，主要包括电池、电机、制动等动力系统以及其他附件。各子系统几乎都通过自己的控制单元（ECU）来完成各自功能和目标。为了满足整车动力性、经济性、安全性和舒适性的目标，一方面必须具有智能化的人车交互接口；另一方面，各系统还必须彼此协作、优化匹配，这项任务需要由控制系统中的整车控制器来完成。基于总线的分布式控制网络是使众多子系统实现协同控制的理想途径。由于CAN总线具有造价低廉、传输速率高、安全性可靠性高、纠错能力强和实时性好等优点，已广泛应用于中、低价位汽车的实时分布式控制网络。随着越来越多的汽车制造厂家采用CAN协议，CAN逐渐成为通用标准。采用总线网络可大大减少各设备间的连接信号线束，并提高系统监控水平。另外，在不减少其可靠性前提下，可以很方便地增加新的ECU，拓展网络系统功能。

新能源汽车整车控制器包括微控制器、模拟量输入和输出、开关量调理、继电器驱动、高速CAN总线接口、电源等模块。整车控制器对新能源汽车动力链的各个环节进行管理、协调和监控，以提高整车能量利用效率，确保安全性和可靠性。该整车控制器采集司机驾驶信号，通过CAN总线获得电机和电池系统的相关信息，进行分析和运算，通过CAN总线给出电机控制和电池管理指令，实现整车驱动控制、能量优化控制和制动回馈控制。该整车控制器还具有综合仪表接口功能，可显示整车状态信息；具备完善的故障诊断和处理功能；具有整车网关及网络管理功能。

下面对每个模块功能进行简要的说明。

1）开关量调理模块

开关量调理模块用于开关输入量的电平转换和整型，其一端与多个开关量传感器相连，另一端与微控制器相接。

2）继电器驱动模块

继电器驱动模块用于驱动多个继电器，其一端通过光电隔离器与微控制器相连，另一端与多个继电器相接。

3）高速CAN总线接口模块

高速CAN总线接口模块用于提供高速CAN总线接口，其一端通过光电隔离器与微控制器相连，另一端与系统高速 CAN 总线相接。

4）电源模块

电源模块可为微处理器和各输入和输出模块提供隔离电源，并对蓄电池电压进行监控，与微控制器相连。

5）模拟量输入和输出模块

模拟量输入和输出模块可采集 0~5 V 模拟信号，并可输出 0~4.095 V 的模拟电压信号。

6）脉冲信号输入和输出模块

脉冲信号输入和输出模块可采集脉冲信号并调理，范围 1 Hz~20 kHz，幅度 6~50 V；输出 PWM 信号，范围 1 Hz~10 kHz，幅度 0~14 V。

7）故障和数据存储模块

故障和数据存储模块可以存储标定的数据和故障码，车辆特征参数等，容量 32K。

2. 整车控制器功能说明

新能源汽车整车控制器基本上具备以下功能。

1）对汽车行驶控制的功能

新能源汽车的动力电机必须按照驾驶员意图输出驱动或制动扭矩。当驾驶员踩下加速踏板或制动踏板，动力电机要输出一定的驱动功率或再生制动功率。踏板开度越大，动力电机的输出功率越大。因此，整车控制器要合理解释驾驶员操作；接收整车各子系统的反馈信息，为驾驶员提供决策反馈；对整车各子系统的发送控制指令，以实现车辆的正常行驶。

2）整车的网络化管理

在现代汽车中，有众多 ECU 和测量仪器，它们之间存在着数据交换，如何让这种数据交换快捷、有效、无故障的传输成为一个问题，为了解决这个问题，德国 BOSCH 公司于 20 世纪 80 年代研制出了控制器局域网（CAN）。在电动汽车中，ECU 比传统内燃机汽车更多更复杂，因此，CAN 总线的应用势在必行。整车控制器是电动汽车众多控制器中的一个，是 CAN 总线中的一个节点。在整车网络管理中，整车控制器是信息控制的中心，负责信息的组织与传输，网络状态的监控，网络节点的管理以及网络故障的诊断与处理。

3）制动能量回馈控制

新能源汽车以电动机作为驱动转矩的输出机构。电动机具有回馈制动的性能，此时电动机作为发电机，利用电动汽车的制动能量发电，同时将此能量存储在储能装置中，当满足充电条件时，将能量反充给动力电池组。在这一过程中，整车控制器根据加速踏板和制动踏板的开度以及动力电池的 SOC 值来判断某一时刻能否进行制动能量回馈，如果可以进行，整车控制器向电机控制器发出制动指令，回收部分能量。

4）整车能量管理和优化

在纯电动汽车中，电池除了给动力电机供电以外，还要给电动附件供电，因此，为了获得最大的续驶里程，整车控制器将负责整车的能量管理，以提高能量的利用率。在电池的 SOC 值比较低的时候，整车控制器将对某些电动附件发出指令，限制电动附件的输出功率，来增加续驶里程。

5）车辆状态的监测和显示

整车控制器应该对车辆的状态进行实时检测，并且将各个子系统的信息发送给车载信息显示系统，其过程是通过传感器和 CAN 总线，检测车辆状态及其各子系统状态信息，驱动显示仪表，将状态信息和故障诊断信息经过显示仪表显示出来。显示内容包括：电机的转速、车速，电池的电量，故障信息等。

6）故障诊断与处理

连续监视整车电控系统，进行故障诊断。故障指示灯指示出故障类别和部分故障码。根据故障内容，及时进行相应安全保护处理。对于不太严重的故障，可低速行驶到附近维修站进行检修。

7）外接充电管理

实现充电的连接，监控充电过程，报告充电状态，充电结束。

8）诊断设备的在线诊断和下线检测

负责与外部诊断设备的连接和诊断通信，实现 UDS 诊断服务，包括数据流读取，故障码的读取和清除，控制端口的调试。

整车控制根据驾驶人意愿和各系统实时状态，通过对比分析后做出决策并发出指令，合理分配功能，车主只需要通过按钮就可以选择对应的驾驶模式使车辆运行在最佳功能状态。

3. 以北汽新能源 EX360 车型为例的具体功能模式

1）电爬行模式

类似于配备自动变速器的传统汽油机车辆，在纯电动汽车起步的时候，松开制动踏板，纯电动汽车能够缓慢平稳的起步。

2）正常模式

与传统车类似，在正常行驶过程中，整车控制系统能够根据当前驾驶需求（如加速、制动）进行相应驱动电机扭矩输出的控制。

3）能量回收模式

整车控制器根据加速踏板和制动踏板的开度、车辆行驶状态信息以及动力电池的状态信息（如 SOC 值）来判断某一时刻能否进行制动能量回馈，在满足安全性能、制动性能以及驾驶员舒适性的前提下，回收部分能量，包括滑行制动和刹车制动过程中的电机制动转矩控制。电动汽车制动系统主要由两部分组成，即电机再生制动部分和传统液压摩擦部分。所以说，电动汽车的制动系统是机电复合的制动系统。

当驾驶员松开加速踏板时，整车控制器根据制动踏板的开度、车辆行驶状态信息，以及动力电池的状态信息，来判断某一时刻是否进行制动能量回收。比如说，当动力电池的温度过低时，不能进行能量回收；根据动力电池的剩余电量，决定制动能量回收的大小，不同车型可能有不同的控制策略。如果动力电池的电量还有很多，比如电量大于 90% 或 95%，就不进行能量回收，如果动力电池的电量很少时，就能够进行正常的能量回收，电池电量在两者之间时，就会限制能量回收的最大充电电流。

当电动汽车减速时，车轮带动驱动电机转动，电机成为交流发电机而产生电流，通过电机控制器将交流电整流为直流电给动力电池组充电（制动再生能量）。电动汽车控制器可通过各种传感器对动力电池、驱动电机进行监控并及时反馈信息，并通过电功率表、转速表和温度表等仪表进行显示。

4）制动能量回馈的原则

能量回收制动不应该干预 ABS 的工作。当 ABS 进行制动力调节时，制动能量回收不应该工作。当 ABS 报警时，制动能量回收不应该工作。当电驱动系统具有故障时，制动能量回收不应该工作。

在整个制动的过程中，要保证电动汽车的制动稳定性和平稳性，并尽可能多地回收制动能量，延长电动汽车续驶里程。

5）防溜车功能控制

纯电动汽车在坡上起步时，驾驶员从松开制动踏板到踩油门踏板过程中，会出现整车向后溜车的现象。在坡上行驶过程中，如果驾驶员踩油门踏板的深度不够，整车会出现车速逐渐降到 0 然后向后溜车现象。

为了防止纯电动汽车在坡上起步和运行时向后溜车现象，在整车控制策略中增加了防溜车功能。防溜车功能可以保证整车在坡上起步时，向后溜车小于 100 m；在整车坡上运行过程中如果动力不足时，整车车速会慢慢降到 0，然后保持 0 车速，不再向后溜车。

6）电动化辅助系统管理

电动化辅助系统包括电动空调、电制动、电动助力转向。整车控制器应该根据动力电池以及低压电池状态，对 DC/DC、电动化辅助系统进行监控。

7）车辆状态的实时监测和显示

整车控制器应该对车辆的状态进行实时检测，并且将各个子系统的信息发送给车载信息显示系统，其过程是通过传感器和 CAN 总线，检测车辆状态及其动力系统及相关电器附件相关各子系统状态信息驱动显示位表，将状态信息和故障诊断信息通过数字仪表显示出来。

8）故障诊断与处理

连续监视整车电控系统，进行故障诊断，并及时进行相应安全保护处理。根据传感器的输入及其他通过 CAN 总线通信得到的电机、电池、充电机等的信息，对各种故障进行判断、等级分类、报警显示；存储故障码，进行故障诊断，并及时进行相应安全保护处理。根据传感器的输入及其他通过 CAN 总线通信得到的电机、电池、踏板等的信息，对各种故障进行判断、等级分类、报警显示，存储故障码，供维修时查看。

4. 整车控制各相关系统的维护

1）整车网络拓扑

整车网络拓扑注解如表 4-14 所示。

表 4-14 整车网络拓扑注解

缩写	名称	缩写	名称	缩写	名称	缩写	名称	缩写	名称
×	终端电阻	VCU	整车控制器	DC-CHM	快充桩	CMU	慢充管理模块	MCU	电机控制器
CHG	充电机控制系统	BMS	电池管理系统	CCS	数采	EPS	电动助力转向系统	EAS	压缩机控制器

续表

缩写	名称	缩写	名称	缩写	名称	缩写	名称	缩写	名称
VSP	行人警示系统	PTC	电动暖风系统	DC/DC	直流电源模块	ECC	空调控制器	ICM	组合仪表控制系统
ABS	防抱死制动系统	EHU	娱乐主控制单元	PEPS	无钥匙进入起动系统	ESCL	电子转向柱锁	SDM	安全气囊系统
DLC	诊断接口	RS	雨量传感器	BCM	车身控制系模块	FCBUS	快充CAN	EVBUS	新能源高速系统CAN
VBUG	原车高速CAN	EBUS	原车低速CAN	LIN BUS	LIN总线				

2）整车CAN总线网关及网络化管理

在整车的网络管理中，整车控制器是信息控制的中心，负责信息的组织与传输、网络状态的监控、网络节点的管理、信息优先权的动态分配以及网络故障的诊断与处理等功能。通过CAN（EVBUS）线协调电池管理系统、电机控制器、空调系统等模块相互通信。

3）换挡控制

挡位管理关系着驾驶员的驾驶安全，正确理解驾驶员意图，以及识别车辆合理的挡位，在基于模型开发的挡位管理模块中得到很好的优化。能在出现故障时做出相应处理保证整车安全，在驾驶员出现挡位误操作时通过仪表等提示驾驶员，使驾驶员能迅速做出纠正。

检测标准：换挡机构输入VCU的是4路模拟电压信号，信号输入后首先进行高、低有效性判断和故障诊断。高有效用1表示，低有效用0表示。

高有效判断区间：大于等于2.8 V且小于等于4.95 V。

低有效判断区间：大于等于0.1 V且小于等于0.9 V。

挡位信息如表4-15所示。

表4-15 挡位信息

挡位	挡位信号1	挡位信号2	挡位信号3	挡位信号4
R	1	1	0	0
N	1	0	0	1
D	0	0	1	1
S	0	1	1	0

4）加速踏板

检测加速踏板传感器1信号：踏板开度从0%~100%变化，用万用表直流电压挡测量插件4号端子与对地之间应有0.74~4.34 V的电压；否则检查传感电源和地线，如果输入电源和地线正常，则为传感器内部故障。

检测加速踏板传感器2信号：踏板开度从0%~100%变化，用万用表直流电压挡测量插件6号端子与对地之间应有0.36~2.24 V的电压；否则检查传感电源和地线，如果传感器输入电源和地线正常，则为传感器内部故障。

5）动力电池管理系统（BMS）

动力电池管理系统结构如图4-16所示。

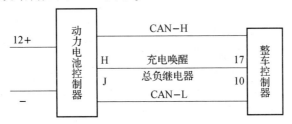

图4-16 动力电池管理系统结构

整车控制器给动力电池控制器发出电能需求和故障信号，包括电池电量、电压、电流信号，反馈给整车控制器都是通过CAN线来实现。总负继电器由整车控制器控制，总正继电器由BMS控制。

6）空调制冷系统

空调制冷控制原理如图4-17所示。

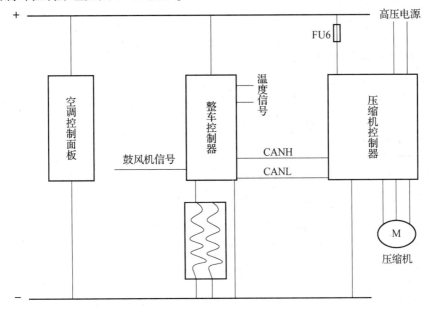

图4-17 空调制冷控制原理

纯电动汽车没有发动机给空调系统提供动力源，也没有发动机余热进行采暖，因此不能直接使用传统的汽车空调系统，需要电能作为动力源。这样，蓄电池不仅要提供行驶所需动力，还要为空调系统提供能量。据了解，空调制热消耗的电能约占电动汽车整车消耗能量的33%。因此，研发符合电动汽车的新型空调系统显得尤为重要。

控制原理：纯电动汽车采用电动空调压缩机，与内燃机汽车空调压缩机控制方式不同。整车控制器（VCU）接到空调AC请求信号并确认空调系统压力信号、蒸发器温度信号、冷暖选择信号、鼓风机信号，是否满足起动压缩机的要求。

当满足以上条件，整车控制器（VCU）发出起动压缩机的指令，通过CAN传递给空调压缩机控制器；空调压缩机控制器根据整车控制器（VCU）的指令来控制空调压缩机的驱动电路，控制压缩机的工作和转速。

7）巡航控制

控制逻辑图如图4-18所示。

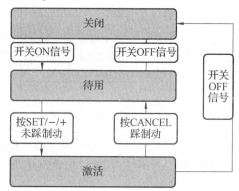

图4-18 控制逻辑图

控制原理图如图4-19所示。

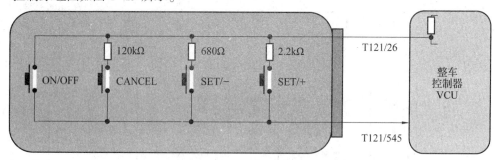

图4-19 控制原理图

各按键在不同状态下的信号电压如表4-16所示。

表4-16 各按键在不同状态下的信号电压

状态	ON/OFF	SET/−	SET/+	CANCEL
未按下信号电压/V	5	5	5	5
按下信号电压/V	≈0	≈1	≈2.15	≈0.20

思考练习

1. 仪表显示系统检修有什么注意事项？
2. 刮水器工作情况的检查步骤是什么？
3. 前照灯安全测量的技术要求是什么？

4.4　汽车处于位置2的维护

汽车处于位置2的维护项目如表4-17所示。

表4-17　汽车处于位置2的维护项目

顶起位置2：汽车处于离地0.3 m处	2	
序号	检查位置	作业内容
1	前轴	球节
2	汽车前端	蓄电池
3		转向系统
4		冷却系统
5		制动液
6		驱动电机系统

4.4.1　球节的检查

踩下制动踏板后，在球节上施加载荷以便检查其上下滑动间隙。

（1）使用制动踏板压力器，保持制动踏板被踩下，如图4-20所示。
（2）前轮垂直向前，举起车辆，在一前轮下放高度为180～200 mm的木块。
（3）放低举升机至前螺旋弹簧承载一半的负荷。
（4）再次确认前轮朝向正前方。
（5）在下臂的末端使用工具检查球节多余的上下滑动间隙，如图4-21所示。
（6）检查球节防尘罩是否有裂纹、撕裂或者其他损坏。

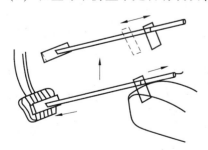

图4-20　制动踏板压力器的使用

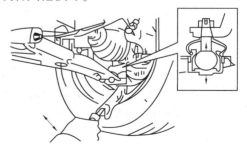

图4-21　检查球节上下滑动间隙

磨损过度的球形接头将加大水平和垂直方向的扭转，会对低速操作产生负面影响，并在高速时变得特别危险。当转弯时，可以听到轮子中的敲击声，因此固定旧球关节是保持车辆行驶安全的重要因素。

1. 准备

（1）停放车辆。车辆停放在平坦的地面上并阻挡前后轮，确保在工作时车辆不会移动。

（2）检查球形接头，确保需要更换。弄清楚车辆是否有一个支撑式悬架或一个控制臂，然后抬起靠近球形接头的控制臂来检查车轮接头、车轮间隙，或者抬起车并使用撬杆以支撑检查车轮游隙。球窝接头和接触点之间不应有空隙。如果看到任何空隙，或车轮移动很大，则需要更换接头。

（3）拆下车轮并进入球窝接头。根据转向组件的不同，可能还需要将制动器放在一边。在拆下轮胎后就可以清楚地看到控制臂了。

（4）螺栓喷上除锈剂。球形接头可能是整个起落架上的一些最脏的组件，与泥土和其他路面砂砾结合在一起，并且可能导致让球形接头松散。为了方便操作，可在所有螺栓上喷一些金属清洁剂，让螺栓更容易滑落。

2. 拆除旧球节

（1）拉开开口销并松开大型城堡形螺母（顶部看起来像皇冠或城堡）。将C形螺母留在原位，只需转动几圈即可将其保存在安全的地方。

（2）松开球窝关节，尝试引导它穿过转向节上半部分的孔。这可能有点困难，因为非常紧密的配合有助于将球节保持在适当的位置，并且在悬架周围形成了污垢，因此很可能需要使用锤子和称为"泡菜叉"的特殊工具或拉杆分离器，以获得足够的杠杆作用。

用扳手卸下接头上的最大螺母，更换新螺母，然后在控制臂和转向节之间驱动酸洗叉，可能需要锤击。

在锤击之前放置C形螺母，不然零部件有可能掉在地上损坏，还有可能砸伤脚。

（3）拆下螺栓并将控制臂自由滑动。松开螺栓或拆除固定球形接头的铆钉，并滑出球形接头。

如果汽车悬架使用压入式球形接头，需要拆下下控制臂，并将组件放到一个带液压机的机械装置上，液压机可以将旧的球形接头和新的球形接头压入。

3. 安装新接头

（1）通过转向节孔引导新关节。将新的橡胶套滑过球形接头的螺柱，并将新的球形接头向上引导通过转向节孔。

（2）使用随附的硬件将接头固定到位。通常不建议重新使用覆盖旧球形接头的旧螺栓或橡胶靴，如果球形接头磨损，可能会过度腐蚀。

（3）将螺栓拧紧到合适的规格。使用扭矩扳手将螺栓和C形螺母拧紧到规定的水平。

（4）拧入新的润滑脂接头，并将润滑脂泵入组件中。如果拆下制动器或车轮，就要重新安装它们并将车辆向下放下以测试动作。如有必要，将制动器放气，可以借此机会把其他需要保养的零部件一并保养了。

4.4.2 电源的检查

纯电动汽车的电源分为主电源和辅助电源。主电源为驱动汽车行驶的高压电源；辅助电源（低压的铅酸蓄电池）是为各种车载仪表、控制系统供电的直流低压电源。纯电动汽车电源模块是整个系统稳定运行的保障。电源的可靠性对于整个系统的性能起着至关重要的作用。

纯电动汽车的高压系统具有直流高压和交流高压。直流高压主要分布在动力电池到各个驱动部件的位置，如动力电池到驱动逆变器之间连接的是直流高压；动力电池到高压压缩机之间连接的是交流高压。

交流高压主要分布在逆变器和驱动电机之间，以及充电接口与车载充电器之间。不同的是逆变器与驱动电机之间的交流高压通常都在300 V左右，而充电接口与车载充电器之间的交流高压即为外部电网的220 V的电压。

一般来说磷酸铁锂电池可以循环2 000次左右，而三元锂电池一般可以循环1 400次左右，蓄电池的寿命一般在2~3年，如果使用和维护得当的话，可以使用到4年以上。日常使用中避免过充电，避免短时间快速充电，充电电流不宜过大，及时充电避免过过放电。蓄电池在使用中应定期检查电解液的高度，及时对蓄电池的存电状况进行检查和补充。蓄电池维护工作比较简单，做好电解液的补充、蓄电池和极桩的清洁和蓄电池的比重控制等工作，就能有效的延长蓄电池的使用寿命。由于免维护蓄电池的广泛使用（如北汽EX360使用的就是免维护蓄电池），蓄电池在正常工作情况下，一般不需要维护。

1. 免维护蓄电池的检查

（1）检查蓄电池端子、周围区域是否存在腐蚀性沉积物。

（2）除去沉积物：①用硬刷清理；②用温水和碳酸氢钠或氨水溶液处理；③用清水冲洗。

（3）若蓄电池接线柱严重损坏（如松动、烧损、点蚀或破裂），则更换蓄电池。

（4）检查蓄电池壳体。

（5）如果蓄电池壳体破裂，则更换蓄电池。

（6）查看蓄电池盖上的孔形液体相对密度计，当相对密度计的观察窗（俗称电眼）呈绿色，表明充电已足，蓄电池正常；当观察窗绿点很少或为黑色，表明蓄电池需要充电；当观察窗显示淡黄色或红色，表明蓄电池内部有故障，需要维修或更换。

（7）使用高率放电计检测蓄电池电压，低于9.6 V时更换蓄电池。

（8）若壳体完好，检查发电机是否过度充电。

（9）确保压紧螺栓和压紧板将蓄电池牢固，拧紧螺栓的规定力矩为8~10 N·m。

（10）沿着电缆检查电缆绝缘层是否损坏或磨损，必要时更换电缆。

（11）检查电缆是否有线股断裂或磨损现象，保证电缆紧固到端子上。

（12）检查端子卡箍是否牢固固定在接线柱上，必要时更换端子，端子螺母规定拧紧力矩为2~5 N·m。

2. 蓄电池的拆装

对蓄电池进行维护和更换时要拆卸和安装蓄电池，下面介绍蓄电池拆装的步骤。拆卸时的步骤如下：

（1）确保点火开关和用电设备已关闭。
（2）断开蓄电池负极端子。
（3）断开蓄电池正极端子。
（4）拧下蓄电池压紧螺栓并拆卸蓄电池压紧板。
（5）将蓄电池从前舱取出。

安装蓄电池时的步骤如下。

（1）安装新的蓄电池前，如果蓄电池品牌型号不一致，要对比新旧蓄电池的外形尺寸和接线柱位置，还要仔细核对蓄电池的容量和冷起动电流参数。特别是在北方的冬季，如果冷起动电流不符，可能造成车辆起动困难。

（2）如条件允许，应使用蓄电池检测仪进行测试，有些蓄电池在久置之后，虽然正负极之间的电压高于 12 V，但实际上容量并不足，也就是所谓的"虚电"，这种蓄电池需要进行充电。需要注意的是，一定要在环境温度高于 0 ℃ 时进行测量，高于 5 ℃ 时进行充电。

（3）将新的蓄电池放置到安装位置，并进行固定。对于带有通气管的蓄电池，不要忘记从旧蓄电池上取下通气管接头，安装到新的蓄电池上。对于铅酸蓄电池，注意在安装过程中蓄电池的倾斜角度不要超过 30°。

（4）连接蓄电池接线时，要先连接正极，再连接负极。安装完成后可在蓄电池接线柱上喷涂防锈保护剂或无酸酯进行保护。

（5）检查确认紧固可靠后，即可拆除外接电源。起动发动机，检查发电机发电压，可在发电机输出端测量，也可在蓄电池接线柱上测量，如有专用诊断设备，还可以读取数据流中的电压数据。另外，建议在发动机怠速和 2 000 r/min 时分别进行测量。

（6）对于由于放电故障造成蓄电池更换的车辆，还应检查车辆的休眠电流。传统的方法是将万用表置于电流挡，然后串联到蓄电池负极线路中，闭锁所有车门锁，关闭点火开关并激活防盗系统，静置一段时间直至电流稳定。

安装时需注意以下事项。

（1）确保蓄电池托架电缆和端子清洁，干燥且未腐蚀。
（2）如果端子卡箍被腐蚀，更换蓄电池线束。
（3）按如下程序去除腐蚀沉积物：
①用硬刷清理该区域；
②用温水和碳酸氢钠或氨水混合溶液处理该区域；
③用清水清洗该区域。
（4）安装蓄电池并检查其是否平放在托架上。
（5）确保蓄电池托架中没有异物（例如松脱的螺母或石子）。
（6）安装每个电缆端子使其固定在蓄电池接线柱顶部下方：
①将蓄电池正极端子安装到蓄电池正极接线柱上；
②将蓄电池负极端子安装到蓄电池负极接线柱上。

紧固蓄电池压紧螺栓和电缆端子螺母至规定的力矩。拧紧螺栓的规定力矩为 8～10 N·m；蓄电池端子螺母的规定拧紧力矩为 2～5 N·m。

3. 液体相对密度计的使用

（1）拆卸蓄电池通气孔盖。

(2) 赶出相对密度计气泡内的空气。

(3) 手握相对密度计并将其垂直置于单格蓄电池中,使收集管浸没其中。

(4) 待气泡完全放尽后,可吸入足够的电解液,使相对密度计浮子自由浮起。

(5) 仍垂直握住相对密度计,记录读数。

(6) 将电解液放回单格蓄电池。

(7) 对每格蓄电池重复上述步骤。

(8) 短时将温度计放入某格蓄电池中以确定蓄电池温度。

(9) 安装蓄电池通气孔盖。

(10) 计算经温度补偿后的读数:超过 27 ℃ 时每 5 ℃ 加 0.004,低于 27 ℃ 时每 5 ℃ 减 0.004。

(11) 使用经温度补偿后的读数和相对密度读数确定蓄电池的充电状态。

注意事项:蓄电池充电后各单格电池间的相对密度差异不得超过 0.025。差异过大则表明有单格电池损坏。

蓄电池的相对密度读数如表 4-18 所示。

表 4-18 蓄电池的相对密度读数

蓄电池状况	相对密度读数
完全充电	1.240 ~ 1.260
需要充电	< 1.190
完全放电	1.110 ~ 1.130

4. 高率放电计的使用

图 4-22 所示为用高率放电计检测蓄电池。检测时注意以下事项。

(1) 蓄电池至少充电 65%。

(2) 断开蓄电池负极端子。

(3) 断开蓄电池正极端子。

(4) 将高率放电计连接到蓄电池端子,确保极性正确。

(5) 根据蓄电池尺寸调整放电计开关。

(6) 若可能,将挡位设定到快速放电电流的 50%(或 20 h 放电率的 3 倍)。

(7) 进行负载测试 10 s 并记录蓄电池电压。若某格蓄电池有故障,会过度释放气体或过热。

(8) 若电压未超过高率放电计制造商规定的最小电压值(或 9.6 V),需重新充电。

(9) 若充电后再测试仍低于 9.6 V,需更换蓄电池。

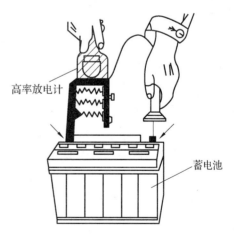

图 4-22 用高率放电计检测蓄电池

5. 普通蓄电池

高里程驾驶车辆,或在炎热地区使用车辆或蓄电池使用时间过长,都应定期检查蓄电池电量。

检查蓄电池的步骤如下：

（1）沿箭头方向翻起蓄电池正极盖。

（2）检查蓄电池接头与线缆连接的情况，是否有腐蚀或松脱现象；检查蓄电池外观情况，是否有裂痕、膨胀等现象。若有上述现象，应尽快前往维修店进行处理。

蓄电池充电和更换蓄电池：如车辆经常短途行驶或长期停放不用，则应在规定的保养周期之间增加检查蓄电池的次数。若蓄电池损坏，蓄电池将电量不足，导致车辆起动困难。如发生这种情况，建议对蓄电池充电或更换蓄电池。蓄电池充电须具备相关专业知识，并且必须在可控环境里充电。

若车辆关闭后，起动开关未关闭，使用车上用电设备时，蓄电池会快速放电。

（1）不要在车辆关闭时，长时间使用车上的用电设备。

（2）离开车辆时，确保车门已关好，并关闭所有用电设备（如灯光等）。

（3）若使用用电设备后无法起动车辆，则不要连续起动车辆，应尝试过 5~10 min 后再次起动车辆，若仍无法起动车辆，请与维修店联系进行检修。

6. 高压电源的故障检测与故障处理

纯电动汽车采用了大容量、高电压的动力电池及高压电机和电驱动控制系统，并采用了大量的高压附件设备。由此而隐藏的高压安全隐患问题和造成的高压电伤害问题完全有别于传统燃油汽车。

根据纯电动汽车的特殊结构及电路的复杂性，并考虑纯电动汽车高压电安全问题，必须对高压电系统进行安全、合理的规划设计和必要的监控，这是电动汽车安全运行的必要保证。因此，在绝缘电阻、电压、电流、高压接触器触点、高压互锁回路、充电互锁的检测与故障处理方面尤其重要。

1）绝缘电阻故障处理

电动汽车电气化程度相对内燃机汽车要高，其中像电池包、电驱动系统、高压用电辅助设备、充电机及高压线束等在汽车发生碰撞、翻转及汽车运行的恶劣环境（汽车振动、外部环境湿度及温度）影响下，都有可能导致高压电路与汽车底盘间的绝缘性能降低，由此可能造成汽车火灾，直接影响汽车驾乘人员的生命安全。因此，在电动汽车高压系统设计时，首先应确保绝缘电阻值大于 100 Ω/V；其次当汽车发生绝缘电阻值低于规定值时，高压管理系统应及时切断所有的高压回路并发出声光报警，并持续一定时间，待原先故障消失后，汽车才能允许进行下一次上电。高压电路进行绝缘检测具体实施标准参照国标《电动汽车安全要求第 1 部分：车载储能装置》。

2）电压检测与故障处理

纯电动汽车的动力来源是动力电池，动力电池的电压与其放电能力和放电效率有很大的关系。当动力电池电压处于低电压时仍大电流放电，将会损坏高压用电设备并会严重影响电池使用寿命。当检测到电压过高或过低时，应及时切断相关回路。因此为了保障纯电动汽车在动力蓄电池低压时用电器及动力蓄电池和驾乘人员的安全，需要设计电压检测电路对高压电路系统工作电压进行实时准确的监测和安全合理的故障处理。

3)电流检测与故障处理

汽车由于受到运行道路环境及驾驶员操控的影响,汽车运行状态会随时发生变化,动力电池的放电电流会随驾驶员的操控而发生明显变化。当电流超过预设定的允许范围,就会引起温度过分升高,此时不仅影响电池的寿命,而且极端情况下还会引起异常的反应,造成汽车功率器件的损坏,危及汽车高压系统安全。因此,这就要求高压管理系统需对动力电池实时进行电流监控,当检测到电流异常时,高压管理系统将会及时切断所有高压回路并发出声光报警,提示驾乘人员和其他汽车。为了提高测量的准确度和精确度,选取霍尔式电流传感器对动力电池充放电电流进行检测。图4-23所示为霍尔式电流传感器原理。

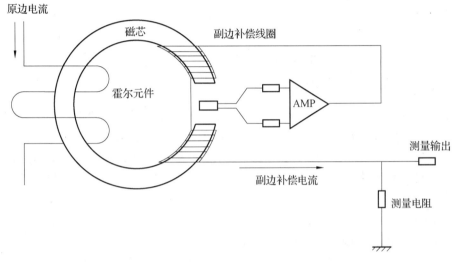

图4-23 霍尔式电流传感器原理

4)高压接触器触点状态检测与故障处理

为实现纯电动汽车的控制功能和高压电路的可自行切断保护功能,在电动汽车的高压系统中必须配置可控制的并且有自我保护切断高压回路功能的高压接触器。根据整车设计的需求,任何电动汽车在动力主回路中都会配置高压接触器,如果高压接触器触点发生闭合或断开失效时,没有相应的正确处理方式,将有可能引起不正常的控制而造成汽车不能正常起动或不能起动。严重的情况下,将会给汽车和人身安全造成危险。鉴于上述问题的严重性,应对高压接触器触点状态进行安全有效的实时监控,并对故障进行处理。当高压接触器触点发生闭合或断开失效故障时,高压管理系统会发出声光报警,以提示操作人员并根据故障的级别控制汽车是否可进行其他操作。

5)高压互锁回路检测及故障处理

高压回路互锁功能设计是针对高压电路连接的可靠程度提出的。危险电压闭锁回路也称为高压互锁回路(HVIL),是典型的互锁系统,通过使用电气的信号,来检查整个模块、导线及连接器的电气完整性。当高压安全管理系统检测到某处连接断开或某处连接没有达到预期的可靠性时,安全管理系统将直接或通过整车控制器切断相关动力电源的输出并发出声光报警,直到该故障完全排除。高压互锁电路检测原理如图4-24所示。

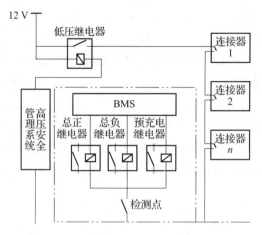

图 4-24 高压互锁电路检测原理

7. 充电互锁检测及故障处理

出于安全考虑，充电时，整个驱动系统都需要处于断电状态，即驱动系统高压接触器需处于断开状态，当高压安全管理系统接收到有效的充电信息指令后，高压管理系统首先检测驱动系统相关接触器是否处于断开状态。若处于断开状态，则闭合充电回路相关接触器。否则，充电接触器将不会闭合，高压管理系统将发出声光报警以提示相关人员，直至故障排除。

注意事项如下。

（1）向铅酸电池充电时，要穿上保护衣。

（2）对一个或对多个蓄电池并联充电时，充电器电压不要超过 16 V。

（3）打开充电器时，先设置到最低电流，然后逐渐提高电流，直至蓄电池开始接受电流。若是深度放电后或低温下的蓄电池，这过程可能需要好几分钟。

（4）若蓄电池排气口排出酸雾，或蓄电池温度超过 52 ℃，充电应立刻停止。这些现象表明该蓄电池已损坏，需更换。

（5）蓄电池能释放可燃性气体，遇明火将会爆炸，勿在有火种的场所作业。

（6）电解液属于强酸性，小心勿溅到眼睛、皮肤等。否则应立即用水彻底冲洗至少 5 min，并立即请专业医生诊断。

（7）日常维护中应注意疏通通气孔，防止脏物堵塞通气孔。

（8）电解液量严重缺乏时，通过维修前台跟用户说明，必要时给蓄电池充足电。

4.4.3 转向系统的检查与维护

转向系统是汽车操纵的重要部件，应该经常检查和保养；一旦失灵，将会造成车毁人亡的事故。北汽新能源 EX360 车型采用电动助力转向系统（EPS），EPS 控制模块通过检测来自整车的车速信号、点火信号以及扭矩传感器的扭矩信号来改变提供给转向盘的助力的大小和方向，它可以提高整车的低速转向轻便性和高速稳定性，减轻驾驶员操作转向盘的工作强度缓解驾驶疲劳。

EPS 采用可压馈和可角度调节转向管柱，可压馈转向管柱在车辆碰撞过程中通过管柱压馈可吸收碰撞能量，减轻驾驶员的伤害；可调节转向管柱可以通过管柱调节转向盘角度，让驾驶员找到更舒适的姿势，提高驾驶舒适性。

转向系统总成装置包括：

（1）转向管柱总成；

（2）电动助力转向控制器；

（3）电动助力转向器总成。

汽车转向系统故障常见故障有：转向异响故障、转向漏油故障、转向沉重故障。维修故障时要分清故障现象逐一排除。

1）转向时有异响

转向时有异响一般是机械部分故障，例如主销与衬套损伤、立柱止推轴承损坏等造成。维修时可以左、右打方向，观察响声的部位进行拆检。

2）转向机漏油

转向机向外漏油不外乎是几个位置：转向机上盖、侧端盖和转向轴拐臂连接处。这三个部位都有密封圈，维修时更换新的油封和密封圈就可解决。

如果其他部位漏油就很可能是转向机壳体砂眼或裂痕。细小的裂痕和砂眼可以用乐泰290高渗透性密封胶来堵漏。

3）方向回位较困难

一般车辆都有转向自动回位的功能。液压助力的汽车，由于液压阻尼的作用，自动回位的功能有所减弱，但还保持一定的自动回位的能力。

如果回位时，也要像转向时那样施力，就说明回位功能有故障。这种转向系统故障一般都发生在转向机械部分。例如转向节主销与衬套缺油而烧损、转向横/直拉杆接头缺油而锈蚀、转向盘与转向机连接的操纵轴万向节缺油或别劲以及转向机的转向轴扇齿与活塞直齿啮合太紧等等，都会造成这种故障。

4）助力泵漏油

如果从助力泵后端盖漏油，显然是后端盖密封圈破损，这是比较容易发现的。实际中还有一种难于发现的故障，这就是转向油罐里的油不断减少（总需要补充），而发动机油底内的机油却不断增多或者表面上看起来发动机丝毫不烧机油。维修故障排除时放出部分油底机油观察没有什么异常现象，也嗅不出什么其他的异味，这种情况显然是助力泵驱动轴端的油封漏油所致；助力泵低压油腔的液压油由油封漏至发动机正时齿轮室，流入油底。液压油与机油混合而无法分辩。

5）转向沉重

一般来讲引起这类故障的原因有如下几种。

（1）转向机故障。通过检查如果发现是转向机助力油压较低时，说明方向重的原因在转向机，此时应请专业厂家来进行修理。一般来讲转向机故障大部分是由于活塞、缸筒拉伤，或是活塞上密封圈损坏造成活塞两腔相通，使助力压力不能有效地建立。此外，活塞圆周面上的各种密封圈、转向螺杆上的密封圈破损，也会造成高压卸荷，而使助力压力降底。

（2）助力泵故障。通过试验判断助力泵的泵压达不到标准值时，显然方向沉重与此有关。首先应检查流量控制阀与阀座的啮合面、安全阀钢球是否封闭不严。如果是流量阀或安全阀泄漏，可通过研磨的方法修复。其次再检查安全阀的弹簧是否失效。这点可通过在弹簧后面加垫片的方法检查，如果在弹簧后面增加一垫片后，最大泵压有明显增加，说明弹簧失效。

如果这两部位都无问题，则应拆卸解体助力泵，观察叶片泵的腔壁是否磨损和拉伤。因腔壁拉伤会使高、低压腔相通，从而造成压力无法建立。一般拉伤都是油脏所致。如果转向突然沉重，则应检查是否是泵轴断裂所致。

（3）缺油，系统有空气。如果助力系统缺油，造成系统内有空气，此时不仅转向沉重，而且在转向时还有噪声。此时按加油与放气的程序进行排气即可。

（4）储油罐内回油滤清器堵塞。储油罐内回油滤清器长期不保养、更换，造成堵塞，使助力油循环不畅，造成回油背压增大，同样会使转向沉重。

（5）两限位阀的密封圈失效，使活塞两腔相通造成助力失效。

转向沉重故障分为以下几类。

（1）单边转向沉重。在实际中往往发生向一个方向转向轻快，而向另一个方向转向沉重的故障，这一般是由于负责密封一侧高压腔的密封件漏损所致，例如转向螺杆密封圈、活塞圆周上油道密封圈等。

还有一种情况应当注意，那就是转向沉重，一侧的限位阀封闭不严。封闭不严可能是调整不当，使该限位阀大部分在常开位置，或是阀与阀座封闭不严，更多的情况是限位阀上两个O形密封圈失效所致。

有的时候会发生向某一方面转向时从头至尾都很轻，而向另外一个方面打方向时，开始很轻，每打到某一个位置，转向就突然沉重。这种故障一般来讲是由于该方向的限位阀调整不当，使车轮还没有到极限位置时，限位阀就打开卸荷，此后转向立刻沉重。遇此故障只要按上节所述重新调整限位阀就行了。

（2）两侧转向都沉重。如果遇有向两侧打方向都沉重，应当从两个方面去查找原因：首先查找转向机械部分的原因，如果机械部分没有问题，再查找转向助力方面的原因。

机械方面的原因主要在于：转向节长时间不保养，使转向立柱和衬套严重缺油、磨损甚至烧蚀，从而引起转向沉重。因此在保养时，必须向转向立柱空腔内注满润滑脂，而且每次注油时需用千斤将前桥支承起来，要注到立柱上、下两支承面都有润滑脂挤出为止，此时说明立柱与衬套间已注满润滑脂。转向立柱的平面止推轴承如果严重磨损或是损坏，也会造成转向沉重的故障。

机械部分的故障可以用眼观察转向立柱、转向节的外观和搬动前轮来感受一下前轮左、右摆动的阻力的方法来检查。如果转向机械部分没有问题，那么显然是转向助力部分产生故障。可以通过上一节介绍的方法，即迅速又准确地查出引起故障的部位，然后通过拆检，查明故障的原因。

（3）快速转向沉重故障。在转向时如果慢慢打方向，转向还轻，如果在急转弯时快速打方向，转向立刻沉重。这说明在快速打方向时，助力泵的有效排量不够，助力油对油缸高压腔的补充还跟不上活塞的运动，助力油压无法建立，因而反映为转向沉重的故障。

这类故障主要出现在助力泵，助力泵流量控制阀泄漏、弹簧失效以及泵叶片与腔室表面严重磨损，都会造成这种现象。维修排除方法是更换助力泵。

6）电动助力转向控制器拆装

（1）拆卸。

①拆卸仪表板左下装饰板总成。

②旋出固定螺栓，脱开电动助力转向控制器与支架的连接。
螺栓规格：M6×1.0×12。
螺栓拧紧力矩：9~11 N·m。
使用工具：10 mm 六角套筒。
③移除电动助力转向控制器至可断开连接插头的位置。
④断开连接插头，取出电动助力转向控制器。
（2）安装。
安装按拆卸的倒序进行。
提示：
更换电动助力转向控制器后，点火开关置"ON"状态（不起动），进行电动助力转向控制器配置，具体配置项目参照诊断仪提示进行操作。

7）电动助力转向器总成
图 4-25 所示为电动助力转向总成一览。

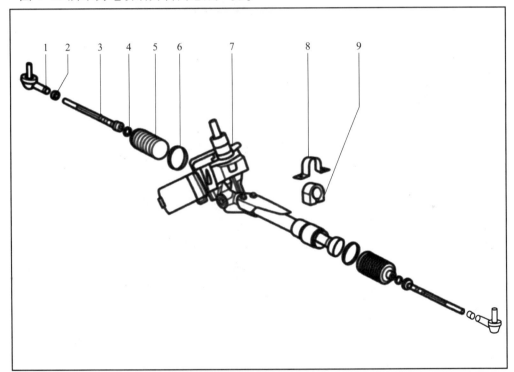

1—外拉杆总成；2—锁止螺母；3—内拉杆总成；4—小卡箍；5—防尘套；6—大卡箍；
7—转向器；8—安装支架；9—橡胶衬套。

图 4-25　电动助力转向总成一览

电动助力转向器总成的拆卸步骤如下。
（1）将转向盘转至直线行驶位置。
（2）换挡杆置于"N"挡。
（3）拆卸两侧转向节组件。
（4）断开蓄电池负极电缆。

(5) 拆卸前雨刮电机及连杆总成。

(6) 撬出线束固定卡（箭头 A），撬出过孔胶套①，脱开线束②与通风罩前下板总成③的连接，如图 4-26 所示。

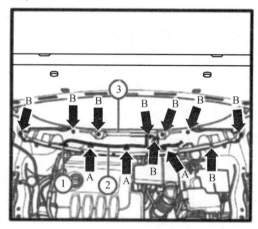

图 4-26　线束的连接

(7) 旋出固定螺栓（箭头 B），取下通风罩前下板总成③，如图 4-26 所示。

螺栓规格：M6×1.0×12。

螺栓拧紧力矩：6~12 N·m。

使用工具：8 mm 六角套筒。

(8) 用记号笔在转向管柱总成①与电动助力转向器总成②上做好装配标记箭头 A，如图 4-27 所示。

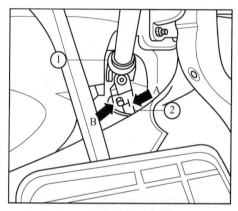

图 4-27　电动助力转向的标记

(9) 旋出固定螺栓箭头 B，脱开转向管柱总成①与电动助力转向器总成②的连接，如图 4-27 所示。

螺栓 B 规格：M8×1.25×30。

螺栓 B 拧紧力矩：20~26 N·m。

使用工具：13 mm 六角套筒。

(10) 将左侧驱动轴总成①与右侧驱动轴总成②固定在车身上，如图 4-28 所示。

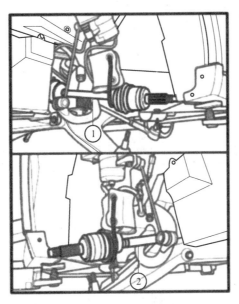

图 4-28 驱动轴的固定

（11）旋出固定螺栓 A、螺栓 B、螺栓 C，取下后悬置软垫总成①与后悬置支架②，如图 4-29 所示。

螺栓 A 规格：M12×1.25×60。

螺栓 A 拧紧力矩：75～85 N·m。

使用工具：15 mm 六角套筒。

螺栓 B 规格：M12×1.25×20。

螺栓 B 拧紧力矩：75～85 N·m。

使用工具：15 mm 六角套筒。

螺栓 C 规格：M12×1.5×55。

螺栓 C 拧紧力矩：85～95 N·m。

使用工具：18 mm 六角套筒。

图 4-29 取下后悬置支架

(12) 旋出固定螺母，脱开前稳定杆左侧连杆③与前稳定杆②的连接，如图 4-30 所示。

螺母规格：M12×1.5。

螺母拧紧力矩：57~73 N·m。

使用工具：18 mm 两用扳手。

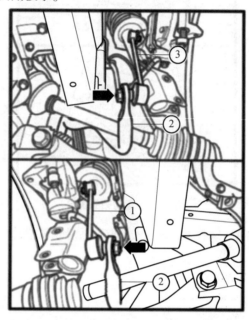

图 4-30 前稳定杆的连接

(13) 断开电动助力转向器总成的连接插头 A 和 B，如图 4-31 所示。

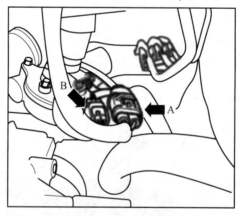

图 4-31 断开连接

(14) 使用举升装置放置前副车架组件 1。

(15) 旋出固定螺栓 A、B，将前副车架组件 1 降下，如图 4-32 所示。

螺栓 A 规格：M14×1.5×80。

螺栓 A 拧紧力矩：190~210 N·m。

使用工具：21 mm 六角套筒。

螺栓 B 规格：M14×1.5×90。

螺栓 B 拧紧力矩：190~210 N·m。

使用工具：21 mm 六角套筒。

提示：必须在另一位装配工的协助下进行。

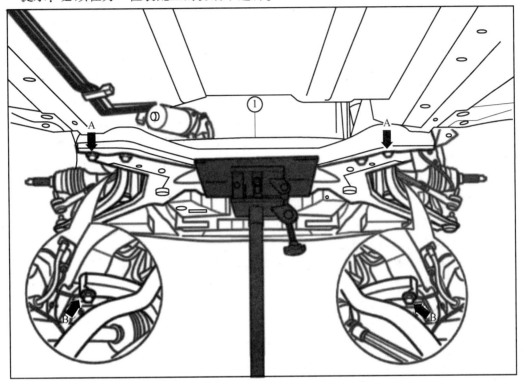

图 4-32 前副车架组件装配图

（16）旋出固定螺母 A 和螺栓 B、C，取下支架①与电动助力转向器总成②，如图 4-33 所示。

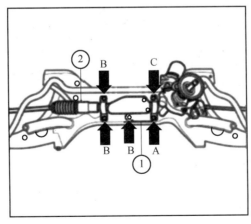

图 4-33 取支架和转向器总成图

螺母 A 规格：M12×1.5。

螺母 A 拧紧力矩：85~95 N·m。

使用工具：18 mm 六角套筒。
螺栓 B 规格：M12×1.5×20。
螺栓 B 拧紧力矩：85～95 N·m。
使用工具：15 mm 六角套筒。
螺栓 C 规格：M12×1.5×45。
螺栓 C 拧紧力矩：85～95 N·m。
使用工具：15 mm 六角套筒。

电动助力转向器的安装以倒序进行，同时注意下列事项。

（1）使用举升装置举升前副车架组件 1。必须在另一位装配工的协助下进行。

（2）预紧前副车架 1 的固定螺栓 A、B。前副车架安装到车身上注意转向器的密封件应无弯折地紧贴装配板，并且正好封住脚部空间开口。否则会有水进入或产生噪声。

（3）安装完成后需进行四轮定位。

8）转向盘拆装

转向盘（见图 4-34）的拆卸步骤如下。

（1）拆卸主安全气囊。

（2）将转向盘总成转至直线行驶位置。

（3）断开时钟弹簧连接插头 B，旋出转向盘总成①的固定螺母 A。

螺母 A 规格：M12×1.5。

螺母 A 拧紧力矩：37～43 N·m。

使用工具：18 mm 六角套筒。

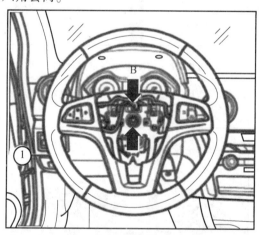

图 4-34 转向盘

（4）将转向盘总成①从转向管柱上拔出。

提示：

①在取出转向盘总成时，注意转向管柱和转向盘总成的标记；

②若转向管柱上没有标记，在取下转向盘总成前用记号笔在转向管柱上做标记。

安装以倒序进行，同时注意安装后，在试车时必须检查转向盘总成的位置。

故障现象和诊断如表 4-19 所示。

表4-19 故障现象和诊断

序号	检查步骤	检查结果	
		故障现象	操作方法
0	检查转向盘是否安装到位	转向盘安装不到位	重新安装转向盘
1	检查扭矩传感器是否正常	扭矩传感器功能失效	更换扭矩传感器
2	检查电机的驱动力是否正常	电机的驱动力不足	更换电动助力转向器总成
3	检查电动助力转向器总成是否有故障	电动助力转向器总成故障	更换电动助力转向器总成
4	检查车速传感器是否正常	车速传感器信号不良	检查车速信号电路
5	检查转向管柱总成是否正常	转向管柱故障总成故障	更换转向管柱总成
6	检查电动助力转向控制器是否正常	电动助力转向控制器故障	更换电动助力转向控制器
7	正确检修操作后，检查故障是否出现	故障未消失	从其他症状查找故障原因

4.4.4 冷却系统的检查

电动汽车在使用过程中，由于各电器系统中功率的损耗会产生大量的热量，温度过高会影响系统的正常工作，为了维持系统的正常工作，需要维持这些温度在一定的范围之内，因此设计了冷却系统来对这些易于发热的系统进行冷却，降低工作温度，延长系统的使用寿命。定期对冷却系统进行维护和保养有利于汽车正常运作和提高其寿命。

1. 冷却系统原理介绍

动力电池作为汽车的动力源，其充电、放电的发热会一直存在。动力电池的性能和电池温度密切相关。

为了尽可能延长动力电池的使用寿命并获得最大功率，需在规定温度范围内使用蓄电池。原则上在-40～55℃范围内，动力电池单元处于可运行状态。动力电池单元都装有冷却装置，动力电池冷却系统有空调循环冷却式、水冷式和风冷式。

1）空调循环冷却式

在高端电动汽车中，动力电池内部有与空调系统连通的制冷剂循环回路。动力电池单元直接通过冷却液进行冷却，冷却液循环回路与制冷剂循环回路通过冷却液制冷剂热交换器（即冷却单元）连接。因此，空调系统制冷剂循环回路由两个并联支路构成，一个用于冷却车内空间，另一个用于冷却动力电池单元，2个支路各有一个膨胀和截止组合阀。

电动冷却液泵通过冷却液循环回路输送冷却液。只要冷却液的温度低于电池模块，仅利用冷却液的循环流动便可冷却电池模块。冷却液温度上升，不足以使电池模块的温度保持在预期范围内。因此必须要降低冷却液的温度，这时需借助冷却液制冷剂热交换器（即冷却单元）。这是介于动力电池冷却液循环回路与空调系统制冷剂循环回路之间的接口。

如冷却单元上的膨胀和截止组合阀使用电气方式启用并打开，液态制冷剂将流入冷却单元并蒸发。这样可吸收环境空气热量，也是一种流经冷却液循环回路的冷却液。电动空调压缩机（EKK）再次压缩制冷剂并输送至电容器，制冷剂在此重新变为液体状态，因此制冷剂可再次吸收热量。

为了确保冷却液通道排出电池模块热量，必须以均匀分布的作用力将冷却通道整个平面压到电池模块上，通过嵌入冷却液通道的弹簧条产生该压紧力。针对电池模块几何形状和下半部分壳体对弹簧条进行了相应调节。热交换器的弹簧条支撑在高电压蓄电池单元的壳体下部件上，从而将冷却液通道压到电池模块上。

动力电池单元冷却液循环回路内的电动冷却液泵额定功率为 50 W。电动冷却液泵利用冷却单元上的支架固定，其安装于动力电池的右后角。

2）水冷式

水冷式动力电池冷却系统是使用特殊的冷却液在动力电池内部的冷却液管路中流动，将动力电池产生的热量传递给冷却液，从而降低动力电池的温度。下面以荣威 E50 电动汽车为例介绍动力水冷式冷却系统。

荣威 E50 冷却系统分为 2 个独立的系统，分别是逆变器（PEB）/驱动电动机冷却系统、高压电池包冷却系统（ESS）。

冷却系统利用热传导的原理，通过冷却液在各个独立的冷却系统回路中循环，使驱动电动机、逆变器（PEB）和动力电池包保持在最佳的工作温度。冷却液是50%的水和50%的有机酸技术（OAT）的混合物。冷却液要定期更换才能保持其最佳效率和耐腐蚀性。

（1）膨胀水箱。膨胀水箱装有泄压阀，安装在逆变器（PEB）托盘上，溢流管连接到电池冷却器的出液管上，出液管连接在冷却水管三通上。膨胀水箱外部带有"MAX"和"MIN"刻度标示，便于观察冷却液液位。

（2）软管。橡胶冷却液软管在各组件间传送冷却液，弹簧卡箍将软管固定到各组件上。动力电池冷却系统（ESS）软管布置在前舱内和后地板总成下。

（3）冷却水泵。动力电池冷却系统冷却液泵通过安装支架，并由 2 个螺栓固定在车身底盘上，经由其运转来循环高压电池包冷却系统。

（4）电池冷却器（Chiller）是动力电池冷却系统的关键部件，它负责将动力电池维持在一个适当的工作温度，使动力电池的放电性能处于最佳状态。电池冷却器主要由热交换器，带电磁阀的膨胀阀（TXV），管路接口和支架组成。热交换器主要用于动力电池冷却液和制冷系统的制冷剂的热交换，将动力电池冷却液中的热量转移到制冷剂中。

BMS 负责控制电动水泵，电动水泵会在高压电池包温度上升到 32.5 ℃时开启，在温度低于 27.5 ℃时关闭，BMS 发出要求电池冷却器膨胀阀关闭和水泵运转的信号。

ETC 收到来自 BMS 的膨胀阀电磁阀开启的信号要求，ETC 首先打开电池冷却器膨胀阀的电磁阀，并给 EAC 发起动信号。

高压电池组最适宜温度值为 20～30 ℃。正常工作时，当高压电池组的冷却液温度在 30 ℃以上时，ETC 会限制乘客舱制冷量，冷却液温度在 48 ℃以上，ETC 会关闭乘客舱制冷功能，除霜模式除外。

ETC 只控制冷却液温度。BMS 控制冷却液与 BMS 高压电池包内部的热量交换。

当车辆进入快速充电模式时，ETC 会被网关模块唤醒，此时高压电池包冷却系统进入正常工作状态。

3）风冷式

风冷式动力电池冷却系统是利用散热风扇将来自车厢内部的空气吸入动力电池箱，以冷却动力电池以及动力电池的 ECU 等部件。

丰田普锐斯、凯美瑞（混动版）、卡罗拉双擎、雷凌双擎采用风冷式动力电池冷却系统。

车厢内部的空气通过位于后窗台装饰板上的进气管流入，向下流经动力电池或 DC/DC 转换器（混合动力车辆转换器），以降低动力电池和 DC/DC 转换器（混合动力车辆转换器）的温度。空气通过排气管从车内排出。

车厢内部的空气通过位于后窗台装饰板上的进气管流入，向下流经动力电池，以降低动力电池温度，然后经过 BMS、总正负继电器等电器元件，降低自身温度后，通过排气管将空气排除车内。

散热风扇为直流低电压风扇，配备独立的 DC/DC 转换器；当散热风扇工作时，电流从动力电池流出经过 DC/DC 转换器将 350 V 直流高电压转换成 12～16 V 的直流低电压，提供给散热风扇。

在电动汽车系统中，主要发热部件有驱动电机、电机控制器和 PDU，PDU 中的主要发热组件为 OBC 和 DC/DC 直流转化模块。

冷却液经过水泵加压后，被输送到电机控制器，经过电机控制器后冷却液进入了 PDU 中，经 PDU 后进入驱动电机，最后从驱动电机回到散热器进行散热，经过散热后的冷却液再次进入水泵，并以此方式不断循环带走系统中多余的热量。

冷却系统工作原理如图 4-35 所示。

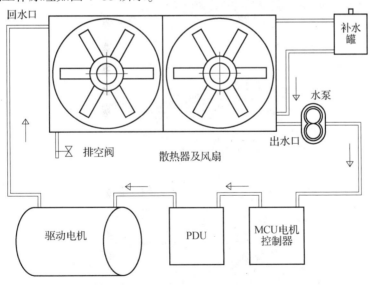

图 4-35　冷却系统工作原理

水泵及风扇的开启与停止都由 VCU 进行控制，MCU 电机控制器温度（实际上指 IGBT 的温度）、驱动电机的温度及 PDU 的温度（实际上指的充电机的温度）都被采集被送到 VCU 内，VCU 据此判断部件的冷却需求。只有当某一系统有冷却需求时，它才会开启。

散热器的后方安装了两个电子风扇，系统会根据温度的情况来决定是否开启风扇工作，并且根据冷却需求选择低速挡还是高速挡。这是开式的冷却系统，在散热器旁边配置了一个冷却系统补水罐，有下面 4 个功能：

①冷却系统的气泡可以通过散热器上方的排气管排出到补水罐；

②当温度升高，冷却液膨胀时，系统内多余的冷却液可以排到此罐内；

③当温度降低时，补水罐内的冷却液可以通过底部的补充到系统中；

④当系统的冷却液不足时，通过此补水罐的口来添加冷却液，确保冷却液面位于补水罐中的上刻度线和下刻度线之间。

在散热器的下方配有一排空阀，用于冷却液的更换和维护保养时使用。

2. 冷却系统的结构

冷却系统结构如图 4-36 所示，零件明细如表 4-20 所示。

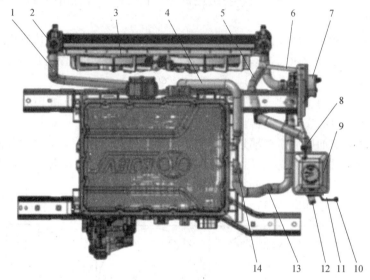

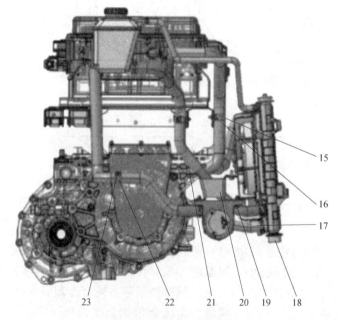

图 4-36　冷却系统结构

表4-20 零件明细表

序号	零件名称	序号	零件名称
1	电机出水管	13	水泵总成
2	MCU进水管	14	六角法兰面螺栓
3	橡胶块	15	钢带型弹性环箍
4	钢带式弹性软管夹箍	16	水泵支架
5	散热器及电子风扇模块	17	副水箱
6	高压电缆固定卡子	18	六角法兰面螺栓-加大系列
7	电机进水管	19	六角法兰面螺栓-加大系列
8	六角法兰面螺栓-加大系列	20	高压电缆固定卡子
9	补水管	21	副水箱支架
10	散热器出水管	22	六角法兰面螺母
11	排气管	23	六角法兰面螺母
12	散热器下悬置总成		

1）主要零部件介绍

（1）水泵。水泵的作用是对冷却液加压，保证其在冷却系统中循环流动。由于纯电动汽车和传统车有着一定的区别，水泵的驱动方式由机械传动变为电机驱动。有的车型采用的是离心式水泵。

检测方法：用两根导线直接将蓄电池正负极与水泵正负极连接进行测试时，因为水泵有正负极性要求，在蓄电池端的两根导线要对调测试一次，对调后，水泵的转向将改变，以免误判。

（2）散热器及风扇总成。散热器中的冷却液自左向右后自上向下流动，冷却液在散热器内蜿蜒曲折的流动，以此在增加冷却液在散热器内停留的时间，延迟热交换的时间，另外在散热器的外部布满了散热翅片，以此来增大散热面积，提高热量交换的效率，通过这两种方式将从MCU、PDU和电机的热量散发到大气中。

散热风扇置于散热器的后面，风扇的功用是当风扇旋转时吸进空气使其通过散热器，以增强散热器的散热能力，加速冷却液的冷却，保证驱动电机控制器及驱动电动机始终能在最适宜的温度下正常工作。轿车上大多采用电动风扇。电动风扇由电动机驱动并由蓄电池供电，所以风扇转速与驱动电机转速无关。图4-37为双速电机，所以有两路工作电路，一路控制风扇低速运转，一路控制风扇高速运转。系统会根据温度的状况来选择风扇的转速。

（3）补水罐。在常温下为了达到良好的冷却效果，将添置尽可能多的冷却液，冷却液会随着温度的升高而膨胀，为了收集膨胀出来的冷却液，在系统中设置了一个膨胀罐，而且随着温度的上升还会产生气泡（水开了就会有气泡），膨胀罐还能将这些气泡产生的气给排出系统。当冷却系统温度降低后，冷却液会收缩，然后系统内的冷却液面就会下降，为了补充这部分的冷却液，补水罐的冷却液会经过补水罐补充到散热器内。所以膨胀罐和补水罐就是同一东西，只是说明了两不同阶段的作用。

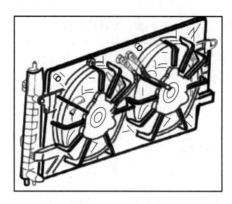

图 4-37 双速电机

补水罐的另一个作用就是用来添加冷却液。

(4) 冷却液。正确使用冷却液，可起到防腐蚀、冷却防水垢和防冻结等作用，能够使冷却系统始终处于最佳的工作状态，保证驱动电机的正常工作温度。

冷却液液位检查：将车辆停驻在水平路面上，仔细阅读和遵守相关警告说明，打开前机舱盖。冷却液膨胀罐，待电机冷却后检查冷却液液位。"MAX"为冷却液上限标记，"MIN"为冷却液下限标记。冷却液液位应位于上限标记与下限标记之间，如液位偏低，须添加冷却液。

冷却液添加：

①若电机处于热态，关闭驱动系统并等待其冷却。

②为防止烫伤，用一块厚布包住膨胀罐盖，然后慢慢拧下膨胀罐盖。

③必须添加新冷却液。加注后冷却液液位必须处在标记范围内，至少高于"MIN"标记。

④装上并拧紧膨胀罐罐盖。

注意：

①不允许用不同的冷却液添加剂与先前的冷却液添加剂混合。

②符合标准的冷却液添加剂可防止霜冻、腐蚀和结垢，此外还能提高沸点。因此，冷却系统务必全年加注防冻防腐剂。

③如果出于气候原因需要更强的防冻效果，可以提高冷却液的比例，但最高只到60%（防冻温度最低至约-40 ℃），否则防冻效果会减弱，此外还会降低冷却效果。

④使用折射计确定当前的防冻液浓度。

⑤如果更换了散热器、驱动电机等，就不能重新使用已经用过的冷却液。

⑥防冻液用量及规格：请根据车型选用规定的冷却液及规格。

2) 拆装

散热器及电子风扇总成拆装如图4-38所示。

(1) 关闭点火开关及所有用电器。

(2) 将合适的冷却液收集容器置于排空阀下面，然后逆时针方向旋松散热器排空塞，排空冷却散热器内的冷却液；为了快速将冷却液排空，请将补水罐的盖打开。

(3) 如图4-38所示，按住插头上的锁片，然后用力往外拔，将断开电子风扇线束插头。注意有2个插头。

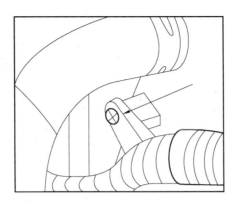

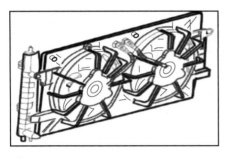
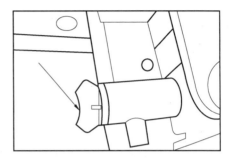

图4-38 散热器及电子风扇总成拆装

(4) 用十字螺丝刀松开左边的螺丝,如图4-39 (a) 所示。

(5) 用十字螺丝刀松开右边的螺丝,如图4-39 (b) 所示。

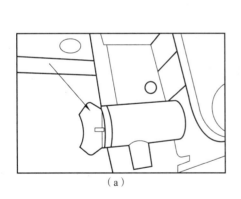
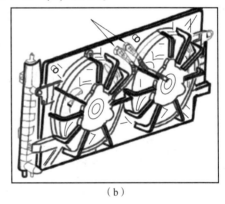

(a)   (b)

图4-39 松左右螺丝

(6) 取下风扇及其电机。

(7) 拧紧散热器的排空阀,拧紧力矩为 4 N·m。

(8) 用鲤鱼钳夹住管卡的两端,然后拔开散热器下端的出水管、补水管,如图4-40所示。如不易拔开,可以用一字小螺丝刀在接口处拨动。

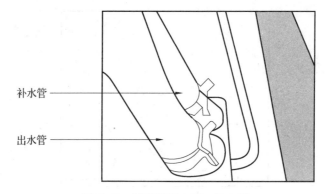

图 4-40　散热器出水管、补水管

（9）用鲤鱼钳夹住管卡的两端，然后松开散热器上端的回水管，如图 4-41 所示。

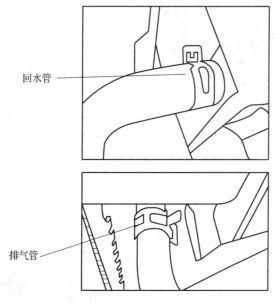

图 4-41　散热器上端回水管

（10）如不易拔开，可以用一字小螺丝刀在接口处拨动。

（11）先拆去全保险杠及格栅，然后用 8 mm 的套筒拆开快充座，将快充线束移开，如图 4-42 所示。

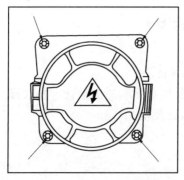
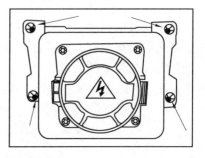

图 4-42　快充座

(12) 用 10 mm 的套筒拆开快充座的支架的 4 颗螺丝，如图 4-42 所示。

(13) 用 8 mm 的套筒将快充座支架的 2 个底脚螺丝拆开，然后移开快充座支架，如图 4-43 所示。

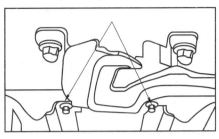

图 4-43 快充座支架

(14) 用 10 mm 的套筒将前舱的锁止器的两颗固定螺栓拆开，如图 4-44 所示，移开前舱锁止器。

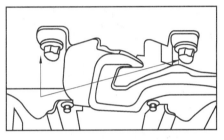

图 4-44 前舱锁止器

(15) 用 8 mm 的套筒，拆开水箱上横梁的 4 颗连接螺栓（见图 4-45），将水箱上横梁移开。同时注意扶住水箱，以防水箱摔下。

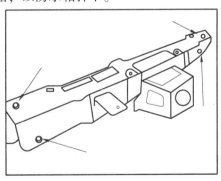

图 4-45 水箱

(16) 将水箱从水箱的下横梁中取出。请务必小心，否则取出时容易将水箱的定位销折断。

(17) 安装以相反顺序进行，同时注意下列事项：

①无特别说明，所有螺丝力矩为 9～11 N·m。

②散热器表面各处是否出现裂痕、破损、锈蚀、泄漏，特别是弯折接缝处，必要时更换。检查散热器表面叶片是否出现弯折、损坏，必要时更换。

③安装软管时，在接头上抹上洗洁剂作为润滑，以便顺利将管插进。风扇接插件两端

接线正确，风扇运转时，风束方向为从车头向车尾；怠速时，感受低速挡风扇无异常噪声。

④防冻液加注：向散热器加注口加注符合新能源汽车使用标准的冷却液，至目测冷却液加注至冷却液加注口位置时，开启电动水泵，待水泵循环运行2~3 min后，再向散热器补充冷却液至加注口，重复以上加注操作，直至达到冷却系统加注量要求，然后向副水箱冷却液加注至上限位置。

⑤散热系统加注完成后，检查散热器总成左侧水室密封处有无渗漏现象，管路连接处是否出现液体泄漏及渗出，如出现液体渗漏须立即进行维修。

水泵拆装的步骤如下。

（1）关闭点火开关及所有用电器。

（2）将合适的冷却液收集容器置于排空阀下面，然后逆时针方向旋松散热器排空塞，如图4-46所示，排空冷却散热器内的冷却液；为了快速将冷却液排空，请将补水罐的盖打开。

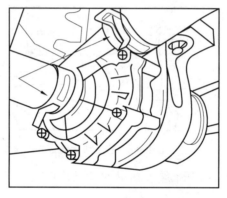

图4-46　散热器排空塞

（3）断开水泵电机插头，如图4-47所示，用手安装锁片然后用力往外拔，直到分离。

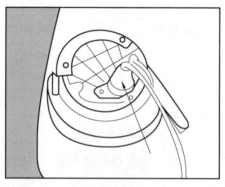

图4-47　锁片

（4）用鲤鱼钳夹住进水管和出水管的弹性软管卡箍后，将弹性软管卡箍移开到软管的其他部位，然后用力将软管拔开，如果不易拔开，可用一字螺丝刀撬动软管后再拔。

（5）用10 mm的套筒将水泵的两颗固定螺栓拆下，如图4-48所示，然后可将水泵移出。

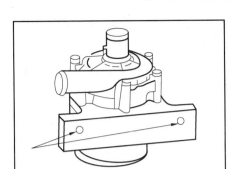

图 4-48 水泵

（6）用 10 mm 的套筒将水泵固定支架的两颗螺栓拆下，然后将水泵支架取下即可。安装以相反顺序进行，同时注意：

①水泵的插头分正负极，所以在安装前请先确认其正负极。

②严禁在未加注冷却液前上电使水泵运转，否则将造成水泵的损坏。

③水泵及其支架的固定螺栓的力矩为（9±2）N·m。

补水罐拆装步骤如下。

（1）关闭点火开关及所有用电器。

（2）将合适的冷却液收集容器置于排空阀下面，然后逆时针方向旋松散热器排空塞，如图 4-49 所示，排空冷却散热器内的冷却液；为了快速将冷却液排空，请将补水罐的盖打开。

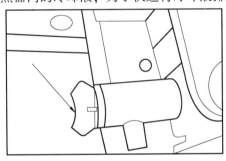

图 4-49 散热器排空塞

（3）将补水罐上的排气管和补水管的弹性卡箍用鲤鱼钳夹住，然后移开到软管的其他部位。转动软管，如果不转动，适当用一字螺丝刀拨动将软管从补水罐上移开。排气管和补水管如图 4-50 所示。

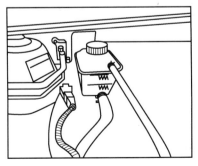

图 4-50 排气管和补水管

（4）用 10 mm 的套筒将补水罐支架的两颗固定螺栓拆下，然后将支架和补水罐分离即可。

（5）安装以相反顺序进行即可，支架螺栓的力矩为（9±2）N·m，添加冷却液至满刻度线和低刻度线之间，如图 4-51 所示。

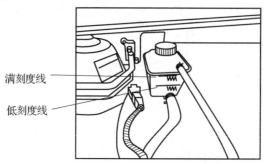

图 4-51　冷却液的添加

冷却系统常见故障排查工具如表 4-21 所示。

表 4-21　常见故障排查工具

工具名称	规格
个人绝缘工具	绝缘手套，绝缘鞋、护目镜，安全帽，警示牌等
手动绝缘工具	一套（含有套筒、扳手、棘轮、内六角、内六花、钳子、螺丝刀、皮锤）
万用表等	数字式（包含有端子测试工具），挑针，剥线钳，压线钳。
绝缘表	500 MΩ
测温枪	红外线
测速枪	红外线
BDS	北汽新能源诊断仪（含带安装软件）的笔记本电脑
PCAN	含已安装好程序的笔记本计算机

3）有故障码的故障诊断表

常见有故障码的故障诊断如表 4-22 所示。

表 4-22　常见有故障码的故障诊断

编号	故障名称	DTC	维修提示
1	低速风扇继电器驱动通道开路	P100A13	（1）检查风扇插件和线束； （2）更换风扇继电器
2	低速风扇继电器驱动通道对电源短路	P100A12	（1）检查风扇插件和线束； （2）更换风扇继电器
3	低速风扇继电器驱动通道对地短路	P100A11	（1）检查风扇插件和线束； （2）更换 VCU
4	水泵继电器驱动通道开路	P100C13	（1）检查水泵插件和线束； （2）更换水泵继电器

续表

编号	故障名称	DTC	维修提示
5	水泵继电器驱动通道对电源短路	P100C12	（1）检查水泵插件和线束； （2）更换水泵继电器
6	水泵继电器驱动通道对地短路	P100C11	（1）检查水泵插件和线束； （2）更换 VCU
7	高速风扇继电器驱动通道开路	P100D13	（1）检查风扇插件和线束； （2）更换风扇继电器
8	高速风扇继电器驱动通道对电源短路	P100D12	（1）检查风扇插件和线束； （2）更换风扇继电器

4）常见无故障码的故障诊断

常见无故障码的故障诊断如表 4-23 所示。

表 4-23 常见无故障码的故障诊断

故障现象	故障诊断	处理措施
泵工作有异响（嗡嗡声）	首先分析车辆是在行驶中还是静止状态出现的异响，若以上情况均有，检查散热器内防冷液是否充足，补充后再进行试车，如还是存在异响，考虑为水泵出现故障	补充防冻液；若补充后，水泵声音仍然很大，更换水泵
表报出驱动电机过热	（1）水泵不工作/运转不顺畅； （2）水道堵塞； （3）冷却系统缺液； （4）散热器外部过脏； （5）散热器散热效果不佳，如散热器翅片发生变形，通风量降低等； （6）电子风扇不转	（1）检查水泵电路部分，更换相应器件（保险丝、继电器、线束），更换水泵； （2）更换相关管路； （3）补充冷却液； （4）清理散热器表面脏污（如杨絮、蚊虫等杂物）； （5）更换散热器处理； （6）检查电子风扇供电电路

故障排查步骤与方法：

（1）在进行故障诊断时，牢记先简后难，从外到内的原则。

（2）大部分的故障来源于电源、保险、线路、开关（继电器）及接地等简单原件。只有检查完这些简单元件后，再查温度传感器和电机等电子元件，最后再查控制器和通信故障。

（3）对于冷却系统的控制，控制器采用的都是低电位控制，所以为了故障诊断可以将控制器甩开，直接进行接地检测其功能，根据系统的原理图来进行下一步的检查。

（4）由于电动车固有的特性和控制策略，其冷却系统的温度不可能达到 100 ℃，所以不能根据冷却液的温度来推断其故障现象。

4.4.5 制动液的检查

通常制动液的正常更换周期为 2 年或 50 000 km，满足任一条件都应更换。

正常制动液液位应在储液罐上限（MAX 或 HIGH）与下限（MIN 或 LOW）刻度之间或标定位置处。除检查液面外，也要检查是否有泄漏，如有，应及时修复。

相对于大多数私家车主而言，制动液（刹车油）是他们最少关心和了解的内容之一，说起发动机、油耗、品牌，相信每个爱车人都能说上几句，可一说到制动液，真正了解的人则少之又少了。

汽车制动液又称刹车油，是用于汽车液压制动系统中传递压力的液体，其优劣直接关系刹车的可靠程度，因此制动液的选购事关车友生命安全，绝不可掉以轻心。

制动液的主要性能是良好的高温性能和低温性能。制动过程中，由于摩擦发热可使蹄片温度高达 250 ℃。其热量有一部分传给制动液，使其工作温度达 70~90 ℃，在下长坡等路况行驶需频繁制动时，其工作温度可达 110 ℃，大型载货汽车的制动液有时可高达 150 ℃，而在冬季某些地区的制动液温度又可低至 -40 ℃ 以下，因此要求制动液有良好的高温性能和低温流动性能，保证制动安全可靠不产生气阻。在现代高速汽车中，行驶时经常制动而产生大量的摩擦热，使制动系统温度升高，如使用沸点低、易于蒸发的制动液，则在高温时会由于制动液的蒸发，使局部制动系统的管道内充满蒸气，产生气阻，引起制动失灵。因此新型汽车多要求制动液应具有较高的沸点，较低的蒸发性，以减少气阻的产生。

制动液应有较好的防腐蚀性，良好的化学安定性。制动液长期在高湿环境下使用，因此要求制动液不产生热分解和重合，而使油品增黏，也不允许生成油泥沉积物。同时要求互溶性好，当与另一种制动液混合时，不能产生分层或沉淀，影响使用。

制动液应有良好的与橡胶的适应性。在制动系统中有许多橡胶密封件与皮碗等，用以保持制动系统完全密闭，因此制动液应具有良好的与橡胶密封件的适应性，防止橡胶密封件与皮碗因液油而膨胀、力学强度降低。

刹车油与生命息息相关。真正合格达标的制动液有几个特性：在高温、严寒、高速、湿热等工况条件下保证灵活传递制动力；对刹车系统的金属和非金属材料没有腐蚀性；能够有效润滑刹车系统的运动部件，延长刹车分泵和皮碗的使用寿命。

制动液质量的优劣直接关系到车辆行驶的安全性。我国有近 10 万人不幸丧生于各类交通事故，车辆制动不灵、刹车失效是重要因素之一。正因为如此，世界各国历来十分重视对制动液的监管，西方发达国家更是将其纳入道路安全法规范畴予以控制。

1. 制动液

安装 ABS 装置的汽车越来越多，为了更好地发挥汽车的机动性能，实现安全运输，有必要普及有关制动液的基本知识。ABS 装置工作时，制动系统产生的摩擦热比未装 ABS 装置的车高，制动液的恶化变质也出现得早，如果在制动液变质的情况下继续使用，将会使主缸、轮缸、油压控制器等产生损伤，吸湿率增加，使制动力下降。因此，要对装有 ABS 装置的车辆的制动液从严管理，车主应遵守各汽车制造厂推荐的更换周期。另外还要根据使用条件，在必要时提前进行更换。

1）制动液必备的性能

（1）沸点不低于 260 ℃：这是为了不使制动效率变差，确保制动系统不发生气阻所必需的。

（2）低温下能确保工作可靠：制动液绝对不允许出现结冻现象。

(3) 不伤害橡胶及金属零件。

(4) 在长期保存及使用中，遇冷却、加热时化学性能变化小。

(5) 吸湿沸点高：吸湿沸点是含水率为 3.5% 时的沸点。没有安装 ABS 装置的车辆在紧急制动时会抱死车轮，装有 ABS 装置后，可使汽车在紧急制动时车轮不会被抱死而防止出现侧滑，因此制动系统产生的热量较高。适合于 ABS 选用的是吸湿沸点较高的制动液。如果使用低沸点的制动液，会因为容易产生气阻而使汽车处于非常危险的状态。

2) 制动液的更换周期

制动液的更换一般在车辆检测维修时进行，有的汽车厂家推荐一年更换一次，这样要求是依据行业现状而定的。最为理想的状况应当是定期测定制动液的吸湿率，如果超过标准就更换。

制动液的吸湿率可以用表通过测定制动液的导电性来判定，吸湿率增大，导电性也增大。实际上因各个车辆的适用条件不同，制动液的吸湿率有很大的差异。

2. 空气排出

如果 ABS 装置没有参加工作，与普通制动系统基本相同，其制动液的更换与空气的排除也是按照与普通制动系统相同的程序进行的。应当注意的是，在排出空气的工程中，要使控制器做适当的运动，以把其内的空气排出。为此要比普通制动系统多费一点时间。在过程中必须特别注意使储液室中的制动液液面保持在 MIN 与 MAX 之间，液面低时应及时补充。

1) ABS 制动液的更换

在对有液压动力或助力的 ABS 进行更换或补充制动液时，应按如下程序进行。

(1) 先将新制动液加至储液罐的最高液位标记处。

(2) 如果需要对 ABS 中的空气进行排出，应按规定的程序进行空气排出。

(3) 将点火开关置于点火位置，反复地踩下和放松制动踏板，直到电动泵开始运转为止。

(4) 待电动泵停止运转后，再对储液罐中的液位进行检查。

(5) 如果储液罐中的制动液液位在最高液位标记以上，先不要泄放过多的制动液，而应重复 (3) 和 (4) 步骤。

(6) 如果储液罐中的制动液液位在最高液位标记以下，应向储液罐再次补充新的制动液，使储液罐的制动液液位达到最高标记处，但切不可将制动液加注到超过储液罐的最高液位标记，否则，当蓄能器中制动液排出时，制动液可能会溢出储液罐。

(7) 在 ABS 中，ABS ECU 通常根据液位开关输入的信号对储液罐的制动液液位进行监测。当制动液液位过低时，ABS 将会自动关闭，因此，应定期对储液罐中的制动液液位进行检查，并及时补充制动液。

ABS 排气比普通制动系统稍微复杂一些，应遵循一定的要领和注意事项，否则不但浪费操作时间，而且使空气排出不彻底。排气时，要注意以下几点。

①对于装有真空助力器的 ABS，在进行排气前，要把制动助力控制装置断开，使制动系统处于无助力状态。

②断开 ABS ECU，以使排气过程中 ABS 电子控制系统不起作用，避免 ABS 对排气造成影响。

③ABS排气要比普通制动系统耗时长、消耗的制动液也比较多,需边排气边向制动主缸储液罐添加制动液,使储液罐制动液液面保持在MAX与MIN之间。

④刚刚放出的制动液不能马上添回储液罐,需在加盖的玻璃瓶内静置3天以上,待制动液中的气泡排尽后才能再用。

⑤在排气过程中,制动踏板要缓慢地踩,不能过猛,这与普通制动系统不一样。

⑥不同形式的ABS,其排气程序可能会有不同,应参照相应的维护手册进行操作。

⑦有些ABS的排气可在ABS中液压泵工作的条件下进行,在加压情况下,可使排气更快更彻底。

制动液(常称刹车油)有3种类型。在选购时要选择可靠的厂家,一般来说级别越高越好。它的制动工作压力一般为2 MPa,高的可达4~5 MPa。所有液体都有不可压缩特性,在密封的容器中或充满液体的管路中,当液体受到压力时,便会很快地、均匀地把压力传导液体的各个部分。液压制动便是利用这个原理来进行工作的。

刹车油一般多久换一次?大多数人认为刹车油的更换只局限于年限和公里数。其实则不然。也要依据车辆所处地带的气候湿度。热带地区,每年或20 000 km换一次。寒带地区,每两年或40 000 km换一次。温带地区,每三年或60 000 km换一次。

建议购买中高档的刹车油。低端的刹车油杂质多,这样会导致刹车泵加速磨损和刹车系统油路堵塞。过期的刹车油刹车效果也不太理想,只是因为车主长时间适应自己的车辆,所以察觉不到。为了安全行车,建议马上更换。

2)刹车油保养方法

劣质刹车油往往有酒精味,液体像水,且可能会出现杂质和悬浮物,而合格的刹车油形态与蜂蜜类似,呈淡黄色或者深黄色,滴于手心后摩擦会越来越热。

①建议车主在挑选刹车油时不要贪便宜,最好是购买标号DOT4以上的刹车液。此外,对于太稀或完全无色透明的刹车油,建议车主不要冒险采用。

②刹车油品牌要专一、不可混用。在使用刹车油的过程中,不能够将汽油、柴油、机油或者玻璃水混入刹车油,否则会大大影响制动效果。

注意:

不同类型和不同品牌的刹车油不要混合使用,对有特殊要求的制动系统,应加注特定牌号的刹车油。由于不同品牌和不同类型的刹车油的配方不同,混合刹车油会造成刹车油性指标下降。即使是那些互溶性比较好,标明能混用或可替代的品牌,也不要长期混用。

4.4.6 驱动电机的检查与维护

电池、电机、电控是电动轿车的三大件,驱动电机系统是电动汽车三大核心系统之一,是车辆行驶的主要驱动系统,电机的好坏直接决定了整车性能的高低。

以北汽新能源EX360为例,其搭载一台最大功率为109马力的永磁同步驱动电机,最大扭矩230 N·m,永磁同步电机功耗较低但制造成本较高,传动效率高,起动转矩大,受到众多厂家的喜爱,市场占有率约为70%。北汽新能源EX360匹配一块能量密度更高的三元锂动力电池组,电池容量为48 kW·h,理论寿命达到了600 000 km,其NEDC工况续航为327 km,60 km/h匀速续驶里程为398 km。0~50 km/h加速时间为5 s,此外据官方信息,该车将配备e-Motion Drive 2.0电驱动系统及智能ASR驱动防滑控制系统。驱动系统的特性决定了车辆的主要性能指标，直接影响车辆动力性、经济性和用户驾乘感受，故对其进行检查和维护及其重要。

1. 驱动电机的拆装

（1）关闭点火开关及所有用电器，松开蓄电池负极电缆总成的固定螺母，取下负极电缆组件。

螺母规格：M6×1.0。

螺母拧紧力矩：21~23 N·m。

使用工具：10 mm 六角套筒连接。

安装以倒序进行。

（2）拆卸 PEU 端电机 UVW 三相线高压插头

（3）拆前舱底护板。

（4）拆卸真空泵。

（5）拆卸左右半轴。

螺母拧紧力矩：30~36 N·m。

使用工具：10 mm 六角套筒连接。

（6）断开空调压缩机高低压插件，拆下电动压缩机 4 颗固定螺栓。

螺母拧紧力矩：20~24 N·m。

使用工具：10 mm 六角套筒连接。

注意：将电动压缩机固定至车身合适位置处。

（7）拆卸电机右悬置支架与电机间连接的固定螺栓。

螺母拧紧力矩：85~95 N·m。

使用工具：15 mm 六角套筒连接。

（8）使用动力总成举升装置卸下动力总成。

安装以相反顺序进行。

注意以下事项。

（1）驱动电机安装。

①驱动电动机与减速器连接花键润滑脂的加注。

②规格：德国力魔 LM48 润滑脂。

③加注量：20 g。

（2）减速器润滑油进行补加到标准油位，规格：美孚 1 号 LS GL-5 75W-90。

（3）冷却系统安装及冷却液加注。

①装配过程中保证管路的清洁，不要进入异物，以免造成水泵的损坏及管路堵塞。

②管路两端有管路对齐标记，装配时按照对齐标记对齐。

③管路连接时应注意管路走向，不应出现打帮、扭曲等现象，不应与其他管路干涉。

④补加冷却液，水泵正常工作后，冷却液位在上限位置。

⑤散热系统加注完成后，检查散热器总成左右侧水室密封处有无渗漏现象，管路连接处是否出现液体泄漏及渗出，如出现液体渗漏须立即进行维修。

⑥严禁在未加注冷却液之前上电使水泵运转，以免造成水泵的损坏。

2. 驱动电机系统维护

（1）每天开车前，检查水箱是否有防冻液，如防冻液太少或没有，则必须补充。

（2）检查驱动电机及其控制器各固定点，检查螺栓是否松动。

（3）检查驱动电机及其控制器可见线束及插件是否存在松动、老化、破损、腐蚀等现象。

（4）每两个月检查电机本体及控制器水冷管道是否通畅，如果冷却水道有堵塞现象，则应及时清理堵塞物。

（5）每半年检查清理一次电机本体及控制器的表面灰尘。清理方法：断开动力电源，用高压气枪清理电机本体及控制器表面灰尘。

（6）电机轴承在一个大修周期内，不需要加油脂。当轴承发生故障时，须解体电机，更换轴承。

（7）当电机很长时间未用，建议测量电机的绝缘电阻。检查绝缘电阻应使用500 V兆欧表，其值不低于5 MΩ，否则应对绕组进行干燥处理，以去除潮气。去除潮气的方法可采用下列方法之一：

①用接近80 ℃的热空气干燥电机，将热空气吹过静止、不通电的电机。

②将转子堵住，在定子绕组施加7~8 V的50 Hz交流电压。

允许逐步增加电流直至定子绕组温度达到90 ℃，不允许超过这一温度，不允许增加电压到足以使转子旋转。

在转子堵转下的加热过程中，要极其小心以免损伤转子，维持温度为90 ℃直到绝缘电阻稳定不变。

3. 驱动电机常见故障与维修

驱动电机故障一般分为机械故障和电气故障。机械故障比较容易判断，如电机运行时内部有机械碰撞或异响，一般为轴承磨损或转子扫膛。轴承磨损会导致转子运转时偏离正常位置发生振动，可通过塞尺检查定子和转子之间的间隙，排查损坏的轴承，更换后排除故障。引起电气故障的原因较多，排查起来也比较困难，常见的电气故障原因和维修方法如下。

1）电机超速

故障产生的可能原因：

①整车负载突然降低，电机扭矩控制失效，处理方法：如重新上电后故障不再出现，可不用处理；

②电机低压信号线插头连接松动或者退针，处理方法：检查信号线插头；

③控制器损坏（硬件故障），处理方法：更换控制器。

2）电机运行温度过高

当电机控制器通过温度传感器监测到驱动电机绕组运行温度在120~140 ℃时，会降功率运行；超过140 ℃时，电机会停止工作。维修方法是检查电机本体是否由于长期过载运行而导致损坏，并更换电机。

3）旋转变压器故障

故障现象一般为电机无法起动或转矩输出偏小。在确定控制器旋变线与电机接线正常的情况下，对旋转变压器和控制器旋变解码电路进行排查。用万用表测量旋转变压器两侧绕组电阻，若无穷大，则表示损坏，需更换旋转变压器；若为正常值，则可判断为控制器内部旋变解码电路故障，需更换控制器主控板。

4）电机缺相

故障现象为电机时而转时而不转或抖动，噪声大或发热。这属于励磁故障的一类，多为电机某一相的霍尔元件损坏，霍尔元件是一个磁体控制传感器，用它可以检测磁场的变化，通过控制器根据霍尔元件所采集的信号来控制，控制器的三相输出，让电机正常运作，若其中一个霍尔元件损坏停止工作，则导致电机缺相。检查的方法是测量霍尔元件输出引线相对霍尔地线和相对霍尔电源的引线的电阻，用比较法判断是哪只霍尔元件出现了故障。处理方法是同时更换3个霍尔元件，以保证电机换相位置的精确。

思考练习

1. 制动液必备的性能是什么？
2. 简述刹车油保养方法。
3. 驱动电机系统去除潮气的方法有哪些？

4.5 汽车处于位置3的维护

汽车处于位置3的维护项目如表4-24所示。

表4-24 汽车处于位置3的维护项目

顶起位置3：汽车处于离地1.7 m处		
序号	检查位置	作业内容
1	车辆下方	(1) 螺母和螺栓； (2) 悬架； (3) 半轴； (4) 动力电池系统； (5) 制动管路

4.5.1 螺母和螺栓（车辆下）的检查

对螺母或螺栓紧固扭矩的检测是整机或部件组装后可靠性检查的极为重要的一道工序。检测的目的是避免螺纹连接件在紧固过程和紧固后发生超拧、漏拧和拧不足的现象，确保每个螺栓紧固后能正常工作对紧固扭矩的检测工序可分为二大类：即在拧紧过程中的控制法和拧紧后的检测。拧紧后的检测方法，简称事后法，该方法大致可分为4种。

（1）拧紧法，也称增拧法。适用于重要紧固后的检验。检验方法：用扭力扳手平稳用力逐渐增加力矩（切忌冲击），当螺母或螺栓刚开始产生微小转动时它的瞬时扭矩值最大（因要克服静摩擦力），继续转动，扭矩值就会回落到短暂的稳定状态，这时的扭矩值即为检查所得的扭矩。特点：操作简单，但必须熟练有经验。

（2）标记法，也称复位法、划线法、转角法。检查方法：检验前先在被检螺栓或螺母头部与被连接体上划条线，确认相互的原始位置。然后将螺栓或螺母松开些，在用扭矩扳手将螺栓或螺母拧紧到原始位置（划线处要对准），这时的最大扭矩值再乘以0.9～1.1所得的值即为检查所得的扭矩。特点：技术水平不高，操作较烦琐，不适宜有防松功能的紧固件。

（3）直觉法，拧紧后凭直觉判断。检验方法：对有弹性垫圈类则观察是否压平来判断。对无弹性垫圈类或有弹性垫圈但观察困难，则可采用扭力扳手进行拧紧凭直觉来判断拧紧程度：若到扭矩值，扳手不转动或微小转动，判为已拧紧；若转动超过半圈为没有拧紧、不合格。特点：适宜于一般紧固检查。

（4）松开法，也称拧松法。检查方法：用扭矩扳手慢慢地向被检螺栓或螺母施加扭矩，使其松开，读取开始转动时的瞬时扭矩值，并根据试验和经验乘以一个系数。

4.5.2 悬架及缓冲减振器的检查

在悬架系统中由于弹性元件受冲击产生振动，为改善汽车行驶平顺性，悬架中与弹性元件并联安装减振器，为衰减振动，汽车悬架系统中采用的减振器多为液力减振器，其工作原理是当车架（或车身）和车桥间受振动出现相对运动时，减振器内的活塞上下移动，减振器腔内的油液便反复地从一个腔经过不同的孔隙流入另一个腔内。其正常检查步骤如下。

（1）检查各易损件有无损伤，同时用手摇动检查有无松动。松动的检查确认要上下、左右摇动。

（2）检查钢板弹簧是否有断片、裂纹等。拉伸螺旋弹簧，检查有无松动。检查扭杆弹簧是否有弯曲、扭曲等。

（3）使用扳手检查防松螺栓是否拧紧。

（4）检查减振器的减振效果。若减振器的减振效果明显减弱，先检查减振器是否漏油。若无漏油，则把减振器拆卸下来。用手上下推拉减振器，看其减振效果（距离较大，且拉伸阻力稍大于推压阻力）。

4.5.3 半轴的检查

汽车半轴也叫驱动桥，是差速器与驱动轮之间传递扭矩的实心轴，其内端一般通过花键与半轴齿轮连接，外端与轮毂连接。现代汽车常用的半轴，根据其支承型式不同，有全浮式和半浮式两种。全浮式半轴只传递转矩，不承受任何反力和弯矩，因而广泛应用于各类汽车上。全浮式半轴易于拆装，只需拧下半轴突缘上的螺栓即可抽出半轴，而车轮与桥壳照样能支撑汽车，从而给汽车维护带来方便。半浮式半轴既传递扭矩又承受全部反力和弯矩。它的支承结构简单、成本低,因而被广泛用于反力弯矩较小的各类轿车上,但这种半轴支承拆取麻烦,且汽车行驶中若半轴折断则易造成车轮飞脱。

半轴一般是在什么情况下坏的,在行车过程中如何判断?有经验的驾驶员,一般是先听声音,正所谓"闻声识故障"。如果是前驱车后面轮的半轴坏了,会听到金属摩擦声或是金属硬碰的声音。如果是前驱车前面轮的半轴坏了,和后面坏了声音差不多。如果车主在行驶过程中,听到汽车半轴方向转来异响,就要停车下来进行仔细检查。汽车的半轴在长期的扭转疲劳和冲击力的作用下,容易出现弯曲、扭曲和断裂以及花键齿磨损或扭斜等故障。正常检查步骤如下:

(1)检查驱动轴的万向节罩有无裂纹、损伤;
(2)发现有裂纹时,检查罩内侧有无腐蚀、尘埃、缺乏润滑脂等;
(3)卡住万向节附近的轴,向各个方向摇动,检查万向节有无松动。

4.5.4 动力电池系统

动力电池与 BMS、整车控制系统共同构成了电动汽车的三大核心技术。动力电池系统指用来给电动汽车的驱动提供能量的一种能量储存装置,由一个或多个电池包以及电池管理(控制)系统组成。作为整车的动力源,动力电池对整车性能具有重要的影响。以北汽新能源 EX360 为例,其配备的高性能轻量化三元锂电池,相较于传统的磷酸铁锂电池,具有能量密度高、循环性能好、充电时间快、充放电流大(更高的功率输入输出,让车跑得更快)、寿命长、耐低温、轻量化等优良性能。

动力电池与普通电池的主要区别如下。

(1)性质不同。动力电池是指为交通运输工具提供动力的电池,一般是相对于为便携式电子设备提供能量的小型电池而言;而普通电池是一种以锂金属或锂合金为负极材料,使用非水电解质溶液的一次电池,与可充电电池、锂离子聚合物电池是不一样的。

(2)电池容量不同。在都是新电池的情况下,用放电仪测试电池容量,一般动力电池的容量在 1 000~1 500 mAh;而普通电池的容量在 2 000 mAh 以上,有的能到 3 400 mAh。

(3)放电功率不同。一颗 4 200 mAh 的动力电池可以在短短几分钟内将电量放光,但是普通电池完全做不到,因此普通电池的放电能力完全无法与动力电池相比。动力电池与普通电池最大的差别在于其放电功率大、比能量高。由于动力电池主要用途为车用能源供给,所以相较于普通电池要有更高的放电功率。

(4)应用不同。为电动汽车提供驱动动力的电池被称为动力电池,包括传统的铅酸电池、镍氢电池以及新兴的锂离子动力锂电池,分为功率型动力电池(混合动力汽车)以及能量型动力电池(纯电动汽车);手机、笔记本电脑等消费电子产品使用的锂电池一般统称为锂电池,以区别于电动汽车用的动力电池。

动力电池市场上仍以铅酸蓄电池、镍氢电池、燃料电池、锂电池为主。

1. 铅酸蓄电池

铅酸蓄电池的应用历史最长,技术最为成熟,是成本、售价最低廉的蓄电池,已实现大批量生产。其中,阀控式密封铅酸蓄电池(VRLA)一度成为重要的车用动力电池,应用在众多欧美汽车公司开发的 EV 和 HEV 上,例如通用在 20 世纪 80 年代和 90 年代分别开发出的 Saturn 和 EVI 电动汽车等。

但是，铅酸蓄电池的比能量较低，续航时间短，自放电率高，循环寿命低；其主要原料铅的质量大，而且在生产和回收过程中可能产生重金属的环境污染。所以，铅酸蓄电池主要用于汽车起动时的点火装置，以及电动自行车等小型设备。

2. 镍氢电池

镍氢（Ni/MH）电池具有良好的耐过充、过放能力，不存在重金属污染问题，而且在工作过程中不会出现电解液增减现象，可以实现密封设计、免维护。与铅酸蓄电池和镍镉电池相比，镍氢电池具有较高的比能量、比功率及循环寿命。其缺点是电池具有的记忆效应较差，而且随着充放电循环的进行，储氢合金逐渐失去催化能力，电池内压会逐渐升高，影响到电池的使用。此外，镍金属昂贵的价格，也导致其成本较高。

在关键材料上，镍氢电池主要由正极、负极、隔膜和电解质构成，正极为镍电极（Ni$(OH)_2$）；负极一般采用金属氢化物（MH）；电解质主要为液体，主要成分是氢氧化钾（KOH）。镍氢电池的研究重点主要在正、负极材料上，其技术研发相比较成熟。

车用镍氢电池已实现了批量生产和使用，是混合动力汽车研制中应用最多的车载电池类型。最典型的代表即混合动力汽车量产规模最大的丰田普锐斯（Prius）。丰田与松下合资成立的 PEVE 公司是世界最大的镍氢动力电池制造商。

镍氢电池现阶段已经退出主流动力电池行列，那么为何丰田还会坚守镍氢电池的阵营呢？

这是因为镍氢电池最大的优势：超强的耐用性！

美国著名的汽车媒体曾经对一台使用了 10 年后的第一代普锐斯进行了对比测试。测试结果显示，采用镍氢电池的第一代普锐斯车型在经过了 10 年行驶 330 000 km 之后，将其与新车时的数据对比，无论是在油耗性能还是在动力性能都保持在同一水平，说明混动系统和镍氢电池组仍然工作正常。

此外，即便在使用 10 年跑了 330 000 km 之后，这辆第一代普锐斯的镍氢电池组从未发生过问题，人们 10 年前所质疑因电池容量衰减将大幅影响油耗和动力性能的情况也没有出现。

镍氢电池的维护应注意如下事项。

(1) 仪表板上动力电池指示灯出现不正常应即刻停车检查。

(2) 不要行驶在起伏较大的道路和过深的水中。

(3) 电动汽车动力电池使用温度一般在 -20 ~ 60 ℃。

(4) 当动力电池充电状态指示灯点亮时，应尽快进行补充充电，注意充电时环境温度要求在 0 ~ 55 ℃。

(5) 行车注意避免剧烈碰撞，以免引起电池爆炸。

(6) 如续驶里程在短时间内突然下降很多，应及时到专业电池修复机构进行检查、修复。

(7) 进行蓄电池充电或保养检测时，必须先取下负极上的接地电缆并在最后将其安装。

(8) 车辆长期不用，应该充足电保存，以后每月补充充电 1 次。

3. 燃料电池

燃料电池是一种将存在于燃料与氧化剂中的化学能直接转化为电能的发电装置。燃料和空气分别送进燃料电池，电就被生产出来。它从外表上看有正负极和电解质等，像一个蓄电池，但实质上它不能"储电"而是一个"发电厂"。

和普通化学电池相比，燃料电池可以补充燃料，通常是补充氢气。一些燃料电池能使用甲烷和汽油作为燃料，但通常是限制在电厂和叉车等工业领域使用。氢燃料电池基本原理是电解水的逆反应，把氢和氧分别供给阳极和阴极，氢通过阳极向外扩散和电解质发生反应后，放出电子通过外部的负载到达阴极。

氢燃料电池的工作原理是：将氢气送到燃料电池的阳极板（负极），经过催化剂（铂）的作用，氢原子中的一个电子被分离出来，失去电子的氢离子（质子）穿过质子交换膜，到达燃料电池阴极板（正极），而电子是不能通过质子交换膜的，这个电子只能经外部电路，到达燃料电池阴极板，从而在外电路中产生电流。

电子到达阴极板后，与氧原子和氢离子重新结合为水。由于供应给阴极板的氧可以从空气中获得，因此只要不断地给阳极板供应氢，给阴极板供应空气，并及时把水蒸气带走，就可以不断地提供电能。

燃料电池发出的电，经逆变器、控制器等装置，给电动机供电，再经传动系统、驱动桥等带动车轮转动，就可使车辆在路上行驶。与内燃机汽车相比，燃料电池车能量转化效率高达60%~80%，为内燃机的2~3倍。

燃料电池的燃料是氢和氧，生成物是清洁的水，它本身工作不产生一氧化碳和二氧化碳，也没有硫和微粒排出。因此，氢燃料电池汽车是真正意义上的零排放、零污染的车。

动力电池需要每3个月或每行驶5 000 km后进行1次单体电压检测。每次更换电池时，均需要检查连接插头是否有磨损、松动、烧蚀等故障；每运行10 000 km，需要对电池箱进行1次清理，并检查内外箱体及各个组成部分是否完好，以及动力电池发生故障或续驶里程极大变化时，需要对其进行拆解维护，包括电源系统的常规维护、重点维护和储存维护。

下面以北汽新能源EX360车型为例来说明。

1）电池参数

北汽新能源EX360的动力电池参数如表4-25所示。

表4-25 EX360动力电池参数

项目名称	孚能-EX360
型号	PBM332145-A01
电芯/电池容量/Ah	29/145
电芯标称电压/V	3.65
放电截止电压/V	2.75（0~55℃），2.5（-20~0℃）
充电截止电压/V	4.15
连接方式	5P91S
可用电量（25）/kWh	48.1
标称电压/V	332
放电截止电压/V	250.2

续表

项目名称	孚能-EX360
产品质量/kg	395
箱体材质	玻璃钢（上）/铸铝（下）
冷却方式	自然冷却
加热方式	PTC 加热
高压连接器型号	F573110（FCI 品牌）
低压连接器型号	CT63L-3322ZJN-01（中航光电）
动力电池包尺寸/(mm×mm×mm)	(1 823±3)×(1 081±2)×(266.5±3)

2）动力电池外观检查

动力电池的外观检查主要针对动力电池托盘底部，检查步骤如下。

（1）将汽车停在举升机两柱之间。

（2）举升汽车，高度为 1.2 m 左右，观察动力电池托盘边缘及底部。

（3）检查并确认托盘边缘无开裂、无液体流出，托盘底部无凹陷变形。

（4）检查各紧固件螺栓、螺母及连接线是否松动。

（5）检查低压蓄电池电压，测量电压数值。

（6）检查动力电池的绝缘情况，包括动力电池绝缘性检查、电池模组漏电检查和串联线的破损。

（7）检查电池模组电压，测量电压数值。上层电池模组电压标准值应为 46.2 V，下层电池模组电压标准值应为 59.4 V。

（8）检查串联线束是否松动，判断串联线束的松动状态。

（9）检查插头及电池包箱体是否完好，有无损坏或腐蚀。

（10）检查电池包冷却通道是否异常。

（11）确定无问题后放下轿车。

一般来说，北汽 EX360 车型工况续航 318 km，等速续航可达 390 km。如果出现动力不足或续航不行，那么需要对动力电池进行拆装处理，并对其电路进行检测。

3）动力电池的拆装

（1）将车辆放于举升机上，关闭点火开关；通过仪表台左下方的前舱盖开启手柄，打开前舱盖。

（2）在断开或拆卸蓄电池之前，请消除警报器。确保"起动/停止按键"和其他电器部件，关闭断开低压蓄电池负极。

（3）拆下动力电池电缆护板的固定螺栓，取下护板。

螺栓规格：M6×1.0×16。

螺栓拧紧力矩：6~8 N·m。

使用工具：8 mm 六角套筒。

（4）动力电池高压插件按照以下步骤进行拆卸：

①逆时针旋出黑色低压控制插头；

②向后拨动高压线束蓝色锁销；

③按下锁止销，向后按动到底；

④按下锁止销，向后拔出插头。

(5) 将车辆举升至一定高度并锁止举升机安全锁。

(6) 将动力电池举升车推放到动力电池正下方，升高电池举升车平板至与电池包底部接触。

(7) 拆下动力电池的 10 个固定螺栓。松开固定蓄电池压板的限位螺栓，取出蓄电池压板。拧紧力矩：(95±5) N·m。

(8) 缓慢降下电池举升车，降到需要的高度后将电池举升车推出，提起手柄从汽车中提起蓄电池。

(9) 安装动力电池时，按相反顺序进行。

注意事项：

①举升电池的时候要确保电池箱体上的定位销对准底盘上的定位孔；

②请勿将蓄电池的电极颠倒，如果蓄电池的电极接反，可能会损坏电器系统；

③请勿在任何情况下将蓄电池正极接线柱和负极接线柱短接，以免发生烧伤、击伤等严重安全事故；

④请始终保持蓄电池竖直摆放，如果蓄电池倾斜超过 40°可能会造成损坏甚至安全事故；

⑤当整车正常起动以后，在驻车和行车过程中请勿断开蓄电池；

⑥不允许蓄电池端子或导线接触到工具或车上的金属部件。

4）动力电池低压控制电路检测

(1) BMS 电源电路检查。

①拔下 BMS 插件，测量 2#与 3#端子，7#与 8#端子之间的电压，应该有 12 V 蓄电池电压。

②如无电压则检查前机舱保险盒 FS14、FS13 保险是否烧坏，如保险正常，则检测 BMS 插件 B 端子与前机舱保险盒 FB14、FB13 之间电路是否导通。

③如正极电路正常，则检查 BMS 插件 3#与 8#端子与车身搭铁 G101 是否导通，不导通则检修负极电路。

(2) BMS 唤醒信号检查。

①拔下 BMS 插件，打开点火开关置于"ON"位置。BMS 插件 6#端子与车身搭铁之间应该有 12 V 电压。

②如无电压，则检测 BMS 插件 6#端子与 VCU81 脚电路是否导通或插件是否退针。如电路正常，则 VCU 故障，更换 VCU。

(3) CAN 线通路检查。

①EVCAN 线路检测。拔下 BMS 插件，测量 10#端子与 VCU111、15#端子与 VCU104 端子之间应该导通，如不能导通，则检查插件是否退针或线束。

②INCAN 线路检测。拔下 BMS 插件，测量 13#端子与 0BD2#、17#端子与 0BD10#端子之间应该导通，如不能导通，则检查插件是否退针并维修处理。

5）部分故障分析与处理方法

部分故障分析与处理方法如表4-26所示。

表4-26 部分故障分析与处理方法

序号	故障名称	故障码	可能的原因	处理方法
1	电池单体过小	P118822	电机系统失控、充电机失控	（1）如果重新上电，车辆恢复正常，则不需要派工，如果重新上电，车辆不能恢复正常，则需要派工；（2）充电过程出现该问题，进行派工（联系电池公司售后）
2	电池单体电压不均衡	P118522	电池单体一致性不好或均衡效果不好	（1）重新上电，反复进行几次慢充，如恢复正常，则不需要派工；（2）如仍频繁出现该故障，则需派工
3	电池外部短路	P118111	（1）高压回路异常；（2）高压负载异常	（1）如果重新上电，车辆恢复正常，则不需要派工；（2）如果重新上电，车辆不能恢复正常，则需要派工
4	电池内部短路	P118321	电池内部焊接、装配等问题	派工，电池售后确认无故障后，手动清除诊断仪，重新上电
5	电池温度过高	P0A7E22	（1）电池热管理系统有问题；（2）电芯本身有问题；（3）电池装配节点松弛	（1）车辆断电，等待一段时间，温度自然降低。如果重新上电，车辆恢复正常，则不需要派工；（2）如果重新上电，车辆不能恢复正常，或者较短时间内温度仍迅速上升，则需要派工
6	温度不均衡	P118722	电池热管理系统故障	（1）车辆断电，重新上电，车辆恢复正常，则不要工；（2）如果重新上电，车辆仍频繁出现故障，则需要派工
7	电池温升过快	P118427	（1）电池内部短路；（2）电池焊接、装配等问题引起火花	（1）车辆断电，等待一段时间，温度自然降低。如果重新上电，车辆恢复正常，则不需要派工；（2）如果重新上电，车辆不能恢复正常，或者较短时间内温度仍迅速上升，则要派工
8	绝缘电阻低	P0AA61A	（1）高压部件内部有短路；（2）高压回路对车身绝缘阻值下降	派工，确认无故障后，手动清除诊断仪，重新上电

续表

序号	故障名称	故障码	可能的原因	处理方法
9	充电电流异常	P118674	充电机故障或者充电回路故障	(1) 如果重新上电，车辆恢复正常，则不需要派工； (2) 如果重新上电，车辆不能恢复正常，则需要派工
10	电池系统内部通信故障	U025482	(1) CAN 总线线路故障； (2) BMU 或 BMS 掉线	(1) 如果重新上电，车辆恢复正常，则不需要派工； (2) 如果重新上电，车辆不能恢复正常，则需要派工
11	BMS 与车载充电机通信故障（v1）	U025387	(1) CAN 总线线路故障； (2) 车载充电机故障	(1) 如果重新上电，车辆恢复正常，则不需要派工； (2) 如果重新上电，车辆不能恢复正常，则需要派工
12	内部总电压检测故障	P118964	系统电压检测回路故障	(1) 如果重新上电，车辆恢复正常，则不需要派工； (2) 如果重新上电，车辆不能恢复正常，则需要派工
13	外部总电压检测故障（v2）	P118A64	系统电压检测回路故障	(1) 如果重新上电，车辆恢复正常，则不需要派工； (2) 如果重新上电，车辆不能恢复正常，则需要派工
14	BMS-EEPROM 读写故障	P119844	在更新 EEPROM 过程中断开电源	(1) 如果重新上电，车辆恢复正常，则不需要派工； (2) 如果重新上电，车辆不能恢复正常，则需要派工
15	高低压互锁故障	P0A0A94	高压接插件连接问题，零部件质量问题	(1) 紧固高压连接件后重新上电，车辆恢复正常，则不需要派工； (2) 如果重新上电，车辆不能恢复正常，则需要派工
16	加热元件故障	P119796	加热元件失效	该故障不影响行车和上电
17	负极继电器粘连	P0AA473	(1) 继电器带载动作或者严重过流； (2) 负极继电器控制相关线路故障	(1) 如果重新上电，车辆恢复正常，则不需要派工； (2) 如果重新上电，车辆不能恢复正常，则需要派工
18	预充继电器粘连	P0AE273	(1) 继电器带载动作或者严重过流； (2) 预充继电器相关线路故障	需派工，确认无故障后，手动清除诊断仪，重新上电

续表

序号	故障名称	故障码	可能的原因	处理方法
19	正极继电器粘连	P0AA073	（1）继电器带线动作或者严重过流；（2）继电器控制相关线路故障	需派工，确认无故障后，手动清除诊断仪，重新上电

注意：

（1）建议每1个月至少进行1次交流充电，以便进行电池均衡和保养，以提高车辆电池的使用寿命；

（2）动力电池系统的可用能量会随着使用时间的延长而小幅衰减；

（3）请勿在动力电池电量过低（SOC为10%~20%）的情况下停放超过7天；

（4）当蓄电池电压高于12.65 V时，蓄电池状态良好；

（5）当蓄电池电压低于12.65 V且高于11.0 V时，蓄电池需要进行充电；

（6）当蓄电池电压低于11.0 V时，蓄电池亏电严重，请勿自行对蓄电池进行充电操作；或蓄电池处于该状态下起动整车电气系统，以免损坏蓄电池。应立即请专业技术人员进行处理；

（7）如果需要，清洗蓄电池顶部，以确保蓄电池顶部清洁，防止微放电发生，造成蓄电池亏电。

思考练习

1. 动力电池与普通电池应用的区别是什么？
2. 说明动力电池现有主要种类。
3. 动力电池外观检查步骤是什么？

4.6 汽车处于位置4的维护

汽车处于位置4时的维护项目如表4-27所示。

表4-27 汽车处于位置4时的维护项目

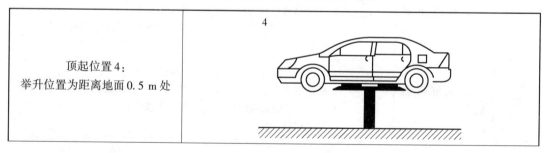

顶起位置4：
举升位置为距离地面0.5 m处

续表

序号	检查位置	作业内容
1	各个轮胎	（1）车轮轴承； （2）拆卸车轮； （3）轮胎； （4）制动器

4.6.1 车轮轴承的检查

众所周知，汽车运行时，是被四轮轮轴的 4 个轴承支承的。大货车采用滚锥轴承，这种轴承承载力大，间隙可调，可随时清洁维护。轿车则采用滚珠轴承，这种轴承滚动阻力小，升温慢，但是不易清洗润滑。特别是前轮驱动的轿车，采用双排滚珠轴承，轴承本身自带防污封圈，维护的时候无法清洗润滑。

在一般的行驶条件下，这类轴承能行驶 150 000 km 不出故障。但若经常涉水，一旦涉水深度超过轴承离地距离，轴承内就有可能进水。这时继续运行，轴承就会加快磨损。磨损量大后，形成轴承松旷，松旷的轴承运行起来容易升温，进而形成轴承烧蚀，甚至造成行车事故。如有一位驾驶员开车，前轮有异响，没当回事，实际是左前轮轴承烧蚀。在市区行驶中，车速低，没发生险情。后来在高速公路行驶，由于长时间高速运行，使本来已经烧蚀的轴承温度骤升，形成巨大的左转向力，撞上了护栏，损失 4 万多元。因使用不当造成轴承损坏的过程，不是三五天就完成的。驾驶员自行检查的办法是用千斤顶支起车，转动车轮，判别有无摇摆、松旷、发热、干磨等异常情况。如有，绝不可勉强使用。

以下是具体检查步骤：

（1）检查轮毂轴承紧度时，首先将汽车受检轮毂一端车轮的车桥架起，用支车凳、掩车木等用具把车安全地架好。

（2）用手转动受检的车轮数圈，看看转动是否平稳，是否有不正常的噪声。如果转动不平稳并有摩擦声，说明制动部分不正常；如果没有噪声，转动不平稳并且时紧时松，说明轴承部分不正常。出现上述不正常现象时应该拆检该轮毂。

（3）制动方面的检查。通常在检查轮毂轴承时，应附带检查车轮制动装置，如果轮胎内侧有油迹，很可能是制动分泵或制动油管漏油所引起的，应及时查明原因，予以排除。

（4）抓紧车轮，前后上下推拉摇动，检查轴承有无松动。

（5）发现异常时，由一人坐在驾驶位上踩制动踏板，另一人再次抓紧摇动车轮，前后上下推拉摇动，有松动的话，有可能是轴承松动过大造成的，要对轴承进行检查。

（6）按维修手册调整轴承间隙时，特别是对于圆锥滚柱轴承，要预留一定的间隙，并且不能拧得过紧，否则会磨耗、过热或烧灼。

4.6.2 车轮的拆卸

（1）在拆卸轮毂前，应做好轮毂保养的准备工作，将车停稳并架起车桥，以确保维护作业的安全。

（2）把车轮上的固定螺栓拧出来，把车轮从车桥上拆卸下。将拆下的车轮总成平放在地面，并使可拆轮缘的一面朝上。

(3) 用专用轮胎气门芯扳手拧下气门芯,将轮胎空气放出,再使胎圈与轮辋脱开。

(4) 用轮缘拆离片压迫轮胎使之与轮辋离缝。

(5) 将轮胎放在拆胎机(见图 4-52)的工作台上撑牢(或卡紧),调整好拆装头与轮胎的位置后锁紧。

(6) 检查轴承内径与轴颈的配合情况,配合间隙应不大于 0.10 mm。测量轴颈时,应在垂直地面的上、下两个部位(该处为最大的磨损部位)测量。如果配合间隙超过规定的使用限度,应更换轴承,使之恢复正常的配合间隙。不允许在轴颈上打毛刺、麻点来缩小间隙。

(7) 待所有零件都符合要求后,将内轴承涂抹润滑脂后放入轮毂中。

(8) 涂抹润滑脂时应注意,应将润滑脂挤进轴承内直至润滑脂从轴承的另一侧冒出来为止。在轮毂腔内和轴头盖内涂抹薄薄一层润滑脂,使之起到

图 4-52 拆胎机

防锈的作用。注意轮毂腔内的润滑脂不要涂抹得太多,否则会影响散热和制动。

(9) 将轮毂及外轴承装回到轴颈上,用手将轴头调整螺母拧上,然后用轴头扳手按规定扭矩拧紧调整螺母。拧紧螺母后,应左右转动轮毂几圈,看看轴承安装情况;另一方面,通过转动使轴承与座圈正确配合。此时轴承紧度适当,车轮自由转动而感觉不出轴向间隙。

(10) 最后依次安装锁片、固定螺母、轮胎、防尘罩和装饰盖等零件。

(11) 轮毂轴承调整好后,行驶一段距离(10 km 左右),停车检查,用手试摸轮毂的温度,如果发热,则是轴承调整过紧,应重新调整,适当放松轴承紧度。

4.6.3 轮胎的检查

轮胎气压过高、过低都会增加轮胎的磨损。气压过高,轮胎弹性降低,轮胎发硬,引起车辆行驶中颠簸,对悬架系统损伤比较大;气压过低,汽车行驶阻力增大,油耗增加,轮胎极易发热导致爆胎。很多车主都忽略轮胎换位,汽车在行驶中,4 个轮胎的位置不同,受力不同,公路路况不同,会造成轮胎磨损不一致的现象,如果不及时换位会增加轮胎磨损,缩短轮胎使用寿命。

轮胎检查的基本操作步骤如下:

(1) 检查轮胎接地面有无异常磨损或偏磨(一边磨损,一边完好)。

(2) 检查胎面的磨损显示标记,确认花纹深度是否超过规定最小值。必要时,使用深度计测量(轮胎花纹最小深度:1.6 mm)。

(3) 检查轮胎是否有龟裂、损伤,胎面(接地面)及两侧面的四周是否有钉子、石头及其他异物挤入或卡入。

(4) 注意看一下轮胎的生产日期,虽然磨损正常,但是时间太长了会有不同程度的老

化，如果时间很长了，建议更换轮胎。

车轮检查项目包括以下几项。

1）摆动

将一只手放在轮胎上面，另一只手放在轮胎下面，用力推拉轮胎以便检查是否有任何摆动。

提示：出现摆动时，通过踩下制动踏板进行检查，若没有更大摆动，则原因为车轮轴承出现问题；若仍然摆动，则原因为球节、主销或者悬架出现问题。

2）转动状况和噪声

用手转动轮胎，以便检查其是否能够无任何噪声地平稳转动。

(1) 取出风炮扳手，安装套筒，检查气管连接以及风炮旋向，安装套筒后应防止套筒高速飞出。

(2) 依次对角松动轮胎螺栓，分两次松动。

(3) 螺栓松动后，手动取出，另一人扶住轮胎，防止掉落，最后搬下轮胎放到轮胎架上，准备检查。

3）检查轮胎

(1) 外侧边缘磨损。

原因：如果顺行驶方向观察，在轮胎的外侧边缘有较大的磨损，说明轮胎经常处于充气不足的状态，即压力不够。

解决方法：多检查几次轮胎压力。可能的话，按"高速公路"标准充气，即比正常标准再多加 30 000 Pa。一般人认为，既然轮胎压力不足有利于雪地和沙地行驶，在潮湿地面上也应如此。然而，压力不足的轮胎非常不利于雨天行驶，因为抓地性会明显减弱，容易打滑。

(2) 凸状及波纹状磨损。

原因：假如发现轮胎着地部分的两侧呈凸状磨损，而且轮胎周边也呈波纹状磨损，说明车辆的减振器、轴承及球形轴节等部件磨损较为严重。

解决方法：由于更换轮胎费用较高，所以建议用户在更换轮胎前，先检查悬挂系统的磨损情况，更换磨损部件。否则，即使更换轮胎也无济于事。

(3) 表面均匀磨损。

原因：轮胎的均匀磨损是正常现象，其各部分都会有相应的表现。一旦花纹已经磨平，说明轮胎的寿命已尽，必须更换。另外，花纹还有排遣路面积水的功效，因此是保持汽车抓地性的重要手段。

解决方法：千万不要自行制造轮胎花纹。如果磨损已达轮胎花纹标准深度（通常为 1.6 mm，宽度大于 175 mm 的轮胎则为 2 mm），就要更换轮胎。同一根车轴上不同轮胎的磨损差别不得超过 5 mm。

(4) 轮胎内的暗伤。

原因：车辆与硬物发生冲撞后（例如撞在便道边缘上），或在瘪胎状态下行驶后，轮胎的橡胶层会有严重划痕，影响密封程度。

解决方法：在此情况下，轮胎会漏气、破裂。如创面较小，可以修补，以应不时之需，但若想长途行驶则必须立即更换轮胎。

(5) 中心部分磨损。

原因：如果发现轮胎着地部分的中心处出现严重磨损的情况，表明轮胎经常处于充气过满的状态，这也不利于轮胎的保养，反而加速了轮胎的磨损。

解决方法：首先一定要检查一下压力表是否精确，然后调整好压力。只有高速行驶或载重行驶的时候，才需给轮胎过分充气。

(6) 轮胎侧面裂纹。

原因：多因保养不善，或行驶于多石子的路面及建筑工地上，以致坚硬物体接触到轮胎，在重压下造成了轮胎内层的破损。

解决方法：须立即行动，如修理费不太贵，则以修补为好，否则就要更换轮胎。

(7) 轮胎出现鼓泡

原因：轮胎侧面出现鼓泡，这是因为轮胎内层有裂纹而造成气体通过裂纹达到表层，最终导致轮胎鼓泡。

解决方法：条件允许的情况下，最好及时更换轮胎，在橡胶上打补丁并不能持久。

(8) 轮胎内侧磨损。

原因：轮胎内侧磨损、外层边缘呈毛刺状，这表明轮胎变形，两个轮胎的对称性已受影响。

解决方法：如果有条件，最好把减振器、球形联轴节等一应配件全部更换，但如果费用太高，则可以考虑先请专业人员调校前桥与轮胎的角度。

(9) 轮胎局部磨损。

原因：如果轮胎表面只有一大块面积磨损，说明是紧急刹车致车轮别住所造成的；而如果前后轮胎有两块相同的磨损，就说明鼓式刹车有问题了。

解决方法：在这种情况下无论如何必须更换轮胎，为应急，可以把问题轮胎暂时换到非驱动轮，以保证安全。

4.6.4 轮胎的修补

轮胎破损受伤的位置只有3个部位：胎侧——指轮胎的侧面；胎冠——指轮胎的正面；胎肩——指轮胎正面与侧面夹角位置。侧面受伤是最难修复的，4S店一般不会给予修复，修复后又得不到质量期限保证，所以大多4S店都会建议用户更换轮胎。

一般而言，汽车轮胎的修补技术依据汽车轮胎受损程度，大致可分为3种：冷补技术（内补或粘贴补）、热补技术（俗称火补）和胶条修补技术。

(1) 冷补技术。所谓冷补是将受损的汽车轮胎从轮辋卸下，找到创口之后，将创口处的异物清理后，从汽车轮胎内层贴上专用补胎胶皮从而完成补漏。其实，这种技术类似自行车的补胎技术，只不过需要专用的扒胎机及补胎胶皮才能完成。

冷补的优点是可以对较大的汽车轮胎创口进行修补，缺点是不够耐用，在经过一段时间的水浸或车辆高速行驶之后，汽车轮胎修补处很可能再次出现漏气现象。

(2) 热补技术。热补技术是最彻底的补胎措施。热补技术同样要将汽车轮胎从轮辋上卸下，然后将专用的生胶片贴附于创口，再用烘烤机对创口进行烘烤，直至生胶片与汽车轮胎完全贴合。热补技术的好处是非常耐用，基本不用担心汽车轮胎的创口处重复漏气。不过它也有缺点，那就是施工时的技术要求较高，因为一旦烘烤时的火候控制不好，很可能会将汽车轮胎烤焦，严重的还会产生变形，那样一来，对汽车轮胎的损伤就更大了。

（3）胶条修补技术。胶条修补技术是最简单实用的补胎方法。胶条补胎技术对设备要求低（一套补胎工具加上一台小型轮胎充气泵即可），对车主的专业技术要求不高，因此很适合普通车主使用。

4.6.5 轮胎气压检查

轮胎是在各种车辆或机械上装配的接地滚动的圆环形弹性橡胶制品，通常安装在金属轮辋上，能支承车身，缓冲外界冲击，实现与路面的接触并保证车辆的行驶性能。轮胎常在复杂和苛刻的条件下使用，它在行驶时承受着各种变形、负荷、力以及高/低温作用，因此必须具有较高的承载性能、牵引性能、缓冲性能。同时，还要求具备高耐磨性和耐屈挠性，以及低的滚动阻力与生热性。世界耗用橡胶量的一半用于轮胎生产，可见轮胎耗用橡胶的能力。由于轮胎原因而造成的事故其后果是很严重的，胎压是轮胎的生命，所以随时保持在正确的胎压下行驶，对行车安全及汽车的维护都有极大好处。

轮胎气压是轮胎内部的空气压力，因为它支承汽车的质量，同时对轮胎的异常磨损、四轮定位、耗油量有极大的影响，所以确认轮胎压力是非常重要的。而轮胎气压过高或过低都有爆胎危险，不可小视气压问题。应当按照厂家要求保持轮胎的标准气压，包括备胎气压。保持标准的轮胎气压和及时发现轮胎漏气是安全驾驶的关键。

轮胎气压以正常的轮胎为基准时，每月气压会减小 1/100 bar（1 bar=1×10^5 Pa），所以每周测定一次气压是必需的，不过气压测定必须使用正确的气压表。对不同的车型，轮胎气压标准值的标签位置不同，有的位于左前门下方，有的标于加油口盖背面，有的在发动机铭牌上。

1. 注意事项

（1）测量时，车辆需停放在平地上。

（2）被测车辆停驶，至少泊车 3 h 以后检查，确保轮胎处于冷却状态；因为在热胎状态下测量的结果是不准确的。如必要，应将胎压补充到汽车告示牌上规定的压力。热轮胎禁止放气或减压：轮胎由于驾驶升温后，胎压高于建议的冷态充气压力是正常的。如果降低热胎的胎压，冷却后胎压就不够。另外，要用高质量的轮胎压力表检查轮胎压力，不要太相信自己的眼睛。

（3）保证胎压表刻度为"0"；如果不是，按胎压表归零按钮使之归零。

（4）胎压表在插入气门嘴时要迅速，防止轮胎漏气。

2. 仪器结构功能

轮胎压力表（见图 4-53）是专用汽车仪器，一般由表头、导管、归零阀和接头等组成。轮胎压力表采用压力传感技术，测量精度高（误差小于 0.05%），且使用寿命长。用轮胎压力表及时测试轮胎压力，可使驾车一族能及时了解自己爱车轮胎的胎压。指针式压力表操作简单，数字式压力表读数方便，警报式压力表不显胎压值。每个压力表都有一定的测压范围，一般家用只需 0～100 PSI 即可，不需要供卡车等使用的重荷胎压表。

当归零阀处于关闭位置时，轮胎气体控制在压力表内，可保持测得的轮胎压力读数（保持压力表指针位置）；当归零阀打开时，压力表指针回零，以便于下次测量。

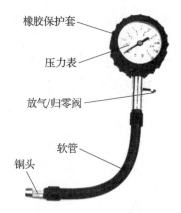

图 4-53 轮胎压力表

3. 操作步骤

测量时，车辆需停放在平地上，保证车胎冷却后，开始测量，如图 4-54 所示。

（1）先将气门嘴帽取下，将压力表插口对准气门嘴。

（2）用力迅速将压力表插口插入气门嘴，等待 1~2 s。

（3）迅速拔出压力表，压力计量口的中心线与表体轴线的夹角为 du 90°~180°，标尺为四方体，量程刻度值为 0.07~0.4 MPa。读数前用手指轻轻扣敲仪器外壳或表面玻璃，以消除传动机构中的摩擦，然后再查看读数。观察时指针与镜面指针相重叠，此时指针所指数值即为压力表示值，读数准确到一位小数。读取压力表上温度表示值，精确到一位小数。

（4）将压力表测量端槽口与轮胎气门嘴对正压紧。这时轮胎压力表指针发生偏转，其指示值即为该轮胎的充气压力，或者轮胎压力表的标杆在气压作用下被推出，这时标杆上所显示的数值即为该轮胎的充气压力，胎内压力越大，指针越偏。

（5）读数完毕，按下归零阀按钮，使其归零。

（6）测量后，重新将轮胎气门嘴上的盖子锁上。

图 4-54 测量轮胎压力

4.6.6 车轮动平衡机的操作

轮胎旋转时旋转轴与重力中心不一致（主要是轮胎质量分布不均匀引起），汽车车轮高速行驶时会形成动不平衡状态，造成车辆在行驶中车轮抖动、转向盘振动的现象。为了避免这种现象或是消除已经发生的这种现象，就要使车轮在动态情况下通过增加配重的方法，使车轮校正各边缘部分的平衡。这个校正的过程就是人们常说的动平衡。

刚性转子的不平衡振动，是由于质量分布的不均衡，回转体的惯性主轴与回转轴不相一致使转子上受到的所有离心惯性力的合力及所有惯性力偶矩之和不等于0。如果设法修正转子的质量分布，保证转子旋转时的惯性主轴和旋转轴相一致，使转子重心重新回到转轴中心上来，消除由于质量偏心而产生的离心惯性力和惯性力偶矩，使转子的惯性力系达到平衡，这就是平衡校正或叫作动平衡试验。

动平衡试验机是用来测量转子不平衡量的大小和相角位置的精密设备，一般由机座部套、左/右支承架、圈带驱动装置、计算机显示系统、传感器限位支架、光电头等部套组成。当刚性转子转动时，若转子存在不平衡质量，将产生惯性力，其水平分量将在左/右两支承架上分别产生振动，只要拾取左/右两支承架上的水平振动信号，经过一定的转换，就可以获得转子左/右两校正平面上应增加或减少的质量大小与相位。在动平衡以前，必须首先解决两校正平面不平衡的相互影响。两平面的间距 b，校正平面到左/右支承的间距 a、c，都对两平面造成影响，可以用平衡转子确定这些参数来消除影响。其中，动平衡机注释解释为：F_1、F_2——左、右支承上的动压力；P_1、P_2——左、右校正平面上不平衡质量的离心力；m_1、m_2——左、右校正平面上的不平衡量；R_1、R_2：左、右校正平面的校正半径；ω——旋转角速度。

大致了解上述知识后，再进一步学习如何操作动平衡机。

1. 试验前准备工作

（1）清除轮胎胎面上的泥土、嵌在胎纹中的泥土和石子以及扎在轮胎上的铁钉等异物。

（2）拆除轮辋上旧的平衡块。

（3）检查轮胎气压是否达标，不达标的要进行充（放）气使其达到标准值。

（4）检查轮胎磨损状况。

（5）检查车轮平衡机，并预热 5 min 左右。

2. 检修注意事项

（1）离车式车轮动平衡机的主轴固定装置和就车式车轮动平衡机的支架上都装有精密的位移传感器和易碎的压电晶体传感器，因此严禁冲击和敲打主轴或传感器支架。

（2）在检修车轮动平衡机时，传感器的固定螺栓不得松动，因为这一螺栓不是一般的紧固件，需要由它向传感晶体提供必要的预紧力。当这一预紧力发生变化时，电算过程完全失准。

（3）车轮动平衡机的平衡块又称配重，通常有卡夹式和粘贴式。卡夹式适用于轮辋有卷边的车轮。对于铝镁合金轮辋，因无卷边可夹，可使用粘贴式平衡块。粘贴式平衡块的外面有不干胶，粘贴于轮辋内各面。

（4）必须明确，车轮动平衡机的机械系统和电算电路都是针对正常车轮使用条件下平衡失准或轻微受损但仍能使用的车轮而设计的，因交通事故而严重变形的轮辋或胎面大面积剥离的车轮是不能上机进行平衡检测的。一方面，平衡量过大的车轮旋转时的离心力可能损伤车轮动平衡机的传感系统；另一方面，超值的不平衡力可能溢出电算范围而使仪器自动拒绝工作。

（5）当不平衡量超过最大平衡块时，可将 2 个以上平衡块同时使用。这时要注意，因多个平衡块占用较大的扇面会使其有效质量低于实际质量。

（6）一般情况下，离车式车轮动平衡机和就车式车轮动平衡机都是独自使用的。但对高速行驶的汽车车轮而言，如果用离车式车轮动平衡机平衡后再装在车上行驶时，仍会出现不平衡现象。因此，使用离车式车轮动平衡机平衡车轮后，最好能用就车式车轮动平衡机进行校对。

3. 车轮平衡机的结构功能

车轮平衡度应使用车轮平衡机检测，车轮平衡机又称车轮平衡仪。车轮平衡机有以下类型：如果按功能分，车轮平衡机可分为车轮静平衡机和车轮动平衡机两类；如果按测量方式分，车轮平衡机可分为离车式车轮平衡机和就车式车轮平衡机两类；如果按车轮平衡机转轴的形式分，车轮平衡机又可分为软式车轮平衡机和硬式车轮平衡机两类。

LAUNCH KWB-402 车轮平衡机为离车式车轮平衡机，其外形如图 4-55 所示，本节以 LAUNCH KWB-402 车轮平衡机为例介绍如何进行轮胎动平衡。

（1）离车式车轮动平衡机的专用测量卡尺（见图 4-56）：主要用于测量车轮的安装距离（简称轮距）和轮毂直径（简称轮径）。

（2）操作面板：实现人机对话，将测试的数据显示在面板上以及通过面板进行操作控制，不断调整，实现轮胎的动平衡调整。

（3）挂柄：悬挂锥套、轮宽尺等备件。

（4）平衡块槽：用于分类盛装配重铅块。

（5）平衡轴：装配待平衡的轮胎。

（6）组合锤：其外形如图 4-57 所示，各部件的功能如下：

① 1 用于拔掉扎在轮胎上的钉子；

② 2 用于拔掉不需要的平衡块；

③ 3 用于敲击平衡块，以把平面块安装在轮辋上；

④ 4 用于剪断平衡块至适合质量；

⑤ 5 用于对轮胎的胎面和沟槽的泥沙进行清理。

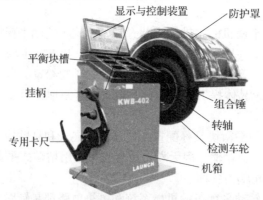

图 4-55　LAUNCH KWB-402 车轮平衡机

图 4-56　离车式车轮平衡机专用测量卡尺

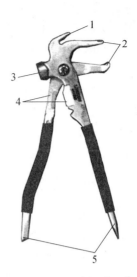

图 4-57　组合锤外形

4. 车轮平衡机的操作步骤

（1）开机。打开位于机器左侧的电源开关，平衡机进行自检，自检完毕默认"动平衡"测量选项。

（2）选择功能。每次开机时，电脑自动设置为标准平衡模式；按<F>键可选择自己所需要的平衡模式。

（3）装配被测轮胎。把车轮套在平衡轴上，靠近凸缘；选择一个合适的锥套，用快锁螺母锁紧车轮。

（4）输入车轮数据。如图 4-58 所示，输入 A 值数据，将测量尺拉至轮辋安装平衡块的位置，读出测量尺上的数据，即车轮安装距离，然后按动面板上 A 旁边的<+>或<->按钮，直至显示器显示值跟测量值一致；输入 L 值数据，用附件中宽度测量尺量出轮辋对边宽度，然后按动面板上 L 旁边的<+>或<->按钮，直至显示器显示值跟测量值一致；输入 D 值数据，找到轮辋上标记的名义直径 d，然后按动面板上 D 旁边的<+>或<->按钮，直至显示器显示值跟 d 值一致。

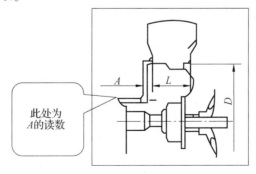

图 4-58　车轮数据

（5）平衡机功能操作：

①放下轮罩，车轮自动旋转，7 s 后机器自动停止。

②机器停止后，显示器显示的数值为轮胎的不平衡值。

③用手转动车轮，面板上定位灯不停地闪动，当其中一组指示灯全亮时，表示轮辋最高点位置为不平衡点，其中左侧定位灯对应内侧不平衡点，右侧定位灯对应外侧不平衡点。

④在轮辋不平衡点处装上显示器测得数值的相应平衡块，并重复之前操作步骤，直至左右两侧的显示器均显示为"00"。

（6）从平衡旋转轴上卸下车轮，操作程序结束。

（7）测试结束。切断电源，从传动轴上取下车轮总成。

4.6.7 制动器的检查与维护

制动器是使汽车的行驶速度可以强制降低的一系列专门装置。制动系统主要由供能装置、控制装置、传动装置和制动器4部分组成。制动系统的主要功用是使行驶中的汽车减速甚至停车、使下坡行驶的汽车速度保持稳定、使已停驶的汽车保持不动。汽车制动系统对于汽车行驶的安全性至关重要。制动系统的好与坏，直接关乎驾驶人员和乘客的生命安全，故对其进行检查和维护是相当重要的。

制动系统的工作原理：利用与车身（或车架）相连的非旋转元件和与车轮（或传动轴）相连的旋转元件之间的相互摩擦来阻止车轮的转动或转动的趋势。

（1）制动系统不工作时，蹄鼓间有间隙，车轮和制动鼓可自由旋转。

（2）制动时，要汽车减速，脚踏下制动器踏板通过推杆和主缸，使主缸油液在一定压力下流入轮缸，并通过两轮缸活塞推使制动蹄绕支承销转动，上端向两边分开而以其摩擦片压紧在制动鼓的内圆面上。不转的制动蹄对旋转制动鼓产生摩擦力矩，从而产生制动力。

（3）解除制动，当放开制动踏板时回位，即将制动蹄拉回原位，制动力消失。

北汽新能源EX360车型纯电动汽车采用液压真空助力结构，前制动器采用通风盘式制动器，后轮采用盘式制动器，其工作原理是由制动摩擦片与制动盘相互摩擦，将动能转化为热能来实现制动效果。

一般来说，制动系统的磨损与车辆负重、道路状况和驾驶风格都有很大关系，越是频繁地使用制动器，制动系统的磨损幅度越大，也就更需要及时维护保养。

制动系统中大部分部件性能的优劣与温度有十分密切的联系。制动系统中经常需要维护的基本部件有制动片、制动盘与制动液油等。

制动系统须保持干燥。在制动器潮湿时，最好是到维修点进行吹干处理。一方面恢复制动系统制动功能，另一方面也将雨水带入的泥沙吹走，减少它们对制动系统的破坏。如果条件不允许，驾驶员可以在安全车速下，轻点制动，让制动蹄片与制动鼓或制动盘摩擦生热，将水分蒸发，车主多踩几次，便可达到使之干燥的目的。不过，车主要记住，点制动的动作要轻，防止制动系统过热。

1）制动片与制动盘的保养与维护

制动片是制动系统中最为重要的部件之一，一辆车的刹车效果最终都是由制动片决定的，所以保持制动片的良好状况就是制动系统最直接的维护方法。制动片和制动盘是有使用寿命的，当它们磨损到一定程度时必须更换。北汽EX360中所有盘式制动器均装配有制动磨损声音指示器。若在行驶过程中听到刺耳的"尖叫"声（这不同于制动挤压，制动的挤压声通常是在轻微制动时由制动器表面的灰尘所引起的），表明需更换制动摩擦片。或者驾驶人员感觉原厂刹车力度不足，在需要充足制动力的时候却感觉刹车没力，这时便可以针对制动片进行升级。

另外，制动片要磨合一段时间，在更换制动片后的最初 800 km，应避免使用紧急刹车。

刹车盘在制动系统中也起到了至关重要的作用。刹车盘同样属于磨损件，通常在更换两次刹车片的时候，需要对刹车盘一同进行更换。

2）定期检查制动液高度并更换

制动液的收纳罐材质为半透明树脂，罐子如果脏污只需用布擦拭，就可以进行简单的目视检查。制动液应达到收纳罐的基准线，若制动液比前一次检查大量减少，很有可能是制动液发生了泄漏，制动效果会大幅下降或者制动失效，极有可能发生交通事故。同时，手动挡车装有离合器，这也需要经常注意离合器油液量，注意是否有空气进入。

除了制动片之外，对制动系统有重要影响的就是制动液。制动蹄片和制动碟（鼓）是有使用寿命的，但当它们磨损到一定程度时必须更换。一般在城市道路行驶中，制动碟（鼓）的寿命大约是 50 000 km，制动蹄片的寿命在 30 000 km 左右，但是具体情况还是要看驾驶员平时操作习惯。建议驾驶员在车辆每行驶 10 000 km 时要检查一次制动蹄片。维护重点是保证其不变质，尤其是要注意防止水分的渗入。每行驶 50 000 km 就应更换制动液一次，若长期在潮湿地区行驶，换油周期要适当缩短。

3）新车要注意刹车系统磨合

新车在使用初期都有一个磨合期，其中不可或缺的部分就是刹车系统的磨合。新车的前 1 000 km 磨合很关键，刹车系统也是需要磨合的，最好不要有紧急制动的情况发生。为了磨合顺利，踩制动前要先将离合器踩下，但这只是非常时期的权宜之计，过了 1 000 km 之后，为了延长离合器的寿命，还是要"先刹后离"。

4）表面锈迹

如果车辆长时间停放或者很久没有使用制动系统，那么可能会导致制动盘锈蚀，同时摩擦片可能出现污垢。建议在较高车速范围内施加数次紧急制动，清除制动盘和制动摩擦片上的污垢，同时要确保不会危及后随汽车和其他道路使用者。

以下异常情况应该仔细检查。

（1）在车辆托底后，驾驶员应立即踩几脚制动，感觉制动效果有无异常，下车检查各种油管有没有发生变形或者漏油现象出现。

（2）如果发现车辆在刹车时出现跑偏现象时，一般情况是前轮制动不同步所致，极易发生交通事故。特别是在高速行驶时，这种安全隐患往往是致命的，必须马上到修理厂进行制动调校。

（3）车辆制动效果不佳时，很有可能是因为制动系统内混进了气体，需要到专业的维修站修理，排出气体。

（4）如果突然出现踏板过软、行程过长等问题时，驾驶员要立即到维修点进行检查，查出原因并彻底解决，不要认为是很小的问题而延误造成严重的故障，酿成灾祸。

4.6.8 轮胎的换位

1. 轮胎换位

轮胎换位指的是前轮和后轮轮胎纹路磨损的不一致，前轮的压力和转向要比后轮严重，所以每行驶 10 000 km 左前轮和右后轮对换，右前轮和左后轮对换，增大车轮与地面的摩擦，提高附着力。应按汽车保养规定及时进行轮胎换位，特别是新车初驶后的换位，对轮胎的使用寿命影响很大。因此为延长轮胎的使用寿命，应按汽车标准规定及时进行轮胎换位。

2. 轮胎定位原因

通常情况下，汽车前排坐人的概率会稍微高一些，所以汽车前部的轮胎受到的压力相对会比后轮大。时间一长，就会造成前后轮胎的磨损程度不一致。且大多数轿车是前轮驱动，少数为后轮驱动以及四轮驱动，驱动轮的磨损要大于非驱动轮，所以大部分前轮磨损比后轮严重；我国的交通是"右行制"，左转弯车速会大于右转弯车速，所以汽车右侧的轮胎在左转弯时受到压力大于左侧轮胎，汽车行驶一定里程后，右侧轮胎的磨损会比左侧严重。

如果将前、后轮的轮胎进行一下调换，轮胎的磨损程度就可以一定程度上保持一致，不但可以延长轮胎的使用寿命，还保证了轮胎的抓地力，驾车也会相对安全一些。

3. 轮胎换位的原理

由于各轮胎工作条件和负荷不相同（载货汽车一般后轮负荷大于前轮，轿车行驶一般前轮负荷大于后轮），如果驾驶位置在左侧，那么通常情况下，汽车向左转时的车速会大于向右转弯时的车速，导致汽车右侧的轮胎在左转弯时受到压力大于左侧轮胎，汽车行驶一定里程后，右侧轮胎的右侧边缘磨损最为严重。反之，在英国、澳大利亚等右侧驾驶地区，左侧轮胎外侧边缘磨损较大。

1）换位周期

根据驾驶者不同的驾驶习惯和驾驶路线，应参照汽车自带的保养手册定期进行轮胎换位。轮胎换位间隔一般为新车 10 000 km，以后每行驶 5 000~10 000 km 进行 1 次轮胎换位。

2）延长轮胎寿命

（1）养成随时检查胎压的习惯。胎压是延长轮胎寿命的关键；胎压经常超出正常胎压的 20%，轮胎的寿命就会降低 10%；若经常低于正常胎压的 30%，轮胎寿命则会减少 52%。

（2）胎压必须一致。轮胎胎压是轮胎的生命，胎压过低，胎体变形增大，胎侧容易出现裂口，同时导致过度生热，致使橡胶老化、帘布层疲劳、帘线折断。

（3）定期清除轮胎内异物。车辆在路上行驶时，经常会有一些石子挤进轮胎的花纹夹缝内。这些小石子如不及时清除，时间一长就会刺破轮胎，导致漏气或爆胎。

（4）驾驶习惯符合科学要求。行驶在拱度较大的路面时，要尽量居中行驶，避免和减少汽车重心偏移，减少一侧轮胎负荷过大而使轮胎磨损不均的情况。

（5）前后轮保持准确的定向。前轮定位对轮胎的使用寿命影响极大，尤以前轮前束和前轮外倾为主要因素。前轮外倾主要会加速胎肩的磨损（即偏磨）；前轮前束主要会加速轮胎内外侧的磨损。

轮胎换位一般有 3 种：交叉换位、循环换位和前后换位。交叉换位法适用于经常在拱形路面上行驶的汽车；循环换位法适用于经常在平坦道路上行驶的汽车；乘用车多采用前后换位。

30 000 km 的轮胎换位过程如图 4-59 所示。

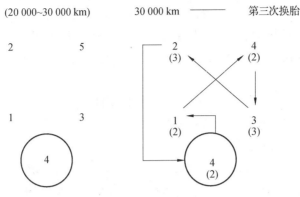

图 4-59 轮胎换位过程

4.6.9 轮胎的安装

1. 安装轮胎必须做到"8个相同"

（1）规格相同。规格不同的轮胎充气后，由于外直径和断面宽不一样，导致装在同一轴上时各自的负荷分布也不一样。因此，同一轴上必须安装相同规格的轮胎。

（2）结构相同。如果将子午线结构及斜交结构的两种轮胎混装在同一轴上，必然会出现负荷分布不平衡的情况，磨耗也会不一样。因此，同一轴上必须安装相同结构的轮胎。

（3）材质相同。材质主要指胎体帘线的材料。全钢子午线轮胎和纤维子午线轮胎的胎体宽度、帘线强度、散热性等都有较大的差异，混装在一起会影响使用效果。因此，同一轴上的轮胎胎体帘线材料必须安装相同层级的轮胎，以确保胎压标准一致。

（4）层级相同。层级决定了轮胎的胎压标准。层级不同的轮胎混装在一起，充气压力会不一致，轮胎的变形也不同。因此，同一轴上必须安装相同层级的轮胎，以确保胎压标准一致。

（5）胎压相同。胎压由层级决定，层级相同的轮胎应保持胎压一致。如果胎压不一致，容易导致轮胎变形及磨耗不一样。因此，同一轴上的轮胎必须保持胎压相同。

（6）负荷相同。负荷由层级和胎压而定，车辆应根据载荷等实际使用条件，装配同一种负荷能力的轮胎，这样可以延长轮胎的使用寿命。因此，同一轴上必须安装负荷相同的轮胎。

（7）品牌相同。生产厂家不同，轮胎的轮廓尺寸、胎面宽度、花纹形状、帘线材料等都会有差别。不同品牌的轮胎混装在一起会影响使用效果。因此，同一轴上必须安装相同品牌的轮胎。

（8）花纹相同。轮胎的花纹不同，不仅磨耗有差别，而且与地面的附着力也不一样，会影响汽车的平顺性，紧急刹车时容易出现跑偏及甩尾现象。因此，同一轴上必须安装相同的花纹的轮胎。

安装新轮胎前，需要注意以下事项。

（1）要注意轮辋的尺寸（如轮辋的直径、宽度、法兰盘高度等），选择与轮辋适配的轮胎，去除轮辋上原有的旧平衡块并清洁轮辋。

（2）新轮胎用新的气门嘴。装配新气门嘴前，先检查车轮上的气门孔是否光滑无毛刺，然后将气门嘴橡胶体表面涂上甘油或将气门嘴在甘油中浸一下，用专门的工具以 200~400 N 的力拉或压使气门嘴上的定位环通过车轮的孔后即安装到位（允许用肥皂水代替甘油）。

（3）使用专业的轮胎润滑剂正确润滑轮胎和轮辋（水、肥皂水、洗涤剂等会使轮辋生锈），根据胎侧的指示轮胎旋转的箭头将轮胎装于轮辋上。轮侧的旋转箭头是和车辆前进方向一致的，注意轮胎的正反面。

（4）将胎圈沿圆周方向涂上甘油或肥皂水，同时注意以下几点。

①轮辋上有轻点标记时，将轮胎的均匀性测试标记对准轮辋的轻点标记。

②轮辋上无轻点标记时，将轮胎的动平衡测试标记对准气门嘴位置。

③轮辋上无轻点标记，且轮胎上无动平衡测试标记，而有静平衡测试标记时，将气门嘴对准静平衡测试标记。

④轮胎的均匀性、动平衡、静平衡测试标记说明，另由供应商提供，并注明在工艺卡上。

（5）严格按照规定压力对轮胎充气，充气过程中胎压不得超过额定胎压的 10%。备胎总成分装时额定充气压力 250 kPa，与装车的四轮隔离存放。在进行四轮定位工作前，检查四轮轮胎气压并调整气压，前轮 220 kPa，后轮 200 kPa。

2. 轮胎安装步骤

（1）先在轮胎内侧边缘涂抹润滑脂。

（2）用拆胎的方法将轮辋固定在卡盘上，将轮胎放到轮辋上朝下，并确定好孔位置。

（3）移动拆装臂压住轮胎边缘，踩下制动踏板，逐渐将轮胎压入轮辋内。用同样的方法将上侧轮胎压入轮辋。

（4）将车轮装在螺栓所对应的位置上。

（5）用手预紧螺母，勿完全预紧。

（6）使用气动扳手拧紧车轮螺母。

（7）使用扭力扳手，按图 4-60 所示的顺序紧固车轮螺母至规定的力矩。禁止使用冲击扳手，以免造成对车轮的伤害或拧得过轻、过紧。车轮螺栓不允许涂润滑脂。新安装的车辆和轮胎总成，初次行驶 100 km 后，应紧固一次车轮螺栓，以保证紧固力矩，检查车轮螺栓紧固力矩是日常保养的内容之一。

（8）轮胎充气时一定要注意安全。轮胎充气后，拧上气门嘴防护帽进行动平衡试验，按需在轮辋内外侧边缘装配合适重量的平衡块，要求最终总成不平衡度小于 100 g/cm，约相当于轮辋内外侧边缘平衡块 5 g。注意：每个车轮每侧最多允许使用一个平衡块，且最大质量不大于 70 g。在装配过程中避免对平衡块打击过重，若感到打击过重，则应及时更换平衡块。更换下来的平衡块不允许重复使用。

（9）要注意观察压力表，以免轮胎跳起，造成人员伤害。

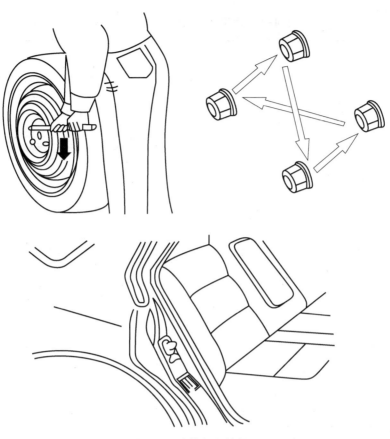

图 4-60　车轮螺母的紧固

思考练习

1. 汽车处于位置 4 的维护内容有哪些？
2. 在普通路面和高速公路行驶的车辆，对轮胎胎压的要求有什么不同？
3. 不同种类制动器间隙的调整方法有什么不同？
4. 对汽车轮胎的安装有什么要求？

4.7　汽车处于位置 5 的维护

汽车处于位置 5 时的维护项目如表 4-28 所示。

表 4-28 汽车处于位置 5 时的维护项目

顶起位置 5：汽车举升 40 cm	
序号	作业内容
1	检查制动拖滞
2	制动液的检查及更换

4.7.1 制动器拖滞检查

（1）检查、调整制动踏板自由行程。

（2）将车辆支起后检查各车轮转动情况。转动不灵活故障一般发生在制动主缸之前，应检查制动主缸及真空助力器。

（3）个别车轮存在转动不灵活及过热现象，故障一般在该轮制动器及制动轮缸，应检查车轮制动器及其制动轮缸的工作性能。

4.7.2 制动液的检查及更换

1. 制动液的选取

制动液是液压制动系统中传递制动压力的液态介质，使用在采用液压制动系统的车辆中。制动液又称刹车油或迫力油，它的英文名为 Brake Fluid，是制动系统制动不可缺少的部分。在制动系统之中，它是一个力传递的介质，因为液体是不能被压缩的，所以从总泵输出的压力会通过制动液直接传递至分泵之中。

制动液的性能要求有以下几点：黏温性好，凝固点低，低温流动性好；沸点高，高温下不产生气阻；使用过程中品质变化小，并且不引起金属件和橡胶件的腐蚀和变质。制动液在使用一定时间后，会出现沸点降低、污染及不同程度的氧化变质。所以应根据气候环境条件、季节变化及工况及时检查其质量性能，及时更换。普通工况下，制动液在使用两年或 50 000 km 后就应更换。

我国的相关标准将制动液分为 JG0、JG1、JG2、JC3、JG4、JG5 共 6 个级别，其中 JG3、JG4、JG5 分别对应美国 DOT3、DOT4、DOT5 级别。JG0 级制动液推荐在严寒地区使用；JG1、JG2 制动液一般用于普通车辆的液压制动系统；JG3 级制动液可使用于我国的广大地区，适用于各种高级乘用车和轻型、中型、重型货车的液压制动系统；JG4 级制动液适用于制动液操作温度较高的乘用车；JG5 则用于对制动液有特殊要求的车辆使用。

制动液的选择方法如下。

（1）由于制动系中的密封件为橡胶皮碗，长期浸泡在制动液中会发生化学变化，造成皮碗膨胀或收缩，从而影响制动性能，因此应选择与橡胶配伍性良好的制动液。

（2）高温性能，也就是制动液高温下抗气阻的能力，用"平衡回流点"这一指标来表征。一种制动液的平衡回流点越高，说明其高温性能越好，同时也说明其质量级别越高。

（3）低温性能，也就是制动液低温时的流动性能，用40 ℃时制动液的运动黏度来表征。如果在该温度下制动液黏度过高，就会影响制动力的传递。

（4）汽车制动系统中不少零部件都是金属材料，因此好的制动液应加入各种防腐蚀的添加剂，这样才能防止制动系统被腐蚀。

2. 使用制动液时应注意的问题

（1）选取制动液时应按照要求选取。

（2）不可混加制动液，否则可能出现制动液浑浊或沉淀现象，会造成制动性能不足，甚至因管路堵塞造成制动失灵。

（3）防止水分和矿物油混入制动液中。

（4）制动主缸轮缸橡胶皮碗不可敞开放置。

（5）汽车制动液多以有机溶剂制成，易挥发、易燃，因此管理和使用中要注意防火。

（6）制动液产品一般有一定的毒性，因此在更换时不能用嘴去吸吮制动液。

（7）制动液对车身涂层有一定的破坏作用，会产生喷胶现象，因此在使用过程中要防止制动液与车身涂层接触。

（8）经常检查制动液数量和质量数量是否充足，制动系统会进气，导致制动不良或失效，应及时补充制动液；制动液质量异常，应及时更换。

（9）制动液多为有机溶剂制成，易挥发且易燃，因此要远离火源，并且要注意防潮，因为制动液会因吸水而降低其制动性能。

（10）ABS工作时，制动系统产生的摩擦热比未装ABS的汽车高，因此对于制动液的选取更为严格，加上由于ABS较常规制动系统更为复杂，因此在选用、更换及补充制动液时应特别注意如下内容。

①在ABS中，制动液的通路更长、更曲折，致使制动液在流动过程中受到的阻力较大；另外，在ABS中，运动零件更多、更精密，这些运动零件对润滑的要求也更高，因此，ABS所选用的制动液必须具有恰当的黏度。

②在ABS中，制动液反复经历压力增大和减小的循环，因而，制动液的工作温度和压力较常规制动系统中的制动液更高，这就要求制动液具有更强的抗氧化性能，以免制动液中形成胶质、沉积物和腐蚀性物质。

③在ABS中，有更多的橡胶密封件和橡胶软管，这就要求选用的制动液不能对橡胶密封件产生较强的膨润作用。

④在ABS中，有更多、更为精密的金属零件，因此，要求所选用的制动液具有较好的耐腐蚀性，以免对金属零件产生锈蚀。

⑤在ABS中，有更长、更复杂的管路，因此，要求所选用的制动液具有较高的沸点，以免制动液发生汽化使制动系统产生气阻。

根据以上特点，ABS一般都选用JG4的制动液。尽管JG5的制动液具有更高的沸点，但是由于其是硅基制动液，会对橡胶件产生较强的损害，因此，在ABS中一般不选用JG5的制动液。JG3和JG4是醇基制动液，具有较强的吸湿性，随着使用时间的延长，其中的含水量会不断增多。当制动液中含有较多的水分时，会使制动压力调节装置中的精密零件发生锈蚀，在寒冷的气候条件下，还会使制动液的黏度变大，影响制动液在制动系统中的流动，使制动变得迟缓，导致制动距离延长。

3. ABS 空气排放

ABS 装置中的空气特别有害，它能干扰系统对制动压力的调节而导致 ABS 系统失去作用。在更换制动器、打开制动管道、更换液压部件时；或因制动管道中出现空气使制动踏板感觉发软或变低时，均应对 ABS 系统进行放气。一般放气规则：将管道中的空气放出，接通 ABS 调节器中的电磁阀。

下面介绍 ABS 空气排放的操作方法。

1）准备工作

（1）排空气前，检查储液罐制动液液位，液面高度应当在上限（MAX 或 HIGH）与下限（MIN 或 LOW）刻度之间，若不足应拧下储液罐盖，加满制动液，注意不要使制动液沾到油漆上，如沾上应立即清洗；并注意制动液的清洁，防止灰尘和水分进入制动液。

（2）一人进入驾驶室，举升车辆。

2）制动排空

ABS 制动排空时，与普通排空一样，需要用透明塑料软管将轮缸的放气螺塞和盛有制动液的容器相连，并且保证在放气过程中透明塑料软管不露出液面，具体参照如图 4-61 所示。

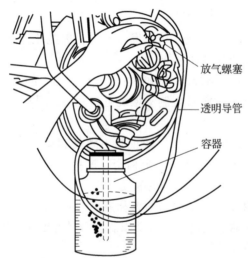

图 4-61 液压制动系统排气的通用方法

（1）将放气孔和盛有制动液的容器连接好之后，驾驶室的人把诊断仪 Hi-Scan 检测插头连接到诊断座，选择防抱死制动系统，在诊断仪显示屏上（见图 4-62）选择放气模式。

（2）在诊断仪显示屏上按［YES］按钮，操作回流泵转动和电磁阀关闭。再按［YES］按钮，出现如图 4-63 所示界面，就可以开始放气了。注意电动机转动时间不要超过 60 s，以保护电动机不被损坏。

第4章 纯电动汽车的维护

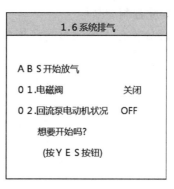

图 4-62 放气模式界面　　　　图 4-63 放气准备界面

(3) 驾驶室的人反复几次踩制动踏板,直到制动踏板变硬踩不下去为止,然后踩着不动。

(4) 另一个人在车下,将放气螺塞旋松,在诊断仪显示屏上选择让空气与一部分制动液排出,待踏板降低到底部时拧紧放气螺塞,松开踏板。需要注意的是:在放气螺塞未拧紧之前,切不可抬起踏板,否则空气又会渗入;在排气过程中,注意检查制动液储液罐的制动液位,若不足时应及时加注制动液,再继续排放空气。在这个过程中,诊断仪显示屏界面如图 4-64 所示。

(5) 重复 (3)、(4) 步骤,直到放气孔中没有气泡流出,以规定力矩 7~13 N·m 拧紧放气螺塞。

(6) 排放下一个制动轮缸,重复 (3)、(4)、(5) 步骤。

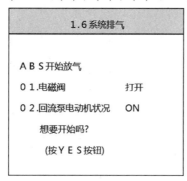

图 4-64 放气进行中界面

3) 最后检查

(1) 检查并拧紧所有放气螺塞。

(2) 放下车辆,收回检查设备。

(3) 检查并加注制动液,确保储液罐液位至标准液位。

放气注意事项如下。

(1) 对整体式 ABS 装置,其储压器储存着供加力器和制动器调节用的压力,在修理制动器之前,常需彻底泄放储压器中的压力。而在进行制动器放气时,不一定要泄去系统的压力,实际上往往能用储压器中的压力来代替压力放气器推运管道中的制动液。但由于储压器中压力高达 18.6 MPa,故必须戴上护目镜,并在打开的放气螺钉上接一软管,否则，千万不要踩踏制动踏板。

（2）大部分装有 ABS 装置的汽车在定期维护时，常可使用助力放气器、真空放气器或按手动放气法放气，但若空气在调节器内部或更换了调节器总成，则需按特殊规程放气。

（3）若 ABS 故障警告灯亮，则应在系统放气前，先诊断和排除故障，否则在排除故障中若更换液压部位或打开某一管道，就进行二次放气。

（4）有些 ABS 装置在放气时，需用扫描工具轮滚接通 ABS 调节器中的电磁阀，这并不是说，没有合适的工具，就不能进行放弃操作。不过此时很难将调节器中的空气放尽。

（5）应使用制造厂规定牌号的制动液（通常为 DOT3，但有时为 DOT4），不推荐在 ABS 中使用硅胶制动液 DOT5。

思考练习

1. 汽车处于位置 5 的维护内容有哪些？
2. 简述制动液的性能要求和分级标准。

4.8 汽车处于位置 6 的维护

汽车处于位置 6 时的维护项目如表 4-29 所示。

表 4-29 汽车处于位置 6 的维护项目

顶起位置6：汽车降回水平地面上		
序号	检查位置	作业内容
1	车轮	（1）使用四轮定位仪检测汽车四轮定位参数； （2）根据标准调整四轮定位
2	车身	（1）清洗； （2）研磨； （3）上蜡； （4）抛光； （5）完饰

4.8.1 四轮定位

1. 四轮定位

四轮定位是以车辆的四轮参数为依据，通过调整以确保车辆良好的行驶性能并具备一定的可靠性。

轿车的转向车轮、转向节和前轴三者之间的安装具有一定的相对位置，这种具有一定相对位置的安装叫作转向车轮定位，也称前轮定位。前轮定位包括主销后倾（角）、主销内倾（角）、前轮外倾（角）和前轮前束4个内容。对两后轮来说也同样存在与后轴之间安装的相对位置，称后轮定位。后轮定位包括车轮外倾（角）和逐个后轮前束。前轮定位和后轮定位总体来说叫四轮定位。

2. 四轮定位的作用

四轮定位的作用是使汽车保持稳定的直线行驶和转向轻便，并减少汽车在行驶中轮胎和转向机件的磨损。

1) 主销后倾角

从侧面看车轮，转向主销（车轮转向时的旋转中心）向后倾倒，称为主销后倾角。设置主销后倾角后，主销中心线的接地点与车轮中心的地面投影点之间产生距离（称作主销纵倾移距，与自行车的前轮叉梁向后倾斜的原理相同），使车轮的接地点位于转向主销延长线的后端，车轮就靠行驶中的滚动阻力被向后拉，使车轮的方向自然朝向行驶方向。设定很大的主销后倾角可提高直线行驶性能，同时主销纵倾移距也增大。主销纵倾移距过大，会使转向盘沉重，而且会因路面干扰而加剧车轮的前后颠簸。

2) 主销内倾角

从车前后方向看轮胎时，主销轴向车身内侧倾斜，该角度称为主销内倾角。当车轮以主销为中心回转时，车轮的最低点将陷入路面以下，但实际上车轮下边缘不可能陷入路面以下，而是将转向车轮连同整个汽车前部向上抬起一个相应的高度，这样汽车本身的重力有使转向车轮回复到原来中间位置的效应，因而转向盘容易复位。

此外，主销内倾角还使得主销轴线与路面交点到车轮中心平面与地面交线的距离减小，从而减小转向时驾驶员加在转向盘上的力，使转向操纵轻便，同时也可减少从转向轮传到转向盘上的冲击力。但主销内倾角也不宜过大，否则会加速轮胎的磨损。

3) 前轮外倾

从前后方向看车轮时，轮胎并非垂直安装，而是稍微倾倒呈现"八"字形张开，称为负外倾，而朝反方向张开时称正外倾。使用斜线轮胎时，由于使轮胎倾斜触地便于转向盘的操作，所以外倾角设得比较大。汽车一般将外倾角设定得很小，接近垂直。随着扁平子午线轮胎不断普及，由于子午线轮胎的特性（轮胎花纹刚性大，外胎面宽），若设定大外倾角会使轮胎磨偏，降低轮胎摩擦力。还由于助力转向机构的不断使用，也使外倾角不断缩小。尽管如此，设定少许的外倾角可对车轴上的车轮轴承施加适当的横推力。

4) 前轮前束

左右前轮分别向内，采用这种结构目的是修正上述前轮外倾角引起的车轮向外侧转动。如前所述，由于有外倾，转向盘操作变得容易。另一方面，由于车轮倾斜，左右前轮分别向外侧转动，为了修正这个问题，如果左右两轮带有相应向内的角度，使角度为0°，左右两轮可保持直线行进，减少轮胎磨损。

上述的 4 种定位值都是前轮定位的指标。后轮定位值与前轮定位值相似，但大多数轿车的后轮定位不可调。

3. 四轮定位应用场景

（1）车辆的行驶性能受到了影响（驾驶者感受最为直接的是跑偏，打方向不自动回轮也算一个）。

（2）因事故造成底盘及悬架的损伤。

（3）轮胎出现磨损异常。要考虑是否是因胎压不正常才导致了异常磨损，一般情况下，胎压过高会加剧胎面中央的磨损，而胎压过低会加剧胎面两侧的磨损；如果一侧出现偏磨，则有可能是外倾角出现偏差。

（4）车桥以及悬架的零件被拆下过。

4. 四轮定位要调整的数据

1）主销后倾

作用：增大直线稳定性，转向回正。

2）主销内倾

作用：增大稳定性，转向回正。

3）车轮外倾（负外倾）

作用：增大轮胎接触面，抵消不良影响。

4）前束（前展）

作用：抵消车轮外倾（内倾）造成的不利影响。

对汽车进行四轮定位的方法主要有静态检测法和动态检测法，本节以静态检测法为例介绍汽车四轮定位的原理和检测操作过程。

5. 车轮定位的静态检测法

在汽车静止的状态下，根据车轮旋转平面与各车轮定位间存在的直接或间接的几何关系，用专用检测设备对车轮定位进行几何角度的测量，称为静态检测法。使用的检测设备一般有气泡水准式、光学式、激光式、电子式和微机式等前轮定位仪或四轮定位仪。前轮定位仪和四轮定位仪统称为车轮定位仪。

1）气泡水准式车轮定位仪

气泡水准式车轮定位仪一般由转盘、支架、水准仪等组成。由于其具有结构简单、价格低廉、便于携带等优点，在国内汽车维修行业获得了广泛应用。但是，它也存在安装、测试费时费力和不能同时检测前轮定位、后轮定位等不足。

2）光学式车轮定位仪

光学式车轮定位仪一般由转盘、支架、车轮镜和投光装置等组成。投光装置（由投光器和投影屏组成）也像水准仪一样安装在支架上，而支架固定在轮辋上。该定位仪利用光学投影原理，将车轮纵向旋转平面与车轮定位的关系投影到带有指示刻度的投影屏上，从而测得车轮定位值。

3）激光式车轮定位仪

激光式车轮定位仪的检测原理与光学式车轮定位仪相同，只不过采用的是激光投影系统，因而在强烈的阳光下也能清楚地从投影屏读出测量数据。

4）电子式车轮定位仪

电子式车轮定位仪则是在光学式车轮定位仪和激光式车轮定位仪的基础上，由投影屏刻度显示转变为显示屏数字显示。

5）微机式车轮定位仪

微机式车轮定位仪比以上几种车轮定位仪先进，国内外生产的四轮定位仪多以这种类型为主，可同时检测前、后轮的车轮定位参数。微机式车轮定位仪由于采用微电脑技术和精密传感测量技术，并备有完整齐全的配套附件，所以具有测量准确和操作简便等优点。它一般由微机主机、彩色显示器、操作键盘、传感器、转盘、自中式支架、打印机和遥控器等组成，往往制成可移动台式的。

静态检测法具体的操作规程如下。

1）被检测车辆应具备的条件

在检测汽车的四轮定位时，被检测车辆应满足以下要求。

（1）前后轮胎胎压及胎面磨损基本一致。

（2）前后悬架系统的零部件完好、不松旷，减振器性能良好、不漏油。

（3）转向系统调整适当，不松旷。

（4）汽车前、后高度与标准值的差不大于 5 mm。

（5）制动系统正常。

这样做的好处有以下几点。

（1）保证车辆行驶的稳定性能，同时在操控上也更有驾驶乐趣。

（2）杜绝因为车辆跑偏而导致的交通事故。

（3）可以减轻汽车轮胎的磨损，延长轮胎的使用寿命。

（4）可以减轻油耗，因为做了四轮定位后可以减轻汽车行驶时的"吃胎"现象，因此也可以降低汽车行驶的油耗。

（5）减少汽车行驶、转向和悬挂系统的损耗，延长这些机件的使用寿命。

2）安装传感器

按照如图 4-65 所示的步骤安装传感器。

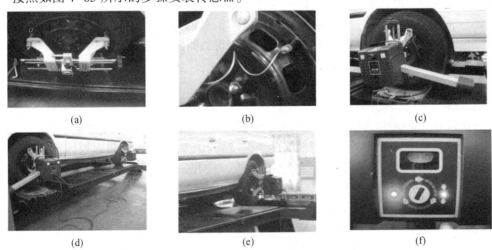

图 4-65　传感器安装方法

(a) 安装支架；(b) 保险锁；(c) 安装传感器；(d) 接线；(e) 二次举升；(f) 补偿控制

（1）将传感器和支架从四轮定位仪上拆下来，放在工作台上。
（2）将4个支架安装在4个车轮的轮辋上，并将熔断丝上的螺母拧紧在车轮的打气孔上，防止轮辋安装不稳而掉下。
（3）将4个传感器按照规定安装在车轮上的4个支架上。
（4）用接线将4个传感器连接好，并连接到四轮定位仪后部的接线孔上。

3）电脑进入操作系统

起动四轮定位仪上的电脑，进入操作系统进行操作。
（1）输入用户名和用户密码。
（2）输入用户信息或者选择查询用户信息，调入用户信息。
（3）选择需要进行四轮定位的车辆的信息，包括汽车车型和底盘号，并单击<OK>按钮。
（4）电脑屏幕上会显示出车型的规格值和公差，单击<OK>按钮。
（5）之后，电脑屏幕上会显示出不同的胎面状态。选择屏幕上的胎面状态与所检测车型最符合的图标并单击<OK>按钮。
（6）进入胎面深度的操作。检查待检测车辆4个轮胎胎面沟槽的深度，在电脑屏幕上按照对应顺序输入各个轮胎胎面沟槽的深度，并单击<OK>按钮。
（7）之后，进入胎面压力的操作。检查待检测车辆4个轮胎压力的大小，在电脑屏幕上按照对应顺序输入各个轮胎的压力，并单击<OK>按钮。
（8）进入补偿控制。

4）补偿控制

（1）补偿方式选择三点补偿。
（2）移动二次举升装置到车桥下，二次举升汽车。
（3）长按传感器上的补偿按钮，直到绿灯熄灭、红灯闪烁后，旋转传感器旋钮，松开传感器。
（4）逆时针转动车轮，直到绿灯亮后，将水平仪中的气泡调整到中心，旋转传感器的旋钮锁紧传感器，使其不能与车轮相对转动。
（5）重复（3）、（4）步骤，直到红灯不闪烁，红绿两盏灯同时亮。这时，电脑屏幕上的红色字"传感器需要补偿"转变为黑色字"传感器良好"，说明这个轮胎补偿完毕。
（6）继续按上面的步骤，对余下的轮胎进行补偿，直到4个车轮完成补偿后，单击电脑的<继续>按钮，进行下一步操作。

5）二次举升机的操作方法

下面以QJY30-4CB型四柱桥式二次举升机为例，介绍二次举升机的操作方法。
（1）一次举升：将控制面板侧的红色开关拨到<0>后，按下控制面板红色按钮<↑>，这时托板托起汽车上升，直至上升到恰当的高度，松开按钮。这时，为了安全起见，应按下旁边的绿色按钮<↓>，使托板下降一小段距离，直到托板不能下降，发出"咔"响声。此时托板被锁紧，防止在检测和维修过程中造成安全事故。
（2）二次举升：在一次举升之后，将控制面板侧的红色开关拨到<1>，这时按下控制面板的红色按钮<↑>，便能进行二次举升。
（3）下降：二次举升后，直接按下绿色按钮<↓>，便能下降二次举升装置。之后，将控制面板侧的红色开关拨到<0>，按下控制面板红色按钮<↑>，上升一小段距离，拉下机械保险锁臂后,再按下旁边的绿色按钮<↓>,托板就能依照按下绿色按钮的时间控制下降的距离。

6) 车辆测量调整图解

图 4-66 和图 4-67 所示是定位仪电脑显示器显示的前后轮的调整条。

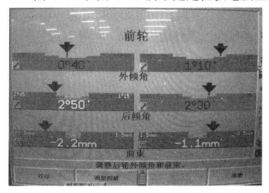

图 4-66　前轮调整条

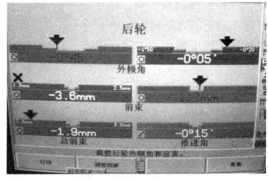

图 4-67　后轮调整条

进行轮胎补偿后,继续操作会进入车辆测量调整的界面。这时屏幕上会显示前轮的 6 条调整条,显示红色的调整条说明车轮需要进行定位,显示绿色的调整条说明车轮不需要调整或者车轮已经调整好。当前轮的 6 条调整条都显示绿色时,说明汽车的前轮已经调整好。单击屏幕右边的按钮,可以对汽车的后轮或者其他参数进行调整。

(1) 单击<调整图解>按钮后,单击<前一调整图>或者<后一调整图>可以查看前轮前束、后倾角、前轮外倾角和后轮前束等车轮定位的调节位置和调整方法。

(2) 单击<OK>按钮,返回到车辆测量调整的界面。然后,对汽车的主销后倾角、主销内倾角、前轮外倾角、前轮前束、后轮外倾角和后轮前束进行调整,直到调整条的颜色全部都显示绿色,调整结束,四轮定位完成。

(3) 车轮定位调整图解如图 4-68 所示。

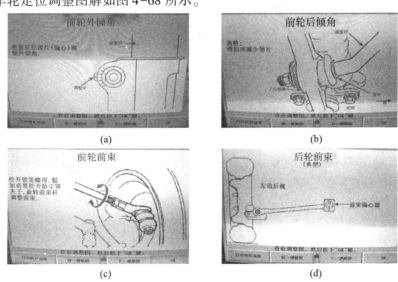

图 4-68　车轮定位调整图解

(a) 前轮外倾角;(b) 前轮后倾角;(c) 前轮前束;(d) 后轮前束

7) 四轮定位的调整过程

(1) 调整主销后倾角和车轮外倾角。主销后倾角和车轮外倾角可以通过在车架内侧和控制臂销轴之间增加或者减少垫片进行调整。通过在销轴端增、减垫片可以调整主销后倾角；在前后螺栓增加或减少等量垫片可以调整车轮外倾角。

(2) 调整前轮前束。图 4-69 为车轮定位调整位置，在调整前轮前束之前，先确定当前轮朝向正前方时转向盘处于中央位置，然后松开转向横拉杆调整套筒上的锁紧螺栓，必要时松开防尘罩夹子，通过转动套筒改变横拉杆的长度来调整前轮前束。

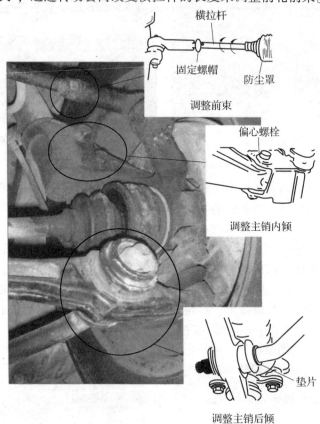

图 4-69　车轮定位调整位置

(3) 调整后轮外倾角。图 4-70 为后轮前束的调整，对于有些半独立悬架，可以在后轴和后轴固定座之间加装不同厚度的垫片来改变后轮外倾角和后轮前束，后轮外倾角可以通过改变后轴上方或下方的垫片厚度来调整。对于其他一些悬架，后轮外倾角可以通过在转向节上端和滑柱之间加装楔形隔套来调整。此外，有些汽车的后轮外倾角是通过控制臂或拖臂固定座处的偏心螺栓和凸轮来调整。

(4) 调整后轮前束。如图 4-70 所示，松开后轮转向横拉杆锁紧螺栓，转动偏心螺栓，从而改变后轮前束。

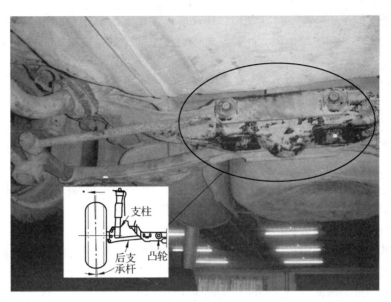

图 4-70 后轮前束的调整

车轮定位的调整过程中,各个参数之间是相互影响的,假若调整过程中无论怎样调整都不能达到满意值,此时就需要考虑是否需要更换零件。

8)数据标准与故障分析

(1) 部分汽车车型的四轮定位参数如表 4-30 所示。

表 4-30 部分四轮定位参数

车型	主销后倾角 α	主销内倾角 β	前轮外倾角 γ	前轮前束 T
凯美瑞	2°00′	—	0°30′	1.0°
高尔夫嘉族	7°23′	—	−0°30′	0°10′
高尔夫 7	7°38′	—	−0°41′	0°10′
一汽奥迪 100	1°16′	14.2°	−30′±20′	0.5~1
宝来 NF	7°00′	—	−0°21′	0°00′
迈腾 B7	7°32′	—	−0°30′	0°10′
上海别克	2.7°	—	−1°	—
捷达 PA	4°40′	—	−0°15′	0°10′
上海荣威	3°27′	12°33′±30′	−21±45′	—
广州本田	1.8°	—	−1°	—
宝马 530i	7.9°±30′	12.0°	−0.2°	—
宝马 M3	9.13°±30′	12.8°	−0.7°±30′	—
本田雅阁	3°±1′	—	0°±1′	—

(2) 对汽车四轮定位参数的分析。当检测车辆的定位值与标准值不符时,偏差值的大小会在不同程度上影响汽车的行驶系统,造成方向转向沉重、发抖、跑偏、不正、不归

位，或者轮胎出现单边磨损、波状磨损、块状磨损、偏磨等不正常磨损，以及驾驶人驾驶时车感漂浮、颠簸、摇摆等现象，此时就需要对汽车四轮定位值进行调整，使汽车性能达到最佳。

9）注意事项

（1）桥式二次举升机的操作注意事项

①举升机最大载荷不得超过额定值。

②将待修车辆升至所需高度后，再按向下按钮，使横梁挡块平稳地插入立柱保险板上的方孔内，托板处于锁紧状态。

③下降时，先用右手按一下向上按钮，使托板上升一小段距离后，左手拉下手柄，使4块挡块脱离保险板，再按向下按钮使托板下降到适当高度。

④严禁挡块在保险板方孔内，托板处于锁紧状态下硬按手柄。

⑤举升机工作一段时间后，如发现桥面有倾斜现象，可调节立柱顶面的钢丝绳，使桥面调在一个水平面上。

⑥注意电动机的转向标记，顺时针为油泵工作转向，若相反，应转换顺序。

⑦配二次举升的举升机在二次举升时，应注意小车活塞杆上的警戒线，当活塞杆超越警戒线时，应立即停止举升。

⑧配二次举升的举升机，切忌接通二次举升开关（二刀二闸开关）而进行二次举升；或在接通二次举升开关状态下，升降举升机。

（2）四轮定位仪的操作注意事项

①安装支架到轮辋上，需将熔断丝的螺母拧紧在车轮的打气孔上，防止支架安装不稳而造成支架和传感器跌坏。

②传感器是四轮定位仪的重要元件，安装和拆下的过程中应防止发生碰撞，以免损坏传感器。使用前，要对传感器进行校正，以保证测试精度。

③4个传感器之间是靠红外线传递信号的，检测的过程中人和物都应该避免在两传感器之间遮挡红外线的传递。

④移动四轮定位仪时，应避免使其受到振动，否则可能使传感器及电脑受到损坏。在检测四轮定位前须进行车轮传感器补偿，以免造成较大的测量误差。

4.8.2 车身上蜡

1. 车身上蜡的作用

车身上蜡可使车身表面的水滴附着减少，最大限度地减少水滴对阳光的聚集，使车漆得到保护。还可在车漆与酸雨、灰尘和有害气体等有害物质之间形成一保护层，避免直接与车身接触，起到屏蔽的作用。

车身上蜡可以防高温和紫外线，夏季天气越来越热，汽车常年在外行驶或存放很容易因光照而导致车漆老化褪色，而上蜡形成的薄膜可以将部分光线反射，有效避免车漆老化。汽车在行驶时与空气摩擦产生静电，而车蜡则可以有效地隔断车身与空气、尘埃的摩擦。少了静电，车自然少了灰尘的吸附，而且车蜡还能起到上光的作用，使汽车显得更新更好看一点。

要注意的是，上蜡确实能够起到保护车漆的作用，但是也不能频繁地上蜡，也跟环境有很大关系,南北方地区就有一些不同,比如:南方多雨,这个时候就要稍微频繁上蜡;而北方地区相对而言没有太多的雨水,所以没必要那么频繁地上蜡。

2. 车身上蜡步骤

1)清洗

车身清洗如图4-71所示。

汽车上蜡前,必须对车辆进行彻底清洗。切记不能盲目使用洗洁剂和肥皂水,如无专用的洗车液,可用清水清洗车辆,将车体擦干后再上蜡。如果车身表面的油漆已经褪色或氧化,必须在清除掉旧的和氧化了的油漆后,才能上蜡。

注意:油漆表面上的污迹,如柏油渍、机油渍、水迹、死虫等,一般用水冲洗不掉,可购买清除柏油渍、机油渍的特殊油剂进行清除。

图4-71 车身清洗

2)研磨

研磨又称打底,就是将老化的烤漆磨去。所谓不磨不亮,上蜡成败取决于事前的打底工作。烤漆表面若凹凸不平,就不容易上蜡,蜡也无法形成均匀的膜,要磨亮也很困难。使用含有研磨剂的复合蜡打底处理时,在烤漆膜较薄的部分,最好用胶带贴起来保护好。磨光时以边长为30~40cm的正方形为单位来磨,或将车身分成一片一片的仔细地磨,如果磨的面积太大,会造成涂抹不均匀。

3)上蜡

上蜡可分为手工上蜡和机械上蜡,手工上蜡简单易行,机械上蜡效率高。无论是手工上蜡还是机械上蜡,都要保证漆面均匀布涂。手工上蜡时,首先将适量的车蜡涂在海绵上,然后按一定顺序往复直线涂布,涂布也要分段、分块进行,但不必使劲擦。每道涂布区域应与上道涂布区域有1/5~1/4的重叠,防止漏涂及保证均匀涂布。机械上蜡时将车蜡涂在打蜡机海绵上,具体涂布过程与手工相似,值得注意的是在边、角、棱处的涂布应避免超出漆面,而在这方面手工涂布更容易把握。图4-72为上蜡用的车蜡及打蜡机。

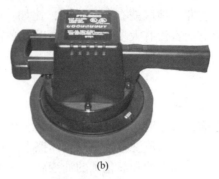

图 4-72 车蜡及打蜡机
（a）车蜡；（b）打蜡机

上蜡的方式是用海绵均匀地在车身上画圈，按引擎盖-前翼子板-车顶-车门-后翼子板-后备厢的顺序依次打蜡，使车蜡在漆面上呈现出鱼鳞状效果。

上蜡时，上几层蜡要视车漆状况决定，并不是越多越好，太多的蜡反而会使抛光产生困难，而上得太薄，又无法填补车身的缝隙。通常新车需要上蜡1~2层，旧车可上3~4层。

4）自然晾干

上蜡完毕，稍等5~10 min，使车蜡自然晾干，以车蜡颜色稍微发白、触摸时呈粉状为好。

5）抛光

应在车蜡还未完全干之前就擦去车蜡。根据不同车蜡的说明，一般上蜡5~10 min后即可进行抛光。抛光时遵循先上蜡先抛光的原则，确认抛光后的车身表面不受污染，抛光作业通常使用无纺布做往复直线运动，并适当用力挤压，以清除剩余车蜡。

6）完饰

如果蜡上得不均匀，会产生反光现象。此时可用洗得很干净的绒布或棉布轻轻地擦，也可以在车身表面的蜡上喷水将其溶解后，再用布均匀推开。如果想使车蜡保留的时间长些，可以在已上蜡的车身上喷抹一层护车素，既可保护车蜡，又可提高车身表面的光泽度，还可以起到防晒、防雨及防酸的作用。

注意：一般有车库停放、多在良好道路上行驶的车辆，每3~4个月上蜡1次即可。露天停放的车辆，由于风吹雨淋，最好每2~3个月上蜡1次。通过触摸也能进行判断，一般而言，用手触摸车身感觉不光滑时，就可再次上蜡。

7）车蜡使用的注意事项

（1）新车不要随便上蜡。因为新车本身的漆层上已有一层保护蜡，过早上蜡反而会把新车表面的原装蜡除掉，造成不必要的浪费，一般新车购回5个月内都不必急于上蜡。

（2）应在阴凉处给车上蜡，保证车体不致发热。因为随着温度的升高，车蜡的附着性变差，会影响上蜡质量。

（3）上蜡时，应用海绵块涂上适量车蜡，在车体上直线往复涂抹，不可把蜡液倒在车上乱涂或做圆圈式涂抹。一次作业要连续完成，不可涂涂停停。

（4）车身上蜡后，在车灯、车牌、车门和行李舱等处的缝隙中会残留一些车蜡，使车身显得很不美观。这些地方的蜡垢若不及时擦干净，还可能产生锈蚀。因此，上完蜡后一定要将蜡垢彻底清除干净，这样才能得到完美的上蜡效果。

（5）擦拭车门和风窗玻璃时，不可使用含磨料的清洁剂。死虫等动植物汁液应先用肥皂水浸透，然后用海绵清水清洗，再用软布擦净。

（6）擦拭转向盘、灯具等塑料和橡胶件，只能用普通的肥皂水清洗，不能用有机溶剂如汽油、去渍剂和稀释剂等。

思考练习

1. 汽车处于位置6的维护内容有哪些？
2. 使用四轮定位仪时，为什么要二次举升？
3. 四轮定位参数的调整具体有哪些步骤？
4. 车身上蜡有哪些注意事项？

4.9 纯电动汽车维护的实例

4.9.1 蔚来ES8的保养与维护

1. 车辆健康状态

定期关注车辆状态，保持车辆处于最佳状态。可在中控屏应用程序中心点击"我的ES8>健康"，进入车辆健康状态界面。

在此页面车辆可进行自检，自检完成后可查看当前车辆的健康状态。

2. 事件数据记录系统

车辆的大量电子组件都包含数据存储器，这些存储器可暂时或永久存储有关车辆状态、事件和故障的技术信息。这些技术信息通常可以记录如下部件、模块、系统和环境的状态：

（1）车辆及其单个组件的状态信息，例如车轮转数/速度、减速度、横向加速度。

（2）重要系统组件的功能情况，例如安全带锁扣、乘客感知传感器。

（3）特殊行驶状况下车辆的反应，例如安全气囊触发、稳定控制系统介入。

（4）环境状态，例如温度、压力。

这些数据只是自然属性，用于识别和排除故障以及优化车辆功能，不能根据这些数据创建已行驶路段的运动特性。执行服务工作时，例如维修、服务流程、保修情况、质量保证，服务人员及制造商可以用专用诊断设备从事件和故障数据存储器中读取这些技术数据。排除故障后，删除或继续覆盖故障存储器中的信息。使用车辆时，这些与车主相关的技术参数以及其他一些信息，例如事故记录、车辆损坏、证据等（可能需要专业人员介入），可以在蔚来汽车服务中心通过诊断设备读取。

3. 油液添加

1）添加风窗洗涤液

风窗洗涤液可维持前挡风玻璃处良好的视线，添加风窗洗涤液的步骤如下。

(1) 推动洗涤液盖板，盖板即可向外自动打开。

(2) 将洗涤液壶口旋转拉出一定角度，打开洗涤液盖，添加适当的洗涤液（加注时以液面快到壶口为宜）。添加完成后请盖紧洗涤液盖，将洗涤液壶口推回原位，关好洗涤液盖板。

2）添加冷却液

冷却液可以维持车辆动力系统运行在合适的温度范围，添加冷却液的步骤如下。

(1) 打开乘客舱内前盖拉手盖板，拉动前盖释放拉绳以松开前盖。

(2) 拨动前盖下方锁钩，使前盖从锁扣中松开并提起前盖。

(3) 从夹子中取出前盖支撑杆，并支撑于对应位置处。

(4) 打开冷却液盖，添加适当的冷却液（加注在 MIN 到 MAX 范围内）。

(5) 盖紧冷却液盖，关闭前盖时需先用手扶住前盖进行适当降低，随后用力向下推动前盖直至其完全关闭。（请勿直接猛力关闭前盖或使其自由落下）

3）添加制动液

制动液是液压制动系统中传递制动压力的介质，添加制动液的步骤如下。

前三步打开前盖，参考"添加冷却液"；

(1) 打开制动液盖，添加适当的制动液（加注在 MIN 到 MAX 范围内）。

(2) 盖紧制动液盖，关闭前盖时需先用手扶住前盖进行适当降低，随后用力向下推动前盖直至其完全关闭。（请勿直接猛力关闭前盖或使其自由落下）

4）保险丝更换

前盖下部保险丝盒：切勿安装额定电流值更高的保险丝，只可用相同电流强度和相同尺寸的保险丝更换损坏的保险丝。

5）仪表台保险丝盒

切勿安装额定电流值更高的保险丝，只可用相同电流强度和相同尺寸的保险丝更换损坏的保险丝。

6）后备厢保险丝盒

切勿安装额定电流值更高的保险丝，只可用相同电流强度和相同尺寸的保险丝更换损坏的保险丝。

7）后部预留保险丝盒

切勿安装额定电流值更高的保险丝，只可用相同电流强度和相同尺寸的保险丝更换损坏的保险丝。

8）电池保养

(1) 低压蓄电池保养。低压蓄电池主要为车辆起动设备和用电设备供电，位于后备厢左侧盖板内。保持蓄电池含有充足的电量，可延长蓄电池的使用寿命。（警告：蓄电池液具有腐蚀性，若不慎入眼或皮肤，请立即使用大量水冲洗并送医。）

注意：

①若蓄电池亏电严重（如长时间不使用车辆时），请联系蔚来汽车服务中心，请勿自行更换蓄电池。

②当离开车辆时请确保关闭车辆用电设备，如灯光、媒体等。

③断开并重新连接蓄电池后，车窗自动升降及防夹功能将不可用。

(2) 动力电池保养。动力电池是车辆的重要驱动部件，在使用时请注意以下事项。

①车辆停放于温度过高或过低的环境中将直接影响动力电池的使用寿命，请勿长时间（8 h 以上）将车辆停放于高温或低温环境。

②请勿将车辆停放于高温有热源的场所，避免发生意外火灾。

③车辆应置于干燥的场所，尽量避免停放于潮湿有水的停车场所。

④避免频繁使用大功率直流快充方式对车辆进行充电，大功率直流快充将影响动力电池的寿命。

⑤若长时间不使用车辆，确保动力电池电量在 50%（数字仪表显示）以上并停放于阴凉处，以保证动力电池寿命。建议每周检查电池电量，每月使用一次车辆。

⑥请使用符合充电规格的充电设备对车辆进行充电，并按照充电桩说明正确进行充电。

⑦动力电池属高压部件，请勿私自触碰、移动、拆解动力电池及其相应线路，以免发生人身伤害。

⑧请勿随意处理或丢弃废旧动力电池，以免对环境造成严重污染。

思考练习

1. 介绍一下蔚来 ES8 事件数据记录系统。
2. 蔚来 ES8 低压蓄电池保养应注意什么问题？
3. 蔚来 ES8 动力电池保养应注意什么问题？

附录 1 北汽 EX360 预防性保养单

定期保养项目	首保 1 年或 10 000 km	每年或每 10 000 km	每 20 000 km	每 40 000 km
更换减速器润滑油（首次更换为 10 000 km 或 12 个月，之后每隔 10 000 km 或 12 个月检查 1 次，每隔 20 000 km 或 24 个月更换一次减速器润滑油，以先到为准）	●		●	
更换制动液（每 40 000 km 或 24 个月更换 1 次，两者以先到为准）				●
更换冷却液（每 40 000 km 或 24 个月更换 1 次，两者以先到为准）				●
检查仪表显示及车身内外照明	●	●		
检查用电设备功能（包括点烟器、电动摇窗机、电动后视镜、空调等）	●	●		
检查驻车制动器	●	●		
安全带、安全气囊功能检测	●	●		
电脑检测：用专用诊断设备读取各系统控制器内的故障存储信息	●	●		
检查雨刷器及清洗装置	●	●		
检查电动天窗功能，用专用润滑脂润滑清洁轨道，检查制动液液面及制动管路	●	●		
检查冷却液液面，在冷却液冰点（-45 ℃）检查系统是否泄漏	●	●		
检查电动天窗排水管口			●	
检查空调系统冷凝水排水口			●	
检查转向横拉杆间隙及防尘罩	●	●		

续表

定期保养项目	首保 1 年或 10 000 km	每年或每 10 000 km	每 20 000 km	每 40 000 km
前后悬挂：检查四轮减振器及减振弹簧外观和紧固螺栓及螺母	●	●		
制动盘制动片：检查制动盘、制动片厚度及磨损情况	●	●		
底盘及动力电池系统螺栓：按规定扭矩拧紧并检查，目测检查车身底部防护层是否破损	●	●		
检查减速器油位，必要时添加或更换	●	●		
检查轮胎磨损情况，校正轮胎气压，必要时进行轮胎换位	●	●		
按规定力矩紧固车轮固定螺栓	●	●		
检查后轮制动片、制动鼓及制动分泵	●	●		
检查车门铰链及车门限位器、门锁、后备厢盖铰链和锁扣	●	●		
试车：动力性能、制动性能、平顺性、噪声、挡位等	●	●		

各类纯电动汽车的维护、检测、诊断项目与要求详见 JT/T 1344—2020《纯电动汽车维护、检测、诊断技术规范》。

附录 2 思考练习答案

1.2 思考练习答案

1. 纯电动汽车与内燃机汽车的主要外观差别在哪里？

答：从外观上看，纯电动汽车与内燃机汽车的主要区别在于：纯电动汽车没有了内燃机汽车所需的油箱口，而增加了给汽车电池充电的充电接口。除此之外，纯电动汽车的其他外观机构与内燃机汽车相差不大。

2. 汽车外部照明灯有哪些，分别起什么作用？

答：(1) 前组合灯。前组合灯的主要用途是照明车前的道路和物体，确保行车安全，还可以利用远光、近光交替变幻作为夜间超车信号。前组合灯安装在汽车头部的两侧，每辆车装 2 只或 4 只。灯泡功率为远光灯 45~60 W，近光灯 25~55 W。(EX360 远光：12 V/55 W、近光：12 V/55 W)

(2) 雾灯。雾灯装在前照灯附近或比前照灯稍低的位置。它是在有雾、下雪、大雨或尘埃弥漫等能见度低的情况下，作为道路照明并为迎面来车提供信号的灯具。其穿透性较强，灯光多为黄色，这是因为黄色光波较长，有良好的透雾性能。灯泡功率一般为 35 W。(EX360 前雾灯：12 V/55 W、后雾灯：12 V/21 W)

(3) 牌照灯。牌照灯装在汽车尾部牌照上方，其用途是照亮车辆后牌照板，要求是夜间在车后 20 m 处能看清牌照上的号码。灯光为白色，功率一般为 8~10 W。(EX360 牌照灯：15 V/5 W)

(4) 转向信号灯。转向灯装在汽车的 4 个角，有独立式、一灯两用式和组合式等多种形式。转向信号灯的作用是在汽车行驶转向时，发出明暗交替的闪光信号，使前后车辆、行人等知其行驶方向。(EX360 转向灯：12 V/21 W)

(5) 危急报警信号灯。在紧急情况下能发出闪光报警信号的灯具，通常由转向灯兼任，这种情况下，所有转向灯同时闪亮。

(6) 尾灯。安装在汽车后部，夜间行车时向后方表示汽车存在的灯具。

(7) 制动灯。安装在汽车后部，表示行驶汽车减速或停车，灯光为红色，功率 20~40 W，其开关与制动踏板相连。(EX360 制动灯：12 V/3.6 W)

(8) 示廓（位置）灯。安装在前部和后部，标识汽车外廓。(EX360 前后位置灯：12 V/5 W)

(9) 倒车灯。倒车灯装于汽车尾部，用于照亮车后道路、告知车辆和行人车辆正在倒车或准备倒车。它兼有灯光信号装置的功能。（EX360 倒车灯：12 V/21 W）

3. 尾翼是如何利用空气动力学原理使汽车的稳定性得到提高的？

答：汽车尾翼的作用，就是在汽车高速行驶时，使空气阻力形成一个向下的压力，尽量抵消升力，有效控制气流下压力，进而减少车辆尾部的升力，增加车辆的抓地力，从而尽量避免车辆过度转向，提高汽车的稳定性。

1.3 思考练习答案

1. 纯电动汽车的仪表盘与传统汽车的仪表盘有什么不同？

答：从外观上看，纯电动车的仪表盘与传统汽车的仪表盘没有太多的差异。仔细观测可以发现，纯电动车的仪表盘上删去了与内燃机相关的指示灯，比如燃油灯和机油灯等；而增加了与电源系统和电机系统相关的指示灯，如电量指示、电压值指示、电流值指示和电机转速指示等。

2. 为什么同级别的纯电动汽车普遍比内燃机汽车安全配置丰富？

答：从结构上来说，纯电动汽车前舱没有了发动机，电池一般都集中于底盘上，重心较低，没有复杂的传动系和尾气后处理设备占用汽车后部空间。整车结构的简单化为众多辅助驾驶传感器、摄像头、雷达的安装提供了灵活空间。没有发动机后，汽车的传感器数量减少一半，为 ECU 腾出了大量的内存用来支持主动安全系统的众多传感器和控制器的运行。

3. 目前来说，汽车的导航系统存在哪些不足？

答：导航系统的 GPS 信号，会受天气及使用地点（高楼、隧道、地下道、树林）的影响，且大部分 GPS 均无法于室内及地下室定位，GPS 的信号也无法穿透高层建筑物及含金属成分的汽车隔热膜或类似产品。

1.4 思考练习答案

1. 国际自动机械工程师学会（SAE）把汽车自动驾驶分为几个级别？各个级别有什么不同？

答：分为 6 个级别。

L0：完全人类驾驶。

L1：辅助驾驶，增加了预警提示类的 ADAS 功能，包括车道偏离预警（LDW）、前撞预警（FCW）、盲点检测（BSD）等。

L2：部分自动驾驶，具备了干预辅助类的 ADAS 功能，包括自适应巡航（ACC）、紧急自动刹车（AEB）、车道保持辅助（LKA）等。

L3：有条件自动驾驶，具备了综合干预辅助类功能，包括自动加速、自动刹车、自动转向等。

L4：高度自动驾驶，没有任何人类驾驶员，可以无转向盘、油门、刹车踏板，但限定区域（如园区、景区内），或限定环境条件（如雨雪天、夜晚不能开）。

L5：完全自动驾驶，也是真正的无人驾驶，司机位置无人，也没有人在车内或车外的认知判别干预；无转向盘和油门、刹车踏板；全区域、全功能。

2. 汽车转向系统的发展主要经历了哪几个阶段？

答：汽车转向系统经历了传统的机械转向系统、机械液压助力系统、电子液压助力转向系统、电子助力转向系统以及正在发展中的无人驾驶系统等几个发展阶段。

3. 现代汽车空调系统采用的制冷剂是什么？有什么优点？

答：采用的制冷剂是氟利昂，氟利昂沸点较高、无色无臭，并且没有可燃性，是一种很好的制冷剂。

2.1 思考练习答案

1. 纯电动汽车的整车控制系统主要包括哪些系统？整车控制系统在纯电动车中主要发挥哪些作用？

答：整车控制系统主要包括整车控制器、电机控制器、电池管理系统、车身控制管理系统、信息显示系统和通信系统等。整车控制系统承担数据交换与管理、故障诊断、安全监控、驾驶人意图解析等功能。整车控制系统必须具有较高的可靠性、容错性、电磁兼容性和环境适应性等，以保障纯电动汽车整车安全、可靠地运行。

2. 纯电动汽车的动力电池箱有什么作用？

答：动力电池箱是动力电池组与外界进行接触的媒介，动力电池箱承担了对动力电池的能量传导、安全防护、性能维护的任务，对动力电池组性能的充分发挥起到了越来越重要的作用。

3. 纯电动汽车的高压电气子系统有哪几种驱动类型？

答：高压电气子系统有两种驱动类型，即直流电机驱动系统和交流电机驱动系统。

2.2 思考练习答案

1. 请简述纯电动汽车的工作原理。

答：从纯电动汽车的名字可以看出，纯电动汽车与传统的汽车不同之处在于纯电动这3个字，也就说是纯电动汽车的动力来源不是传统的柴油和汽油，而是新型能源——电能。

纯电动汽车的组成可以分为：电力驱动及控制系统、驱动力传动等机械系统、完成既定任务的工作装置等。电力驱动及控制系统由驱动电动机、电源和电动机的调速控制装置等组成：

（1）电源。电源为电动汽车的驱动电动机提供电能，电动机将电源的电能转化为机械能，通过传动装置或直接驱动车轮和工作装置。有别于老式的电网电车，纯电动汽车电源主要是高能蓄电池，这样纯电动汽车行车范围就不会局限于电车电网，也不用担心电网停电，这就使得纯电动汽车行车的范围与传统汽车一样了。

（2）驱动电机。驱动电机的作用是将电源的电能转化为机械能，通过传动装置或直接驱动车轮和工作装置。

（3）电机控制器。电机控制器是为电动汽车的变速和方向变换等设置的，其作用是控制驱动电动机的电压或电流，完成电动机的驱动转矩和旋转方向的控制。采用交流电动机及变频调速控制技术，使电动汽车的制动能量回收控制更加方便，控制电路更加简单。

（4）传动装置。传动装置的作用是将电机的驱动转矩传给汽车的驱动轴，当采用电动轮驱动时，传动装置的多数部件常常可以忽略。因为电机可以带负载起动，所以纯电动汽车上无须内燃机汽车的离合器。因为驱动电机的旋向可以通过电路控制实现变换，所以纯电动汽车无须内燃机汽车变速器中的倒挡。当采用电动机无级调速控制时，纯电动汽车可以忽略传统汽车的变速器。在采用电动轮驱动时，电动汽车也可以省略传统内燃机汽车传动系统的差速器。

（5）行驶装置。行驶装置的作用是将电机的驱动力矩通过车轮变成对地面的作用力，驱动车轮行走。它同其他汽车的构成是相同的，由车轮、轮胎和悬架等组成。

（6）转向装置。转向装置是为实现汽车的转弯而设置的，由转向机、转向盘、转向机构和转向轮等组成。作用在转向盘上的控制力，通过转向机和转向机构使转向轮偏转一定的角度，实现汽车的转向。多数纯电动汽车为前轮转向，工业中用的电动叉车常常采用后轮转向。纯电动汽车的转向装置有机械转向、液压转向和液压助力转向等类型。

（7）制动装置。纯电动汽车的制动装置同其他汽车一样，是为汽车减速或停车而设置的，通常由制动器及其操纵装置组成。在纯电动汽车上，一般还有电磁制动装置，它可以利用驱动电机的控制电路实现电机的发电运行，使减速制动时的能量转换成对蓄电池充电的电流，从而得到再生利用。

（8）工作装置。工作装置是工业用纯电动汽车为完成作业要求而专门设置的，如电动叉车的起升装置、门架、货叉等。货叉的起升和门架的倾斜通常由电动机驱动的液压系统完成。

2. 纯电动汽车的关键技术有哪些？

答：电池技术、电机驱动及其控制技术、电动汽车整车技术、能量管理技术。

（1）电池技术。电池是纯电动汽车的动力源泉，也是一直制约纯电动汽车发展的关键因素。

电池的主要性能指标是比能量（E）、能量密度（Ed）、比功率（P）、循环寿命（L）和成本（C）等。要使电动汽车能与燃油汽车相竞争，关键就是要开发出比能量高、比功率大、使用寿命长的高效电池。目前为止，电动汽车用电池经过了3代的发展，已取得了突破性的进展。第一代是铅酸电池，主要是阀控铅酸电池（VRLA），由于其比能量较高、价格低和能高倍率放电，因此是唯一能大批量生产的电动汽车用电池。第二代是碱性电池，主要有镍镉（Ni-Cd）、镍氢 Ni-MHD、钠硫（Na/S）、锂离子（Li-ion）和锌空气（Zn/Air）等多种电池，其比能量和比功率都比铅酸电池高，因此大大提高了电动汽车的动力性能和续驶里程，但其价格却比铅酸电池高。第三代是以燃料电池为主的电池。燃料电池直接将燃料的化学能转变为电能，能量转变效率高，比能量和比功率都高，并且可以控制反应过程，能量转化过程可以连续进行，因此是理想的汽车用电池，但还处于研制阶段，一些关键技术还有待突破。

（2）电机驱动及其控制技术。电机与驱动系统是纯电动汽车的关键部件，要使纯电动汽车有良好的使用性能，驱动电机应具有调速范围宽、转速高、启动转矩大、体积小、质量小、效率高且有动态制动强和能量回馈等特性。纯电动汽车用电动机主要有4类：直流电动机（DC）、感应电动机（IM）、永磁无刷电动机（PMBLM）和开关磁阻电动机（SRMO）。

由感应电动机驱动的纯电动汽车几乎都采用矢量控制和直接转矩控制。由于直接转矩的控制手段直接、结构简单、控制性能优良和动态响应迅速，因此非常适合用于纯电动汽车的控制。美国以及欧洲研制的纯电动汽车多采用这种电动机。

永磁无刷电动机可以分为由方波驱动的无刷直流电动机系统（BLDCM）和由正弦波驱动的无刷直流电动机系统（PMSM），它们都具有较高的功率密度，其控制方式与感应电动机基本相同，因此在纯电动汽车上得到了广泛的应用。PMSM类电机具有较高的能量密度和效率，其体积小、惯性低、响应快，非常适应于纯电动汽车的驱动系统，有极好的应用前景。由日本研制的纯电动汽车主要采用这种电动机。

开关磁阻电动机（SRMO）具有简单可靠、可在较宽转速和转矩范围内高效运行、控制灵活、可四象限运行、响应速度快和成本较低等优点。实际应用发现SRMO存在转矩波动大、噪声大、需要位置检测器等缺点，使其应用受到了限制。

随着电动机及驱动系统的发展，控制系统趋于智能化和数字化。变结构控制、模糊控制、神经网络、自适应控制、专家控制、遗传算法等非线性智能控制技术，都将各自或结合应用于电动汽车的电动机控制系统。

（3）纯电动汽车整车技术。纯电动汽车是高科技综合性产品，除电池、驱动电机外，车体本身也包含很多高新技术，有些节能措施比提高电池储能能力还易于实现。采用轻质材料如镁、铝、优质钢材及复合材料，优化结构，可使汽车自身质量减轻30%～50%；实现制动、下坡和怠速时的能量回收；采用高弹滞材料制成的高气压子午线轮胎，可使汽车的滚动阻力减少50%；汽车车身（特别是汽车底部）更加流线型化，可使汽车的空气阻力减少50%。

（4）能量管理技术。蓄电池是纯电动汽车的储能动力源。纯电动汽车要获得非常好的动力特性，必须具有比能量高、使用寿命长、比功率大的蓄电池作为动力源。而要使纯电动汽车具有良好的工作性能，就必须对蓄电池进行系统管理。能量管理系统是纯电动汽车的智能核心。一辆设计优良的纯电动汽车，除了有良好的机械性能、电驱动性能、选择适当的能量源（即电池）外，还应该有一套协调各个功能部分工作的能量管理系统，它的作用是检测单个电池或电池组的荷电状态，并根据各种传感信息，包括加/减速命令、行驶路况、蓄电池工况、环境温度等，合理地调配和使用有限的车载能量；它还能够根据电池组的使用情况和充放电历史选择最佳充电方式，以尽可能延长电池的寿命。

3.1 思考练习答案

1. 车辆的检查包括哪些方面？

答：包括出车前检查、行车途中检查、正确的驾驶姿势、调整驾驶座、转向盘、制动踏板、加速踏板相关的检查。

2. 正确的驾驶姿势是怎样的？

答：在坐进驾驶席之后，首先应该深深地坐在座椅后部，使腰部和肩部靠在椅背上。先感受一下座椅的前后距离和背角度是否合适，然后把手臂伸向前方，自然握住转向盘的两侧。这时，必须使手腕能自由地弯曲，活动自由。腿部要有一定的活动空间，用脚踩离合器踏板、制动踏板或加速踏板时不费力，而且身体不必前倾，此时的位置就基本合适了。如果不合适，可以前后调整一下座椅的位置，或调整一下椅背倾斜的角度，使之满足上述要求。

3. 调整驾驶座的步骤有哪些？

答：①调整腰部支撑；②调整靠背；③向前/向后移动座椅；④调整座椅高度和倾斜

角度。

3.2 思考练习答案

1. 纯电动汽车的运行操作有哪些？

答：包括纯电动汽车的启动、驾驶和停止。

2. 纯电动汽车的起动注意事项有哪些？

答：（1）随身携带智能遥控钥匙进入车内。

（2）将制动踏板踩到底，并保持在该位置，确保换挡旋钮在"P"或"N"挡位，确保起动开关指示灯为绿色。

（3）按起动开关切换至"START"挡位，待仪表盘"READY"指示灯点亮，起动车辆，车辆起动成功后，须立即松开起动开关；

（4）起动车辆后，应查看电量表显示的动力电池电量状态，确保有足够的电量行驶到目的地。

3. 纯电动汽车驾驶的注意事项有哪些？

答：（1）在驾驶过程中，请勿将手放置在变速杆上，手的压力可能导致换挡机构过早磨损，并易导致换挡误操作。

（2）在车辆运行过程中请勿换挡。

（3）要注意观察动力电池系统的状态。

4. 纯电动汽车停止的注意事项有哪些？

答：（1）拉起驻车制动手柄或驻车制动阀手柄。

（2）将挡位开关置于空挡。

（3）拧转起动开关钥匙至"LOCK"（锁固）位置（8t和16t车型应先断开高压开关）。

（4）取走钥匙。

（5）关闭所有的窗户并锁上所有的门。

（6）检查并确保灯已熄灭。

（7）如将车辆停放在斜坡上且无人看管时，必须垫好车轮挡块。

3.3 思考练习答案

1. 纯电动汽车的充电方式有哪些？

答：有慢充、快充、换电、无线充电、移动充电等方式。

2. 交流充电连接装置的使用步骤有哪些？

答：（1）电动汽车充电前的检查。

（2）开始充电。

（3）停止充电。

3. 介绍了哪几个纯电动汽车充电的例子？

答：（1）特斯拉 Model 3。

（2）蔚来 ES8。

4. 蔚来 ES8 提供哪些插电插口，分别在什么位置？

答：蔚来 ES8 提供直流和交流两种插电插口。交流插口在左侧位置，充电时间较长；直流插口在右侧位置，充电时间较短。

3.4 思考练习答案

1. 纯电动汽车长期闲置时要注意什么？

答：车辆长期闲置时，应充满电后停放，如果没有充满电后停放，这时电池组就处于亏电状态，在这种状态下停放车辆，电池组很容易出现化学反应，造成电池容量下降。闲置的时间越长，电池组的受损情况越严重，因此，为了保持电池组的良好状态，在车辆闲置时也要保证定期充电。

2. 纯电动汽车电动机异响的原因是什么？

答：电动机和后桥连接同心度达不到标准；电刷和换向器接合不好，需要校正调整；电动机里面转子上的轴承损坏，需要更换。

3. 下雨天行车的注意事项有哪些？

答：应先做好行车前检查。主要检查雨刮器、车辆空调除雾功能是否正常，全车灯光是否正常，并随时保持后视镜面清洁及后视角度；雨天行驶速度不要过快，涉水行车时，控制车速不超过 10 km/h，同时关注仪表报警；在泥泞路面行驶时，由于路面比较湿滑，要尽量避免高速行车、急加速、紧急制动和急转弯。制动时要减速行驶，谨慎使用脚踏制动，多使用电缓速功能，少使用气制动。应与前方车辆保持充分的距离。

4. 冬季时纯电动汽车正确的电池使用习惯有哪些？

答：及时充电，避免因长时间停驶导致电池温度低，造成充电延时和用电浪费；掌握充电时间，如果电量表显示电量过低，应马上进行充电，低电量行驶会影响电池性能；尽量选择在环境温度高的地方充电，低温会影响电池的充电性能；最好每天都用慢充补电，这样使电池处于浅循环状态，可以延长电池寿命；白天尽量将车辆停放在避风、朝阳、温度较高的环境中，便于下次起车；车辆长期停放，保证停放前电池电量在 50%~80% 状态，并将 12 V 低压蓄电池负极断开。每 2~3 个月对电池进行 1 次充放电，保证电池寿命。

3.5 思考练习答案

1. 纯电动汽车常见的危险有哪些？

答：①碰伤、工具、机械等伤害；②碰触高压电；③高温蒸汽烫伤；④火灾；⑤行驶中涉水。

2. 纯电动汽车常用的维修工具有哪些？

答：①三角警示牌；②千斤顶；③备胎；④举升机；⑤灭火器。

3. 纯电动汽车仪表功能异常该如何解决？

答：重新接驳电源线、唤醒线，若确定接好仍出现故障现象，则需要更换仪表。

4. 制冷剂中含有水分该如何解决？

答：更换干燥过滤器，对系统重新抽真空后再充注制冷剂。

4.2 思考练习答案

1. 为什么要对纯电动汽车高压电系统电流进行检测与故障处理？

答：汽车由于受到运行道路环境及驾驶员操控的影响，其运行状态会随时发生变化，动力电池的放电电流会随驾驶员的操控而发生明显变化。当电流超过预设定的允许范围，就会引起温度过分升高，此时不仅影响电池的寿命，而且极端情况下还会引起异常的反应，造成汽车功率器件的损坏，危及汽车高压系统安全。因此，这就要求高压管理系统需对动力电池实时进行电流监控。

2. 在进行维修作业前应进行的检查工作有哪些？

答：检查现场环境，设置隔离，设立警示标识；检查现场操作环境，周边禁止有易燃物品及与工作无关的金属物品，并在维修车辆周围设置隔离，无关人员禁止进入现场。工作无关的工具禁止带入工作场地，必须使用的金属工具，手持部分要进行绝缘处理。在地面或车辆附近明显位置放置"高压危险"警示牌。

3. 检查时辅助的绝缘用具有哪些？

答：①绝缘手套；②绝缘帽；③高压绝缘鞋；④安全护目镜；⑤绝缘工作台；⑥灭火器；⑦吸水毛巾布；⑧胶布；⑨工作面带有绝缘橡胶的工作台。

4.3 思考练习答案

1. 仪表显示系统检修有什么注意事项？

答：（1）电子仪表较精密，技术要求高，要遵照规定，必要时应送专业维修单位。

（2）显示板与母板（逻辑电路板）易损坏，价格贵。除非特殊说明，不能将蓄电池的全部电压加在仪表板的任何输入端。检查电压、电阻应用高阻抗仪器（不能使用简易仪表），若使用不当，会损坏计算机电路。

（3）拆卸时应先切断电源；按拆卸顺序拆卸。不能敲打、振动，以防损坏元件。

（4）备件放在镀镍的袋里，身体不与其集成电路引线端子接触，防止身体静电损坏元件。

（5）作业时要使用静电保护装置（与车身搭铁的手腕带、放置电子部件的导电垫板）。

（6）发动机运行时不能将蓄电池断开，会引起瞬时的反电势，损坏仪表。

（7）处理电子式车速/里程表的电路板时，须用原来的塑料盒，以免因静电感应而损坏。

若不慎触碰触碰电路板的接头时，将会消除仪表读数，此时必须送专业维修后才能使用。

2. 刮水器工作情况的检查步骤是什么？

答：（1）目测胶条外观，如有裂纹、破损则需更换雨刮器胶条。

（2）打开刮水器开关，检查每只刮水器是否正常工作。

（3）当刮水器开关关闭后，检查刮水器能否自动停止在初始位置。

3. 前照灯安全测量的技术要求是什么？

答：

（1）汽车在检验近光光束照射位置时，前照灯距离屏幕 10 m 处，光束明暗截止线转角或中点高度 =（0.6~0.8）H（H 为前照灯基准中心高度，下同），其水平左右偏差≤100 mm。

(2) 四灯制前照灯其远光单光束灯的调整,要求在屏幕上光束中心离地高度 = (0.85~0.90)H,水平左灯左偏≤100 mm,右偏≤170 mm;右灯左右偏差≤170 mm。

(3) 装有远光和近光双光束灯时,以调整近光光束为主。对于只能调整远光光束的灯,调整远光单光束。

(4) 远光光束发光强度要求:两灯制汽车应为12 000 cd,四灯制汽车应为10 000 cd。其电源系统应为充电状态。

4.4 思考练习答案

1. 制动液必备的性能是什么?

答:(1) 沸点不低于260 ℃,这是为了不使制动效率变差,确保制动系统不发生气阻。

(2) 低温下能确保工作可靠,制动液绝对不允许出现结冻现象。

(3) 不伤害橡胶及金属零件。

(4) 在长期保存及使用中,遇冷却、加热时化学性能变化小。

(5) 吸湿沸点高:吸湿沸点是对于干沸点(含水率为0)而定的含水率为3.5%时的沸点。没有安装ABS装置的车辆在紧急制动时会抱死车轮,装有ABS装置后,可使汽车在紧急制动时车轮不会被抱死而防止出现侧滑,因此制动系统产生的热量较高。适合于ABS选用的是吸湿沸点较高的制动液。如果使用低沸点的制动液,会因为容易产生气阻而使汽车处于非常危险的状态。

2. 简述刹车油保养方法。

答:劣质刹车油往往有酒精味,液体像水,且可能会出现杂质和悬浮物,而合格的刹车油形状与蜂蜜类似,呈淡黄色或者深黄色,滴于手心后摩擦会越来越热。

(1) 在挑选刹车油时,最好是选择标号DOT4以上的刹车液。

(2) 刹车油不可混用。

3. 驱动电机系统去除潮气的方法有什么?

答:(1) 用接近80 ℃的热空气干燥电机,将热空气吹过静止、不通电的电机。

(2) 将转子堵住,在定子绕组施加7~8 V的50 Hz交流电压。

(3) 允许逐步增加电流直至定子绕组温度达到90 ℃,不允许超过这一温度,不允许增加电压到足以使转子旋转。

(4) 在转子堵转下的加热过程中,要极其小心以免损伤转子,维持温度为90 ℃直到绝缘电阻稳定不变。

4.5 思考练习答案

1. 动力电池与普通电池应用的区别是什么?

答:为电动汽车提供驱动动力的电池被称为动力电池,包括传统的铅酸电池、镍氢电池以及新兴的锂离子动力锂电池,分为功率型动力电池(混合动力汽车)以及能量型动力电池(纯电动汽车);手机、笔记本电脑等消费电子产品使用的锂电池一般统称为锂电池,以区别于电动汽车用的动力电池。

2. 说明动力电池现有主要种类。

答：目前市场上仍以铅酸电池、镍氢电池、燃料电池、锂电池为主。

3. 动力电池外观检查步骤是什么？

答：动力电池的外观检查主要针对动力电池托盘底部。检查步骤如下：

（1）将汽车停在举升机两柱之间。

（2）举升汽车，高度为 1.2 m 左右，观察动力电池托盘边缘及底部。

（3）检查并确认托盘边缘无开裂、无液体流出，托盘底部无凹陷变形。

（4）检查各紧固件螺栓、螺母及连接线是否松动。

（5）检查低压蓄电池电压，测量电压数值。

（6）检查动力电池的绝缘情况，包括动力电池绝缘性检查、电池模组漏电检查和串联线的破损。

（7）检查电池模组电压，测量电压数值。上层电池模组电压标准值应为 46.2 V，下层电池模组电压标准值应为 59.4 V。

（8）检查串联线是否松动，判断串联线束的松动状态。

（9）检查插头及电池包箱体是否完好，有无损坏或腐蚀。

（10）检查电池包冷却通道是否异常。

（11）确定无问题后放下轿车。

4.6 思考练习答案

1. 汽车处于位置 4 的维护内容有哪些？

答：车轮轴承的检查，车轮的拆卸，轮胎的检查，轮胎的修补，轮胎胎压检查的注意事项和轮胎压力表的仪器结构功能的介绍及操作步骤，轮胎动平衡机的操作（包括试验前的准备工作、检修的注意事项、动平衡机的结构功能、动平衡机的操作步骤），制动器的检查与维护（包括制动系统的一般维护），轮胎的换位，轮胎的安装。

2. 在普通路面和高速公路行驶的车辆，对轮胎胎压的要求有什么不同？

答：汽车在高速行驶时，由于压缩及与地面的摩擦，会导致轮胎发热，从而使轮胎内气体温度升高，胎压也就升高了。所以跑高速时胎压一定不要太高。建议高速路行驶，胎压要适量增加，防止因轮胎弹跳滞后引起轮胎驻波、偏磨、碾伤、甚至爆破。一般家用轿车高速行驶比普通路面气压提高 0.3~0.5 Bar，假如标准气压为 2.3 Bar，高速行驶就应调整为 2.6~2.8 Bar。而在普通路面上，轮胎的气压保持在气压比准范围之内就行。

3. 不同种类制动器间隙的调整方法有什么不同？

答：

鼓式制动器间隙的调整方法：

（1）自动调整式。制动器自动调节该间隙。执行驻车制动或脚制动时，自动间隙调整装置工作，通过调整杆调整制动间隙。

（2）手动调整式。转动制动器间隙调节器来调节制动蹄片的外径，使其大约比制动鼓的内径小 1 mm。具体操作方法是用螺钉旋具拨动调节螺母，向外扩展制动蹄片，直到制动鼓锁住为止，然后把调节螺母拨回规定的槽口数。

盘式制动器间隙的调整方法：

（1）拆下压板（如塞尺插入方便可不拆压板），向箭头所指方向推动钳体，使外侧制动块与制动盘紧密结合。

（2）拨动内侧制动块使其靠近制动盘，测量间隙活塞总成整体推盘与制动块背板之间的间隙。

（3）整体推盘与制动块背板之间的间隙应在 0.8~1.0 mm 之间，如小于 0.8 mm，应更换间隙自动调整机构（AZ9100443500 活塞总成）。

判断活塞总成是否有效：

（1）用 SW10 扳手逆时针转动手调轴至极限位置（大体上逆时针旋转两周），而后反向微调少许（以防螺纹发卡）；

（2）在气压足够大的情况下，原地连续踩刹车 10 次左右。注意：踩刹车时将扳手扣在手调轴上，以观察刹车时手调轴是否转动，正常现象应该是开始几次制动时扳手转动（顺时针）角度较大，越来越小，最后稳定到某个角度，此时即表明间隙已经调整到设计值。如果踩刹车时手调轴不转动或者有逆时针转动状况，则该自动调整机构（活塞总成）已不能正常工作，必须更换。

4. 对汽车轮胎的安装有什么要求？

答：（1）安装轮胎必须有"8 个相同"，即：规格相同、结构相同、材质相同、层级相同、胎压相同、负荷相同、品牌相同、花纹相同。

（2）安装新轮胎前，注意轮辋的尺寸、新轮胎用新的气门嘴、用专业的轮胎润滑剂、在轮圈沿圆周边涂上甘油或肥皂水。

（3）掌握好轮胎的安装步骤，要注意安全，避免人员受伤。

4.7　思考练习答案

1. 汽车处于位置 5 的维护内容有哪些？

答：制动器拖滞检查、制动液的检查及更换、驻车制动器的介绍、驻车制动的调整、制动踏板总成拆装、ABS（制动防抱死系统）的介绍（包括概述、注意事项、初步检查和 ABS 的维护）。

2. 简述制动液的性能要求和分级标准。

答：制动液的性能要求包括以下几点：

（1）应有较高的沸点。现代汽车在行驶中的制动比较频繁，制动鼓（盘）的温度不断升高，如使用沸点较低的制动液，常会在管路中产生气阻而导致制动失灵，因此制动液的蒸发性要低，不易在高温下汽化。

（2）适宜的高温黏度和良好的低温流动性。制动液在各种条件下都能及时传递压力，并同时使传动机构中的运动件得到一定的润滑。

（3）具有抗氧化、抗腐蚀和防锈的性能。制动液长期与金属相接触应不会因氧化而产生胶状物和腐蚀性物质，或因锈蚀而变色，甚至形成坑点。

（4）吸湿性低、溶水性好、沸点下降少。即使有水分进入制动液，要求能形成微粒而和制动液均匀混合，不产生分离和沉淀现象。

（5）对橡胶的适应性好。制动液对橡胶件不应有溶胀作用，否则会使其失去应有的密封作用，因此制动液对橡胶件要有良好的适应性。

制动液的分级标准：

（1）国外制动液的规格标准。常用的进口制动液有 DOT3 和 DOT4。DOT 是美国汽车安全标准规定标称，其数字越大，级别越高。DOT3 与 DOT4 的不同之处主要在于沸点不同，DOT4 比 DOT3 更耐高温。

（2）国产制动液的品种、牌号和规格。国产制动液依据其平衡回流沸点，可分为 JG0、JG1、JG2、JG3、JG4、JG5 共 6 个质量等级，序号越大平衡回流沸点越高，高温抗气阻性越好，行车制动安全性越高。

4.8　思考练习答案

1. 汽车处于位置 6 的维护内容有哪些？

答：四轮定位、车身上蜡。

2. 使用四轮定位仪时，为什么要二次举升？

答：汽车 4 个轮子停在举升机上，举起来以后，二次举升从车辆中间部位的下面升起来，定在车辆底盘上，把汽车再次举升起来，以便做四轮定位。

3. 四轮定位参数的调整具体有哪些步骤？

答：四轮定位调前束两边要么都调到正数，要么都调到负数，当然还是主要看总前束的数据：

①四轮定位是以车辆的四轮参数为依据，通过调整以确保车辆良好的行驶性能并具备一定的可靠性；

②轿车的转向车轮、转向节和前轴三者之间的安装具有一定的相对位置，这种具有一定相对位置的安装叫作转向车轮定位，也称前轮定位。前轮定位包括主销后倾（角）、主销内倾（角）、前轮外倾（角）和前轮前束四个内容；

③这是对两个转向前轮而言，对两个后轮来说也同样存在与后轴之间安装的相对位置，称后轮定位。后轮定位包括车轮外倾（角）和逐个后轮前束。这样前轮定位和后轮定位总起来说叫四轮定位。

4. 车身上蜡有哪些注意事项？

答：（1）油漆表面上的污迹，如柏油渍、机油渍、水迹、死虫等，一般用水冲洗不掉，可购买清除柏油渍、机油渍等特殊油剂清除。

（2）手工上蜡时，首先将适量的车蜡涂在海绵上，然后按一定顺序往复直线涂布，涂布也要分段、分块进行，但不必使劲擦。每道涂布应与上道涂布区域有 1/5 ~ 1/4 的重叠，防止漏涂及保证均匀涂布。机械上蜡时将车蜡涂在打蜡机海绵上，具体涂布过程与手工相似，值得注意的是在边、角、棱处的涂布应避免超出漆面。

（3）上蜡时，应在车蜡还未完全干之前就擦去；抛光作业通常使用无纺布做往复直线运动，并适当用力挤压，以清除剩余车蜡。

（4）新车不要随便上蜡。因为新车本身的漆层上已有一层保护蜡，过早上蜡反而会把新车表面的原装蜡除掉，造成不必要的浪费，一般新车购回 5 个月内都不必急于上蜡。

（5）应在阴凉处给车上蜡，保证车体不致发热。因为随着温度的升高，车蜡的附着性变差，会影响上蜡质量。

(6) 上蜡时,应用海绵块涂上适量车蜡,在车体上直线往复涂抹,不可把蜡液倒在车上乱涂或做圆圈式涂抹。一次作业要连续完成,不可涂涂停停。

(7) 车身上蜡后,在车灯、车牌、车门和行李舱等处的缝隙中会残留一些车蜡,使车身显得很不美观。这些地方的蜡垢若不及时擦干净,还可能产生锈蚀。因此,上完蜡后一定要将蜡垢彻底清除干净,这样才能得到完美的上蜡效果。

(8) 擦拭车门和风窗玻璃时,不可使用含磨料的清洁剂。死虫等动植物汁液应先用肥皂水浸透,然后用海绵清水清洗,再用软布擦净。

(9) 擦拭转向盘、灯具等塑料和橡胶件,只能用普通的肥皂水清洗,不能用有机溶剂(如汽油、去渍剂和稀释剂等)。

4.9 思考练习答案

1. 介绍一下蔚来 ES8 事件数据记录系统。

答:车辆的大量电子组件都包含数据存储器,这些存储器可暂时或永久存储有关车辆状态、事件和故障的技术信息。这些技术信息通常可以记录如下部件、模块、系统和环境的状态:

(1) 车辆及其单个组件的状态信息,例如车轮转数/速度、减速度、横向加速度。

(2) 重要系统组件的功能情况,例如安全带锁扣、乘客感知传感器。

(3) 特殊行驶状况下车辆的反应,例如安全气囊触发、稳定控制系统介入。

(4) 环境状态,例如温度、压力。

这些数据只是自然属性,用于识别和排除故障以及优化车辆功能,不能根据这些数据创建已行驶路段的运动特性。执行服务工作时,例如维修、服务流程、保修情况、质量保证,服务人员及制造商可以用专用诊断设备从事件和故障数据存储器中读取这些技术数据。排除故障后,删除或继续覆盖故障存储器中的信息。使用车辆时,这些与车主相关的技术参数以及其他一些信息,例如事故记录、车辆损坏、证据等(可能需要专业人员介入),可以在蔚来汽车服务中心通过诊断设备读取。

2. 蔚来 ES8 低压蓄电池保养应注意什么问题?

答:(1) 蓄电池亏电严重(如长时间不使用车辆时),请联系蔚来汽车服务中心,请勿自行更换蓄电池。

(2) 当离开车辆时,请确保关闭车辆用电设备,如灯光、媒体等。

(3) 断开并重新连接蓄电池后,车窗自动升降及防夹功能将不可用。

3. 蔚来 ES8 动力电池保养应注意什么问题?

答:(1) 车辆停放于温度过高或过低的环境中将直接影响动力电池的使用寿命,请勿长时间(8 h 以上)停放于高温或低温环境。

(2) 请勿将车辆停放于高温有热源的场所,避免发生意外火灾。

(3) 车辆应置于干燥的场所,尽量避免停放于潮湿有水的停车场所。

(4) 避免频繁使用大功率直流快充方式对车辆进行充电,大功率直流快充将影响动力电池的寿命。

(5) 若长时间不使用车辆,确保动力电池电量在 50%(数字仪表显示)以上并停放于阴凉处,以保证动力电池寿命。建议每周检查电池电量,每月使用 1 次车辆。

（6）请使用符合充电规格的充电设备对车辆进行充电，并按照充电桩说明正确进行充电。

（7）动力电池属高压部件，请勿私自触碰、移动、拆解动力电池及其相应线路，以免发生人身伤害。

（8）请勿随意处理或丢弃废旧动力电池，以免对环境造成严重污染。

参 考 文 献

[1] 黄志坚. 电动汽车结构·原理·应用 [M]. 北京：化学工业出版社，2014.

[2] 桑德罗，李乔杨. 插电汽车发展 [M]. 北京：中信出版社，2011.

[3] 中国汽车技术研究中心. 中国新能源汽车产业发展报告 [M]. 北京：社会科学文献出版社，2014.

[4] LARMINIE J, LOWRY J. Electric Vehicle Technology Explained [M]. J. Wiley, 2003.

[5] 林平，林龙，赵玉梅. 车鉴：世界汽车发展的历程 [M]. 北京：机械工业出版社，2012.

[6] 孙逢春. 电动汽车发展现状及趋势 [J]. 科学中国人，2006（8）：44-47.

[7] 林在犁. 汽车使用与故障诊断技术 [M]. 北京：石油工业出版社，2003.

[8] 刘浩学. 汽车使用安全技术 [M]. 北京：人民交通出版社，2004.

[9] 郎全栋，曹晓光. 汽车使用技术 [M]. 北京：高等教育出版社，2010.

[10] 陈丁跃，陈李昊，陈俊宇，等. 新能源汽车原理技术与未来 [M]. 北京：人民交通出版社，2016.

[11] 崔胜民，韩家军. 新能源汽车概论 [M]. 北京：北京大学出版社，2011.

[12] 张海山. 汽车空调的使用与维护 [M]. 北京：人民邮电出版社，2003.

[13] 齐志鹏，资新运. 汽车使用维护与故障诊断实用手册 [M]. 北京：人民邮电出版社，2004.

[14] 王盛良. 汽车使用、维护与保养技术 [M]. 北京：机械工业出版社，2010.

[15] 肖永清，杨忠敏. 现代汽车使用与维护技巧 [M]. 北京：化学工业出版社，2004.

[16] 付主木，高爱云，张少博. 电动汽车运用技术 [M]. 北京：机械工业出版社，2015.

[17] 姜永久. 电动汽车充电设施运行与维护技术 [M]. 北京：北京交通大学出版社，2016.

[18] 徐海明. 电动汽车充电站运行与维护技术 [M]. 北京：中国电力出版社，2012.

[19] 夏长明. 现代汽车维护与保养 [M]. 北京：机械工业出版社，2008.

[20] 彭光乔，姚博瀚. 汽车保养与维护 [M]. 北京：北京理工大学出版社，2011.

[21] 重庆立信职业教育中心. 汽车保养与维护 [M]. 北京：人民交通出版社，2013.

[22] 曹海泉，张大鹏. 汽车保养与维修问答 [M]. 北京：化学工业出版社，2015.

[23] 李雷. 看图学汽车保养与维护 [M]. 北京：化学工业出版社，2014.

［24］威廉森，王典. 插电式混合动力与纯电动汽车的能量管理策略［M］. 北京：机械工业出版社，2016.

［25］CHAU K T. Pure Electric Vehicles［M］. 2014.

［26］彭光乔，姚博瀚. 汽车保养与维护［M］. 北京：北京理工大学出版社，2011.

［27］李伟. 新能源汽车构造原理与故障检修［M］. 北京：化学工业出版社，2015.

［28］郎为民. 特斯拉：改变世界的汽车［M］. 北京：人民邮电出版社，2015.

［29］周华英，陈晓宝. 纯电动汽车结构与原理［M］. 北京：北京理工大学出版社，2016.

［30］蔡兴旺. 新能源汽车结构与维修［M］. 北京：机械工业出版社，2014.

［31］付铁军. 新能源汽车［M］. 北京：机械工业出版社，2014.

［32］崔胜民. 新能源汽车技术［M］. 北京：北京大学出版社，2009.

［33］DOSHI J，PANCHAL D，MANIAR J. Vehicle Maintenance and Garage Practice［M］. 2014.